浙江金融职业学院 2019 年“金苑文库”学术著作资助项目

高职订单人才培养的理论与实践

王祝华 著

浙江工商大學出版社 ZHEJIANG GONGSHANG UNIVERSITY PRESS | 杭州

图书在版编目(CIP)数据

高职订单人才培养的理论与实践 / 王祝华著. — 杭州：浙江工商大学出版社，2020.1

ISBN 978-7-5178-3670-4

Ⅰ. ①高… Ⅱ. ①王… Ⅲ. ①高等职业教育 - 定向 - 人才培养 - 研究 - 中国 Ⅳ. ①G718.5

中国版本图书馆CIP数据核字(2020)第017691号

高职订单人才培养的理论与实践

GAOZHI DINGDAN RENCAI PEIYANG DE LILUN YU SHIJIAN

王祝华 著

责任编辑 张 玲

封面设计 未 氓

责任印制 包建辉

出版发行 浙江工商大学出版社

（杭州市教工路198号 邮政编码310012）

（E-mail：zjgsupress@163.com）

（网址：http://www.zjgsupress.com）

电话：0571-88904980，88831806（传真）

排　　版 杭州红羽文化创意有限公司

印　　刷 浙江全能工艺美术印刷有限公司

开　　本 710mm×1000mm 1/16

印　　张 15

字　　数 285千

版 印 次 2020年1月第1版 2020年1月第1次印刷

书　　号 ISBN 978-7-5178-3670-4

定　　价 58.00元

浙江工商大学出版社营销部邮购电话 0571 - 88904970

前言

订单培养是高等职业院校与企业合作开展应用型人才培养的成功模式。2001年浙江金融职业学院就与浙江泰隆商业银行合作开始订单人才培养的探索并取得预期成效。2004年起，订单培养规模快速扩大，中国建设银行浙江省分行、中国工商银行浙江省分行、中国银行浙江省分行、浙商银行等金融机构相继与学校开展合作。2007年6月订单毕业生人数达到636名。2008届的订单培养人数达到857人。面对订单企业数量的不断增加和订单培养学生人数的急剧增多，为了深化校企合作、强化订单培养优势、打造订单培养品牌，2008年3月，学校决定成立专门负责金融行业订单人才培养工作的二级学院，并将其命名为“银领学院”。这个名称既体现其在培养金融机构业务一线从事应用性工作的“银领”人才定位，也取“引领”谐音，以期在职业教育校企合作、订单培养教育教学改革及校风学风建设等方面发挥引领作用。

银领学院成立以来，已累计为80余家订单单位培养11届共10912名应用型人才。毕业生绝大多数成为业务骨干、技术能手，其中有100余人成长为银行支行行长、部门总经理等中高层管理人员，有6人获得“全国金融青年服务明星”“全国金融五一劳动奖章”等全国性荣誉，在以本科毕业生为主的银行系统中创造了高职毕业生的优质品牌。2009年，以就业为导向、以订单为载体的金融“银领”人才培养机制建设获第六届浙江省高等教育教学成果奖一等奖、第六届高等教育国家级教学成果奖二等奖。2014年4月，银领学院被教育部等六部委联合授予“全国职业教育先进单位”称号。2019年1月，银领学院获得“浙江省思想政治工作成绩突出单位”称号，受到省委宣传部、省委组织部等部门的通报表扬。

根据学校安排，我有幸在银领学院成立之初即成为负责人之一，担任党总支副书记、副院长，有机会参与跨专业、多企业订单人才的大规模教育、集中化管理、职业化培养的探索与实践。十二年来，我一直主管银领学院学生工作，期间也兼管教学工作和主持银领学院全面工作。因为工作的需要，我十多年来从学生工作、教学管理、师资队伍建设、校企合作等多个角度开展订单人才培养的理论思考与实践探索，公开发表了20余篇相关论文，逐步形成并完善了大规模、集中式、系统化订单人才培养体系的构建。2018年，在银领学院成立十周年之际，我决定梳理在订单人才培养工作中形成的理念、观点，总结、凝练在教育、管理中获得的经验，以期对职教同仁有所启发帮助。

2017年12月，国务院办公厅发布了《关于深化产教融合的若干意见》，将产业与高等教育、职业教育的融合提升到战略部署层面。2019年1月，国务院印发《国家职业教育改革实施方案》，针对新时代职业教育提出了一系列新目标、新论断、新要求，提出促进产教融合校企"双元"育人，要"落实好立德树人根本任务，健全德技并修、工学结合的育人机制，完善评价机制，规范人才培养全过程。深化产教融合、校企合作，育训结合，健全多元化办学格局，推动企业深度参与协同育人，扶持鼓励企业和社会力量参与举办各类职业教育"。在职业教育新的发展阶段，需要在成功实践校企合作育人的订单人才培养模式基础上，对产教融合再深化、校企合作再升级、订单培养再发展，构建更加全面、全程、立体、开放的高等职业教育产教融合新生态系统。作为全国高等职业教育改革发展排头兵的浙江金融职业学院责无旁贷。新十年、新使命，再出发！

王祝华

2019年8月6日

目录

第一章
高职订单人才培养模式的内涵

2004年教育部发布《教育部关于以就业为导向，深化高等职业教育改革的若干意见》（教高〔2004〕1号），提出“积极开展订单式培养，建立产学研合作的长效机制”，明确要求“高等职业院校要大力开展订单式培养，从专业设置与调整、教学计划制定与修改、教学实施、实习实训直至学生就业等方面，充分发挥企业和用人单位的作用”。各高职院校结合高等职业教育的实际情况和学校发展的客观要求，大力推进教育教学改革和体制机制创新，将“订单式”培养发展成为一种人才培养模式，取得了系统性的理论研究成果和成功的实际运作经验，成为校企合作、产教融合的实践应用典范。

第一节 企业"订单生产"模式对人才培养的启示

对于"订单人才培养模式"概念起源的研究,学界更多地聚焦在"订单"一词上面,认为是将企业中的"订单"概念引入教育领域的一种形象表述,而忽略了培养模式更加本质的内涵不是"订单"这一静态的概念,而是"订单生产"这一动态的过程。因而,研究高职订单人才培养模式,需要将其与企业"订单生产"模式进行更全面、更充分的比较,以获取更多的借鉴价值。

一、企业"订单生产"与"备货生产"

在企业生产运作的组织方式选择中,按照产品的需求特征可以分为订单生产(Make to Order,MTO)和备货生产(Make to Stock,MTS)。订单生产,也称为订货生产、面向订单生产或基于订单生产。简单地说,就是企业根据从市场上获得的用户的订单来进行生产,其生产产品的性能、价格、数量、交货期限等都已经在订单中确定,企业组织的生产是在订单的基础上进行的,订单生产是以市场和用户的需求为导向的生产。订单生产还可以分为组装生产和设计生产。组装生产是指在加工装配型生产中,虽然不同用户所要的产品不同,但是构成这些不同产品的零部件很多是通用的,可在接到订单之前就预先生产出来,以缩短订单交货期。因此,零部件加工是按预测组织生产,而产品组装是按订单组织生产。设计生产,又称专项生产,是指需要根据用户的要求从头设计,某种程度上还需从头开发工艺。与组装生产相比,这是一种更彻底的订单生产方式,因此需要更长的生产周期、柔性更强的生产资源和更灵活的生产组织能力。备货生产,是指在市场需求调查和预测而不是顾客订单的基础上,根据企业的产品战略来决定生产的产品生产方式,也就是说在获得订单之前就已经完成生产。

备货生产,适合市场供需比较稳定的情况,因为这时对市场和客户需求的预测才能准确,企业可以提前完成生产,等待客户的订单,这样在客户释放订单的时候,产品能快速地交付给客户,达成及时交付的目的,当库存产品销售出去后,企业就容易根据预测及时生产来补充库存。库存生产企业是先生产出产品并放在仓库等待订单,因此其交货提前期短,客户能在很短的交货周期内拿到产品。在产品供不应求或需求预测准确的情况下,都不会产生库存积压的风险。备货生产,是一种大批量生产方式,适合基于标准化、机械化流水线的生产,通过规模化进行制造的产品,可以低成本高质量地满足客户需要。

然而,在市场变幻莫测、产品竞争激烈的情况下,备货生产的不足就暴露无遗。面对动态的需求环境,企业对产品需求无法做出精准的预测,生产计划就很难安排,容易出现供货不足或库存压力过大的情况。备货生产以规模化、标准化的形式生产产品,将客户需求限制在一定的现有库存产品选择范围内,当客户不再满意于现有产品,提出多样化和个性化需求时,企业的产品就缺乏竞争力,这就局限了企业的市场发展。如何将个性化、多样化与标准化、规模化相结合,就成了备货生产最突出的问题。

随着市场上产品供应的日益充分,行业竞争不断加剧,这种传统的标准化、大批量生产的方式已经无法适应当前全球化和市场化、客户多样化和个性化的需求。以客户订单为导向的订单生产逐渐被越来越多的企业所采用。相对于传统的备货生产,订单生产的优势比较突出,主要表现在以下方面:

第一,能够更好地满足客户要求,与优质客户建立长期合作关系。生产企业按照客户的订单需求进行生产,能够满足客户的个性化、多样化要求,大大提升了用户满意度,从而有机会吸引住客户,产生更大的客户黏性,特别是那些优质的大客户,能够给企业带来持续的订单。

第二,减少库存或避免产品积压,从而降低仓储成本和库存风险。备货生产是企业先通过预测生产一定数量的产品作为库存,然后再争取订单并销售出去,属于大批量规模型生产,通过扩大产量来分摊成本,通过降低单件产品的成本来获得利润的最大化,在卖方市场中其低成本的产品有很大的竞争优势,但是随着卖方市场转变成了买方市场,这种大批量规模型生产的产品就容易因为销售不好而造成严重积压和滞销,造成极大的浪费;而订单生产是销售在前、生产在后,因为企业是按客户订单和技术协议的要求来安排生产的,实现了产品“零库存”,极大地减少了库存仓储费和资源浪费,加快了企业资金周转的速度,减少了不必要的资金占用,缓解了资金压力。

第三,与市场的联系更加紧密,能有效推进企业的持续发展和改革创新。在备货生产中,企业管理人员和设计人员主要通过预测以及对市场调查分析来发现市场需求,然后研发新产品。而在订单生产中,客户会参与到产品设计和生产活动中，企业根据客户要求设计产品并根据客户的意见直接改进产品，客户的需求就体现在订单中，从而使得产品始终符合客户的要求，并能始终与客户的需求保持一致，促进企业的不断创新发展。

但是，订单生产在快速、灵活满足市场针对性、多样化需求的同时，也面临更多的困难与挑战，需要正确认识和客观面对，主要表现在以下方面：

第一，生产过程更加复杂，生产组织难度大大增加。为了满足不同客户的要求，企业按订单生产，每一个订单所需产品的功能、性能、数量等都可能不尽相同，产品个性化要求高，导致产品种类大大增多，原来的规模化、标准化生产已经不能适应。

第二，产品需求波动增大，生产适应性要求大大提高。在激烈的市场竞争环境下，新订单的数量和稳定性都无法保证，这种波动包括需求时间、种类和数量上的，甚至正在生产的订单，在生产期间内也有可能出现客户变更需求的情况，这些对企业的生产适应性都提出更高的要求。

第三，生产成本显著上升，产品价格面临更大的竞争压力。由于单个订单对产品的需求数量相对比较小，导致单位生产成本急剧增加；为了保证产品的多样化、个性化，订单型生产企业必须投入大量的研发费用，并利用企业现有的、成熟的产品资源，优化设计及生产流程，实现结构、参数以及功能相匹配，以快速响应市场需求和满足客户要求，同时降低成本和缩短交货期。

因而，企业如果采用订单生产方式，对外就要满足客户多样化、个性化的需求，争取订单、及时完成订单；对内就要降低生产成本、提高生产效率，应对更加复杂的组织管理、生产安排。而应对这些新的挑战就需要加大信息沟通能力、柔性制造能力、组织管理能力的建设力度，保证企业的正常、高效运转。

第一，建设信息沟通系统，畅通信息沟通渠道，提升信息沟通效率。企业与订单客户、企业与相关供应厂家、企业内部各部门之间等，都需要通畅快速的信息沟通系统，以应对变化莫测的市场需求和客户要求。

第二，建设柔性制造系统，提升柔性生产能力，快速就客户的多样化和个性化要求以及市场的变化做出响应和调整，按时、按质、按量保证客户的需求。柔性是企业流程的一种特性，这种特性可以使企业快速且高效地响应客户的需求，既可以通过产品或服务设计的变更来满足每个顾客的独特需求，又可以高效地处理多种产品或服务，并且具备在各种事先确定的产品或服务之间转移的能力。

在备货生产中，产品生产的内容和交货期都比较稳定，产品的种类单一，因此以大规模的流水线生产为主，属于推动式生产方式，各个部门或工序都是按照生产计划来安排生产，上道工序按照生产计划把产品交付给下道工序即可，确保上一工序在规定时间内按质按量完成预定的生产计划，以半成品或成品形成库存。而订单生产就由于预测的不稳定性和随机性，只能等企业收到客户的订单后才能开始生产，属于拉动式生产，等订单确认之后再开展生产计划的安排，使得企业很难在生产计划安排上进行整体优化和规划，因为产品的种类多，生产设备、过程和工艺路线也是各不相同。订单生产企业因为产品的多样性和个性化，为满足客户的订单要求，需要提升各个环节的柔性生产能力，比如设计、制造、装配及服务等。

第三，要建设流畅的内部管理系统，便于企业适应市场节奏而随时进行调整。需要指出的是，同一种产品根据市场的实际需求情况，既可以采用订单生产又可以采用备货生产。在产品供不应求的环境下，市场需求的多样化程度较低，因而企业大多选择备货生产，以大批量生产标准化产品满足日益增长的市场需求。但随着市场上产品的逐渐饱和，用户需求的多样化程度甚至个性化程度不断提高，企业就要采用更灵活的生产方式来满足市场需求，因此企业越来越多地采用订单生产，让自己在激烈的市场竞争中占据优势。

二、学校“订单培养”的概念及方式

生产型企业购进原材料或配件，按照一定的规格标准进行加工或装配，形成产品提供给客户满足社会需求，是“输入—转换—输出”的过程。从生产组织流程的角度，学校，尤其是职业技术教育和高等教育机构，作为社会组织，与生产型企业类似，也存在一个“输入—转换—输出”的过程。人们常常形象地把刚招收的新生比作等待加工的“原材料”，把整个人才培养过程比喻为“产品生产”，而把完成学业后走上工作岗位的毕业生看成是学校的“产品”，将人才培养质量与企业的产品质量进行类比。自然而然地，我们把学校的人才培养方式与企业的产品生产方式进行类比之后，参照企业“订单生产”的概念，把学校、学生根据企业需求，提前一年甚至更早就签订协议，并按照企业要求开展针对性、个性化培养，毕业后到协议单位就业的人才培养方式，形象地称为“订单培养”。也就是说，学校“订单培养”一词，应该是借用了生产型企业的“订单生产”的概念。相类似的，学校根据自己对社会人才需求的理解制定培养方案，按专业划分，大批量、标准化地来培养学生的常规方式，则相当于企业的“备货生产”方式。

关于学校“订单培养”模式的分类，从不同的角度有不同的划分方式。魏慧敏等综合各地职业院校的实际做法，把目前实施的订单式人才培养模式划分为以下几种类型[①]。

(一) 直接订单

直接订单是指职业院校在进行市场调查和风险评估的基础上,直接与用人单位签订的人才培养订单。此类订单在运作过程中,没有其他机构的介入,只有校企双方的共同参与。直接订单按订单的实施时间,又可分为三种。

1. 学前订单

学前订单的特点是学生录取以及在校学习全程在校企共同管理之下,订单履行时间较长,生源录取广泛,学校招生等同于企业招工。一般情况下,企业委派专门人员参与招生面试、录取、人才培养方案制定、考试考核等工作。学校也安排专业课教师深入企业进行调研,提出人才培养方案"蓝本"供企业参考。通过不断的沟通与协调,最终形成符合企业人才需求状况和岗位技能要求的人才培养方案。此类订单招录学生工作面向全社会进行,为开放式招生,是中职学校采纳较多的形式。

2. 学中订单

学中订单的特点是学校招生按常规方法进行,新生入学第一年进行学科的通识教育,第二年由学生根据订单提供的信息和自己的兴趣爱好选择具体专业。企业根据订单约定,从升入二年级的学生中选录培养人才,实行校企合作,共同培养。纳入合作培养的学生,升入三年级时被安排到企业进行顶岗实习,实行"工学交替",过程共管。学中订单缩短了校企合作培养期限,在一定程度上满足了企业获得人才的紧迫需要。但由于此类订单招录的学生仅限于在校生,企业选拔人才的范围受到局限。

3. 毕业季订单

此类订单是指在学生即将毕业之际,企业到学校以查阅学习档案及面试的方式选拔适应企业岗位需求的专业人才,而后根据选拔结果再与学校签订订单,继续在学校或企业进行较短时间学习的人才培养方式。这种订单实质上是校企合作进行的一种岗前培训契约。但由于学生在订单实施前学习的内容针对性不强,仅通过较短时间的岗前培训就直接去企业工作,很难及时获取上岗需要的各种专业资格证书及上岗证书,企业与学生的相互认可度不是很高,学生上岗后容易"流失"。

---

① 魏慧敏、闫志利:《订单式人才培养模式的主要类型及推进措施》,《职业技术教育》2011年第20期,第5—9页。

（二）间接订单

间接订单是学校并不与用人单位直接签订协议，而是与中介机构或中间企业签订订单。学生接受订单培养后，再由这些中介机构或中间企业进行“二次分配”。

1. 与中介机构签订订单

随着我国市场经济体系的逐步建立，劳务派遣公司和劳务中介机构在各地逐步兴起，很多大中型企业开始接受劳务派遣员工。近年来，特别是随着中职学校开放式招生政策的实施，职业院校成为实用型技能人才的主要供应基地。在这种情况下，社会上的劳务派遣公司或劳务中介机构都充分发挥自身就业信息来源广泛的优势，积极与职业院校签订人才培养订单，待职业院校按照劳务派遣公司或中介机构转达的用工单位要求对学生进行短期培训后，劳务派遣公司或中介机构再将这些毕业生派遣或介绍到用工企业。

2. 与中间企业签订订单

此类订单所指的中间企业多为专用或高新技术设备制造或销售企业。校企合作订单约定，学校与企业联合培养修理或操作该企业生产或销售的专用设备或高新技术设备的人员，在设备销售的同时，将订单培养的学生派遣到设备应用企业工作，实现“人随设备走”。由于此类订单培养的人才专业性较强，在人才培养过程中，设备制造或销售企业多为人才培养的主体，学校只是配合企业完成相应的理论教学以及学生管理等工作。对学生而言，由于专业性较强，就业面较窄，难有较大的选择空间，而且工作地点较为分散。此类订单培养的学生具有“一招鲜”技术，与同学历、同专业职业院校毕业生比较，薪金、福利待遇较高。

周建松、郭福春[①]则把订单人才培养归为以下几种模式，并进行了深入细致的比较分析。

（一）定向委托培养模式

这是针对一些经济欠发达、人才需求迫切的地区或艰苦行业、艰苦工种所采取的一种委托培养模式。这种定向委托培养可以理解为一种广义上的订单人才培养模式。这部分学生在知识学习上与其他学生并没有太多的不同，学生在接受完相应的高等教育以后回到定向委托培养单位工作。这种人才培养模式的好处在于，

① 周建松、郭福春：《高职院校订单人才培养的理论与实证分析》，《高等工程教育研究》2009年第6期，第113—119页。

可以使经济欠发达、人才需求强烈的地区或某些行业、岗位在较短的时间内获得急需的人才。缺点在于:①人才需求反映的是三四年前的情况,人才培养时间较长,在此期间,随着用人单位和学生本人各方面情况的变化,毕业时发生违约的概率较大;②在一个相对较长的时间内,用人单位在经营管理理念上会发生很大的变化,在某种情况下,这种变化本身会不可避免地造成人才培养上的损失;③定向委托培养模式对人才培养要求很高,一些高等院校在很多情况下达不到企业的人才培养规格要求。

(二) 以企业为核心模式

这种订单人才培养模式以企业为主,借鉴德国的"双元制"人才培养模式,是一种准双元制的人才培养模式。在这种模式中,学生一入学就到企业中去进行学习和实践活动,全面融入企业文化,接受企业的培养和系统化训练,学生在"做中学,学中做"。将学校搬进企业,学生以实践活动和从事具体的工作任务为主要学习内容,每天根据工作项目,安排少量的理论课学习,围绕理论课开展有针对性的生产活动,在生产活动中学习与运用理论知识,学教结合、学以致用。这种人才培养模式的优点是以企业为中心,理论和实践完全统一,学生学习内容与岗位工作内容高度吻合,与就业紧密结合。缺点是:①顶岗实习时间过长,学生接受系统的理论知识学习不够,后续能力培养与教育不够;②学生学习受企业管理者个人偏好的影响较大,在理论知识与实践体系的系统化学习方面会受到一定程度的影响;③对于一个单位而言,由于这种订单培养的学生都来自一所学校,相互之间的文化冲突与交流较少,在人才的学缘结构上不是很合理。这种模式主要适用于经济欠发达地区,对于经济发达地区不是很适用。

(三) 松散型订单培养模式

在松散型订单培养模式中,用人单位根据自己的人才需求情况,随机选择相应的职业院校进行订单人才培养,在订单人才培养的选择时间和人才培养规模上都带有很大的不确定性;这种订单人才培养在校企合作方面也处于一种初级阶段;在订单人才培养方面,一般采用"虚拟班"的形式进行教学,不打破学校原有的班级建制,学生利用业余时间接受企业文化教育和开展实践活动。这种人才培养模式的优点在于可以实现学生的顺利就业,使学生能够提前接受企业文化的熏陶和训练。不足之处在于,订单培养的随意性太大,订单人才培养处于一种松散状态,人才培养效果会大打折扣。

（四）“2＋1”人才培养模式

高职教育与岗位培训有机结合，企业提前一年进入学校和学生签订订单，将签订订单的学生单独组班或者通过“虚拟班”的形式进行教学；教学中，校企共同制定人才培养方案，双方选派优秀教师和员工共同教学，学生以企业“准员工”的身份接受校企双方的共同培养。这种订单人才培养模式的优点在于可以使学生接受用人单位的系统训练，实现职业教育与岗位工作的有机结合，满足企业上岗需要；在实践过程中，能够解决学生生产性实训、顶岗实习、工学结合、校企合作等一系列难题，实现学生毕业与上岗的零过渡，解决企业人才短缺问题。缺点是这种人才培养模式在订单的选择时间和人才需求的规模上具有很大的随机性，对学校的教学将带来很大的冲击和挑战。

三、学校“订单培养”与企业“订单生产”的比较与借鉴

学校的人才培养与企业的产品生产具有本质的区别。学校教育面向的是处于成长阶段的，生动、活泼、具有生命力、自主性、能动性、创造性的学生，人才培养质量影响因素包括学校、社会、家庭和学生本身等方方面面，其中学生自身的主观能动性起到决定性的作用；而企业的产品生产是对没有生命力的原材料进行加工，产品质量完全是由企业和客户的需求所决定的。但是通过与企业生产方式的对比研究，了解不同生产方式的产生背景、适用条件、存在优势与不足以及问题解决方案，借鉴企业的关于产品生产的先进理念和成功做法，这对学校的人才培养具有重要的比较意义和参考价值。

（一）产生的背景相同

在产品供不应求、市场竞争不激烈的年代，企业采用的都是备货生产方式，这时他们根本不用考虑生产出来的产品的销路问题，哪怕是产品与用户的需要匹配度不高，也不会有库存的压力和滞销的风险。对于用户来说，在市场上产品紧缺的时候，重要的是能够买到具备通用功能的标准化产品，即使产品的性能与自己的需求存在某些不一致、不匹配的地方，也不会有提个性化要求的奢望。但到了供大于求的买方市场，用户就会对市场上的产品进行多方面的比较，根据自己的需要进行针对性选择，性能、价格、质量等都成为用户重点考虑的因素，企业生产的产品如果

与市场的需求脱节就会存在滞销的风险。这时候“订单生产”就应运而生，以适应市场上多样化、个性化的需求，同时也锁定产品的销售，防止库存积压。

学校的人才培养也类似，在大学毕业生供不应求的岁月，学校根本无须考虑学生毕业之后就业的问题，人才培养完全按照学校的思路展开，不会过多关注市场的需求和用人单位的要求。随着高等教育大众化的推进，首先在中职院校，继而在高职乃至本科高校都出现了就业压力，培养出的学生如果达不到企业的要求，学生的就业就会出现问题。从用人单位的角度，当发现学校毕业生的能力素质不能很好满足岗位的要求，无法直接从学校招到合适的人才时，也就会考虑如何提前向学校提出需求订单，有针对性地培养符合自己需要的毕业生。正是在这一大背景下，部分学校和企业就开始尝试进行“订单培养”的合作。而“皇帝女儿不愁嫁”的重点高校对“订单培养”就几乎没有什么积极性，属于“备货生产”的模式。

（二）存在的优势相仿

企业“订单生产”与“备货生产”相比较，能够满足客户个性化、多样性的要求，提升了用户满意度，提高了企业竞争力，减少库存或避免了产品积压，与市场的联系也更加紧密，促进了企业的持续发展和创新，从而帮助企业在激烈的市场竞争中脱颖而出，受到客户的欢迎，赢得生存和发展的机会。

学校通过“订单培养”也获得了与企业“订单生产”相仿的优势。通过紧跟市场个性化、多样化的人才需求，根据用人单位具体的岗位知识、技能、能力、素质要求，学校能够有针对性地培养符合用人单位需要、可以立即投入使用的人才，提高了用户满意度，也解决了学生的就业难问题，避免了毕业即失业的悲剧。通过企业参与开展订单合作培养人才，学校也进一步密切了与市场的联系，能够更加深入了解行业的发展方向和用人单位的需求变化，从而更加有效地推进教育教学改革，培养更多能适应社会发展的人才，提升学校整体人才培养质量，为学校赢得社会美誉度。

（三）出现的问题类似

企业采用订单生产方式后，为了满足不同客户的要求，企业按订单生产，个性化要求提高，产品种类大大增多，产品需求波动比较大，由于单个订单对产品的需求数量相对较小，导致成本急剧提升等一系列问题的出现在所难免，对企业的生产组织管理也带来了更大的挑战。

学校采用“订单培养”方式后，也出现相类似的问题。根据企业订单要求，学校需要重新组建班级,制定个性化的人才培养方案,对原有的教学难免造成较大的影响,也增加了管理难度和培养成本。同样,企业的订单需求每年是不固定的,开展订单合作培养的企业数量、培养的订单人数经常会出现大的波动,个别企业甚至可能在订单培养的中途调整计划。面对所有在实施"订单培养"过程中遇到的问题和挑战,学校既要统筹谋划,又要随机应变、见招拆招,保证人才培养工作的顺利进行,克服不利影响,彰显订单培养优势,提升人才培养质量。

(四) 解决方案可借鉴

对于很多企业而言,在激烈竞争的市场环境下,"订单生产"既是顺势而为,也是不得不为。寻找有效的解决方案,既发挥"订单生产"的优势又弥补不足,才是明智之举。他们通过加大信息沟通能力、柔性制造能力、组织管理能力的建设力度,运用信息化技术提高沟通效率、降低生产与管理成本、提升组织管理能力,这些做法都值得学校学习借鉴。

第二节 订单人才培养模式的内涵

如果仅仅从产品生产方式理解,“订单生产”只是生产型企业适应市场要求、按照客户的订单来组织产品生产的一种方式,真正要成为企业的竞争优势,就必须对运营理念、生产流程、管理模式、营销策略等进行系统性的变革,发展成企业的运营模式。“订单培养”也类似,学校如果只是把它作为一种接受用人单位“预定”、与企业共同开展少部分订单学生培养的教育教学方式,起到对当前教学形式的一种适当补充或亮点点缀作用,而不进行教育理念、培养方案、育人方式、教学手段、师资队伍建设等的系统性变革,使之发展成为一种重要的人才培养模式,那么它的作用发挥是有限的,深入实施也是不可持续的。

一、人才培养模式概念的界定

何为人才培养模式?教育理论界和教育实践工作者见仁见智,从不同的角度对其有过众多的定义。刘明浚等人于1993年在其主编的《大学教育环境论要》中提出,“人才培养模式是指在一定的办学条件下,为实现一定的教育目标而选择或构思的教育、教学式样”。人才培养模式所应涉及的诸要素包括“课程体系、教育途径、教学方法、教学手段、教学组织手段等”。①

1998年教育部《关于深化教学改革,培养适应世纪需要的高质量人才的意见》(教高司〔1998〕2号)文件中对人才培养模式表述及构建要求为:“人才培养模式是学校为学生构建的知识、能力、素质结构,以及实现这种结构的方式,它从根本上规定了人才特征,并集中地体现了教育思想和教育观念。构建适应21世纪政治、经济、文化发展需要的人才培养模式是当前深化教育教学改革的关键。高等学校要

① 刘明浚:《大学教育环境论要》,航空工业出版社1993年版。

贯彻教育方针，按照培养基础扎实、知识面宽、能力强、素质高的高级专门人才的总体要求，逐步构建起注重素质教育，融传授知识、培养能力与提高素质为一体，富有时代特征的多样化的人才培养模式。”

刘献君等[1]对人才培养模式的论述进行了梳理，认为有以下几种较为典型的界定：人才培养模式是人才的培养目标、培养规格和基本培养方式（周远清）；是学校为学生构建的知识、能力和素质结构，以及实现这种结构的方式（钟秉林）；是指在一定的教育思想和教育理论指导下，为实现培养目标（含培养规格）而采取的培养过程的某种标准构造样式和运行方式（龚怡祖）；是教育思想、教育观念、课程体系、教学方式、教学手段、教学资源、教学管理体制、教学环境等方面按一定规律有机结合的一种整体教学活动，根据一定的教育理论、教育思想形成的教育本质的反映（刘红梅，张晓松）等等。刘献君等分析后认为，人才培养模式既不能限定在教学过程中，又不能泛化到高校的整个管理层面；它是一种结构与过程的统一，是静态样式与动态机制的统一体。这是因为，人才培养模式不仅仅涉及“教学”过程，更涉及“教育”过程，它涉及教育的全过程，远远超出教学的范畴。但人才培养的过程又不是毫无边际的，在现代大学中，有许多与人才培养无直接关系的管理活动，如后勤管理、大学科技园管理等。人才培养模式是教育各要素如课程、教学、评价等的结合，但这个结合又不是一个呆板的组织样式，而是一个动态的、强调运行过程的结构，是在一定的教育思想指导下，为实现理想的培养目标而形成的标准样式及运行方式，它是理论与实践的接壤处。人才培养模式要反映一定的教育思想、教育理念，是理想人才的培养之道，是理论的具体化；同时又具有可操作性，是人才培养的标准样式，但它又不是具体的技术技巧或实践经验的简单总结。它是一个诸多要素组成的复合体，又是一个诸多环节相互交织的动态组织，这其中涉及培养目标、专业设置、课程体系、教育评价等多个要素及制定目标、培养过程实施、评价、改进培养等多个环节。人才培养模式是有层次的。最高层次是主导整个高等教育系统的模式，如素质教育模式、通才教育模式、专才教育模式；第二层次的人才培养模式是各高校所倡导、践行的培养模式；第三层次则是某专业独特的培养模式。

根据上述关于人才培养模式的讨论，结合本书所研究论述的高职院校订单人才培养模式，这里把培养模式的范围界定在第二级的学校层面所践行的、为实现高等职业教育人才培养目标而采取的培养过程的构造样式和运行方式，它主要包括教育理念、培养目标、课程体系、教学模式、教育方法与手段、师资队伍、培养途径等构成要素。

---

① 刘献君、吴洪富：《人才培养模式改革的内涵、制约与出路》，《中国高等教育》2009年第12期，第10—13页。

二、高等职业教育订单人才培养模式内涵

借鉴企业“订单生产”的概念与做法，面对日益严峻的就业形势，为了进一步密切与行业的联系，为用人单位培养“下得去、用得上、留得住、干得好”的应用型人才，21世纪初职业院校纷纷开展“订单培养”，并在此基础上，结合教育的特点和人才培养的要求，逐步充实完善，形成了系统化的教育理念、培养方案、教育目标、课程体系、运行方式等，发展成被广泛接受并成功实践的一种教育教学模式——订单人才培养模式，并在具体实践中大获成功，受到了学生、用人单位、家长的好评，提升了人才培养质量。因而，面向就业市场的高等职业教育订单人才培养模式应该包含以下内容：

（一）体现市场驱动、服务发展、就业导向的办学思想

《国务院关于大力发展职业教育的决定》（国发〔2005〕35号）中明确指出，职业院校要“推进职业教育办学思想的转变，坚持‘以服务为宗旨、以就业为导向’的职业教育办学方针，积极推动职业教育从计划培养向市场驱动转变，从政府直接管理向宏观引导转变，从传统的升学导向向就业导向转变。促进职业教育教学与生产实践、技术推广、社会服务紧密结合，积极开展订单培养，加强职业指导和创业教育，建立和完善职业院校毕业生就业和创业服务体系，推动职业院校更好地面向社会、面向市场办学”。

订单人才培养事先需要通过对行业、企业市场需求的深入调查，走访大量的用人单位，听取他们对不同岗位人才的数量需求和能力素质等培养规格的要求，及时反馈到学校以调整、优化专业结构和课程设置，学校只有和社会、市场主动对接，才能赢取用人单位的培养订单。学校在完成订单班级的组建后，要根据市场的需要确定培养目标、结合行业的标准制定培养方案、按照企业的人才规格要求组织开展教育教学活动，主动服务于学生发展和企业发展，提高订单人才培养质量，以保证学生毕业后能达到订单单位的规格要求，顺利走上工作岗位实现就业，并为今后的职业发展奠定基础。订单人才培养模式需要很好地体现市场驱动、服务发展、就业导向的办学思想，才能够成为职业教育中一种成功的人才培养模式。

（二）发展以生为本、幸福成长、人人成才的素质教育人才培养理念

大学要全面实施素质教育，坚持予之以义、授之以渔的教育理念，把正心厚德、致知创新作为素质教育的根本；构建以多维共生的素质教育体系为主体的智慧校园，播撒以宽严相济、促进学生健康成才为主导的酽酽师爱，使大学生时时处处获得素质教育的浸润。大学素质教育要以其对现实的观照和恒久的大学精神来深刻地影响学生，这是大学素质教育的灵魂。[①]高等职业教育坚持以生为本的素质教育理念，就要强调“育人”而不是“制器”，就要突出学生的幸福、主动成长而不是被动学习、消极发展，就要找到每位学生的优点、闪光点、兴趣特长，努力实现人尽其才、人人成才。

高等职业教育具有职业性、应用性、实践性等特点，订单人才培养具备学校与订单企业共同培养的优势，在校内校外相结合的素质教育课程体系构建、优秀企业文化的熏陶、工作规范与习惯养成等方面资源更加丰富，尤其是对于完善职业素质培养体系、加速职业素质培养进程、丰富职业素质培养形式等方面更是具有得天独厚的优势。订单人才培养要坚持以生为本的理念，以学生的幸福成长、生动发展、人人成才为教育追求，既要站在人才培养的高度，又要满足社会的现实需求和学生的可持续发展，帮助学生面向职业、立足岗位，尽快适应社会，完成从学生向职业人、社会人的角色转变，并为职业发展和人生幸福奠定坚实基础。

（三）确立高素质、高技能、应用型的人才培养目标

《教育部关于以就业为导向 深化高等职业教育改革的若干意见》（教高〔2004〕1号）中提出，高等职业教育要“坚持培养面向生产、建设、管理、服务第一线需要的‘下得去、留得住、用得上’，实践能力强、具有良好职业道德的高技能人才”。《教育部关于全面提高高等职业教育教学质量的若干意见》（教高〔2006〕16号）中明确，“高等职业院校要坚持育人为本，德育为先，把立德树人作为根本任务”。高等职业教育的人才培养，要把立德树人放在首位，强化思想品德、职业道德教育和工匠精神培育，要突出技术技能的传承与创新，要重视职业能力和职业素质的有机结合，培养一线应用型人才。

订单式人才培养模式是在学校主导下的职业教育模式，这一点与企业主导的职业培训模式有着根本的区别。“职业培训指向职业性就业，而职业教育既指向职

---

① 周建松、邹宏秋：《大学素质教育的责任与方略》，《高等工程教育研究》2015年第1期。

业性就业，又指向教育性发展。"[①]在与订单单位共同制定人才培养方案的过程中，企业往往会从岗位的针对性出发，更加强调业务能力、职业技能等功利性的目标，甚至把订单培养简单地等同为企业的岗前培训，而较少考虑学生人格的塑造、素质的提升等长远发展的需求，在这种情况下，学校要始终坚持高等职业教育的人才培养目标，与企业合作培养的过程中，要更加主动承担学生社会主义核心价值观政治思想教育，敬业爱岗、诚实守信、精益求精等职业道德教育和工匠精神培育的职责，培养符合社会要求、企业需求的合格人才，不是仅仅解决学生的就业问题，而且要考虑学生的长远发展。

（四）践行产教融合、工学结合、协同育人的培养路径

深化产教融合、开展工学结合、推进协同育人是坚持以立德树人为根本，以服务发展为宗旨，以促进就业为导向，提升高等职业教育人才培养质量，加快现代职业教育体系建设的有效路径和重要举措。《教育部关于全面提高高等职业教育教学质量的若干意见》（教高〔2006〕16号）指出："高等职业教育要积极推行订单培养，强化人才培养过程的实践性、开放性和职业性，重视学生校内学习与实际工作的一致性，引导建立企业接收高等职业院校学生实习的制度，加强学生的生产实习和社会实践，高等职业院校要保证在校生至少有半年时间到企业等用人单位顶岗实习，高等职业院校要按照企业需要开展企业员工的职业培训。"《国务院办公厅关于深化产教融合的若干意见》（国办发〔2017〕95号）中提出："深化产教融合的主要目标是，逐步提高行业企业参与办学程度，健全多元化办学体制，全面推行校企协同育人，用10年左右时间，教育和产业统筹融合、良性互动的发展格局总体形成，需求导向的人才培养模式健全完善，人才教育供给与产业需求重大结构性矛盾基本解决，职业教育、高等教育对经济发展和产业升级的贡献显著增强。"

订单人才培养模式是产业、企业与学校教育深度融合、协同开展人才培养的成功实践案例。在确立了订单培养关系之后，订单班的学生就成了企业的"准员工"，获得了企业认可的"名分"，拥有了大多数企业在职员工才能够享有的培训、实践、活动等权利。在订单培养的过程中，企业与学校共同确立人才培养目标、共同制定教学计划、共同提供教学师资、共同组织教学与实践实习活动，学生以"准员工"身份参与到企业的生产实践、业余文化活动甚至企业形象塑造与品牌建设之中，学校教学与企业实习可以按计划交替开展、有序推进，学生的职业发展规划提前确立，岗位实践能力和业务水平迅速提高，职业素质快速提升，真正做到了"教学与实践

① 姜大源：《职业教育要义》，北京师范大学出版社2017年版，第153页。

零距离、毕业与就业零过渡”。

（五）构建理论与实践相结合、专业能力培养与职业素质养成相融合、课堂教学与职业资格证书考核相衔接的教学体系

《教育部关于全面提高高等职业教育教学质量的若干意见》（教高〔2006〕16号）中指出，“课程建设与改革是提高教学质量的核心，也是教学改革的重点和难点。高等职业院校要积极与行业企业合作开发课程，根据技术领域和职业岗位（群）的任职要求，参照相关的职业资格标准，改革课程体系和教学内容。建立突出职业能力培养的课程标准，规范课程教学的基本要求，提高课程教学质量”，并提出要“积极推行订单培养，探索工学交替、任务驱动、项目导向、顶岗实习等有利于增强学生能力的教学模式；引导建立企业接收高等职业院校学生实习的制度，加强学生的生产实习和社会实践，高等职业院校要保证在校生至少有半年时间到企业等用人单位顶岗实习”。

《国务院办公厅关于深化产教融合的若干意见》（国办发〔2017〕95号）也提出，要“深化‘引企入教’改革。支持引导企业深度参与职业学校、高等学校教育教学改革，多种方式参与学校专业规划、教材开发、教学设计、课程设置、实习实训，促进企业需求融入人才培养环节。推行面向企业真实生产环境的任务式培养模式”。但是在实际操作中要做好这些工作却是困难重重，企业不管是从现实的经济利益和时间、精力、人员安排的考虑，还是出于对商业机密保护的考量，都很难积极、主动参与学校的教育教学。在订单人才培养模式下，学校培养的是企业的“准员工”，双方形成了利益共同体，课程开设由学校和订单单位共同商定，考核标准由双方共同确定，教学组织由双方共同实施。为了保证学生毕业后就能够实现顺利上岗，快速适应工作岗位，企业往往会主动与学校协调，将岗位任职要求和职业资格证书考核纳入教学内容，甚至将以往只对本企业在职员工开放的课程引入学校，无偿提供企业内训教材或与学校教师共同开发与当前技术、业务发展相一致的教材，并安排业务骨干进行授课，以确保订单人才培养质量。订单培养的教学组织，由校内教学与企业顶岗实习两大部分有机组合而成，有时会实行企业实习、学校学习交替进行的“工作坊”形式，理论与实践相结合，做到了工学交替、任务驱动、项目导向，教学的针对性、有效性大大增强。对于即将走向工作岗位的学生，订单人才培养还需要重视学生职业素质的培养，将专业教学、技能训练、顶岗实习与学生职业素质养成紧密融合，形成全面、全方位、全过程的育人体系，来实现高素质、高技能的人才培养目标。

（六）建设专兼结合、优势互补、力量保障的师资队伍

《教育部关于以就业为导向 深化高等职业教育改革的若干意见》中提出，要“培养高技能人才必须有‘双师型’教师队伍作支撑，各高等职业院校要采取有效措施，推动学校的教师定期到企业学习和培训，增强实践能力。同时，要积极聘请行业、企业和社会中（含离退休人员）有丰富实践经验的专家或专业技术人员作为兼职教师”。在实际的操作中，安排教师到企业学习和培训，只要学校有决心、有措施、有经费支持，大体上是可以做到的。但是教师在企业学习的过程中接触企业核心业务和关键流程，或真正参与实践操作，会由于行业性质的特殊性、企业制度的制约等各种现实因素受到很大的限制。而企业里的业务专家、技术能手到学校担任兼职教师，举行一场聘任仪式、发张聘任证书是不成问题的，但毕竟是兼职教师，真正要安排具体的教学和实训指导任务时，会受到企业工作时间安排、专家能手精力分配甚至兼职报酬等各种因素的制约，教学时间、教学质量都难以保证。

订单人才培养模式能够很好地解决专兼结合师资队伍的问题。订单学生是企业的“准员工”，在学校与企业共同制定教学计划的规范要求下，企业业务专家和技术能手为学生上课和指导学生实习实践，是根据企业的统一安排和要求进行的，是他们本职工作的一部分，无论是人员的数量还是教学质量，都得到了有效的制度保障。部分订单单位甚至按照内训师的管理要求，对企业兼职教师给学生上课和指导的内容、时间、效果进行跟踪评价，并与他们的绩效考核挂钩。学校教师利用学生半年顶岗实习的机会，与学生一起到订单企业，既负责学生的管理、指导，又进行挂职学习、锻炼，也会得到企业的欢迎和大力支持。在日常的教学实践中，校内教师理论水平相对较高，企业教师实践经验丰富，两者在课堂教学、实训辅导、实习指导等教学活动中优势互补，对学生职业综合能力的提升具有非常大的帮助。

（七）形成信息互通、过程共管、成果共享的良性循环运行机制

构建良性循环的运行机制，是订单人才培养模式成功实施、可持续发展的关键。运行机制包括了订单学生的选拔与班级组建、订单学生的管理、校企双方的沟通协作、企业学校学生三方权责的明确、培养成果的共享机制等。

首先，在订单班级组建时要保证信息真实、公开、透明。对订单企业而言，要真实、公开、透明发布订单人才培养信息，包括企业的性质、规模、经营状况等基本情况，订单岗位的数量、要求、薪酬和职业发展空间等订单需求；对学校而言，要负责订单单位的选择和把关，主导订单人才培养方案的制定、发布与实施，开展对学

生的引导、宣传，配合企业组织订单报名、选拔等工作；对学生而言，要深入了解订单企业情况、准确分析自己的职业定位、慎重选择订单单位，诚信参与订单选拔并履行订单人才培养责任。企业、学校、学生三方的充分沟通、深入了解是订单人才培养稳定开展的前提。

其次，在订单人才培养实施的过程中，要通过运行机制保障利益相关三方的积极参与，特别是订单企业要充分参与到人才培养的全过程中，与学校共同制定人才培养方案、安排业务专家和技术能手参与教学和实习指导、安排行业班主任与学校班主任一起进行班级的日常教育与管理、安排学生参与企业文化活动与顶岗实习等，订单企业与学校协作越紧密、参与学生培养越多，学生的认同感、归属感就越强，培养效果就越好。

再次，订单人才培养要实现学生、学校和订单企业三方共赢，形成培养成果共享机制，保障订单人才培养的可持续发展。通过校企合作培养，学生职业综合能力和职业素质素养将得到更快的提升，能够顺利走上工作岗位并为今后职业发展奠定扎实基础。企业通过订单培养获得稳定、有针对性、高质量的应用型人才，同时减少了大量招聘和培训新员工的成本。学校则有效推进了教育教学改革，培养了“双师型”师资队伍，提高了人才培养质量，实现了学生的高品质就业，提升了社会影响力。

第三节 订单人才培养普遍存在的具体问题与解决方案

订单人才培养由于契合了“以服务为宗旨、以就业为导向”的职业教育办学方针，坚持了校企合作、工学结合、产教融合的办学制度，在面向市场的应用型人才培养、双师型师资队伍建设、实习基地建设等方面具有明显的优势，得到了职业院校的高度重视和普遍欢迎，很大一部分中职学校和高职院校纷纷开展订单人才培养，部分本科高校也开始主动推行。但是在具体实行订单人才培养模式的教学实践中，也暴露出一些问题，需要引起重视并妥善加以解决，以保持订单人才培养模式的可持续发展。

一、人才培养目标的正确定位

培养什么人、怎样培养人，是一切教育工作的出发点和最终落脚点。在对这个问题的回答上，职业教育的过度功利化、过分强调“工具主义”一直是学界批评的焦点。在订单培养中，企业需求更多地集中在学生能够“下得去、用得上”。快速适应岗位、快速发挥作用创造价值等实用性目标，容易出现重视职业技能训练、忽视综合素质提升，重视业务能力培养、忽视人文素养养成等问题。在学生世界观、人生观、价值观的培养上，企业更加强调敬业爱岗、诚实守信等职业道德，更加突出对执行力、团队合作能力等职业素质方面的要求，而较少关心学生的政治素质和社会道德品质。极个别企业甚至单纯追求低劳动成本优势，仅仅考虑眼前利益，出于满足短期用工的要求，降低人才培养标准导致教学面过于狭窄，造成学生知识结构单一，妨碍了学生的长远、可持续发展。少数学校为了维持与企业的合作关系、实现订单学生的就业，也一味迎合订单企业的要求，放松了对人才培养根本目标的追求，影响了学生的长远发展和学校的长期利益。

在订单人才培养模式下，人才培养目标以及培养方案是在学校与企业的共同协商下制定的，不仅需要考虑订单企业对具体岗位人才的能力素质要求，而且要符合教育发展的客观规律，满足国家对于教育的基本规定和人才培养的基本要求。因而，在开展订单培养的过程中，学校需要牢牢把握教育的主导权，不能把“订单培养”等同于“企业培训”，在充分考虑订单企业对学生具体岗位技能和职业能力要求的同时，坚持工具理性与价值理性的有机统一，既要关注学生职业能力与素养的培养，还应该关注学生人文精神与可持续发展能力的培养，既要满足社会对职业能力的需求，又要关注学生个体的幸福与和谐发展。

二、订单培养教学的有序组织

传统的教学组织活动，是按照学校制定的人才培养方案按计划、分学期开展的。学生在校期间，每个学期学习的课程、参加的实践实习、获得的学分都已经在教学计划里事先明确。实行订单人才培养后，部分学生从二年级或三年级开始，进入新组建的订单班学习，按照学校和企业共同制定的新的人才培养方案开展学习、实践。订单人才培养模式的出现，打破了原先整齐划一、按部就班的教育教学组织秩序，需要学校进行顶层设计、统筹协调，来进行针对性的解决。从全校教学组织的角度，主要包括以下三类问题：

（一）订单部分学生与整体学生的关系问题

订单人才培养针对的是被订单企业选中的部分学生，就同一个实行订单培养的年级而言，有的学校进入订单培养的学生比例较高，有些学校比例较低，但都存在已经进入订单培养的这部分学生和没有进入订单培养的学生的关系处理问题。

一般而言，在订单人才培养模式下，采取的教学组织与班级管理方式有两种：一是对原有班级进行全面重组，进入订单班的学生重新组建为以订单企业冠名的实体订单班，其余的学生可以借此机会根据专业深化方向、就业岗位意向等因素重新编班，也可以原本班级编制不动，教学上合班上课。这种方式可以大大提高订单班级的凝聚力和向心力，有利于订单学生的管理和培养，提升订单人才培养成效，但对已有的教学秩序和班级管理会造成较大冲击，对未进入订单班的学生也会造成一定的心理影响，因而适用于订单培养学生比例较高的情况。二是保留原有班级，组建订单培养学生的以订单企业冠名的“虚拟订单班”，平时主要服从原有班级的管理，在有企业参与教学和活动时，以订单班形式进行。这种方式适用于订单培养学生比例较低的情况，可以最大限度减少订单培养对教学秩序和学生管理的影响,但订单培养的效用相对就不够突出。

(二)个体学生订单前与订单后教学的衔接

学生的专业教学与人才培养,是在专业人才培养方案的规范下分步骤、有计划开展的过程。实行订单人才培养模式后,进入订单培养的学生就不能实施原来专业制定的人才培养方案,造成专业课程体系教学的不系统、不完整。在跨专业组建订单班的情况下,还会出现订单人才培养方案与原专业人才培养方案在专业知识与课程体系在衔接上存在大的跳跃的情况。

要妥善解决这一问题,仅仅从专业的层面是很难进行的,需要学校层面在人才培养方案顶层设计上统筹考虑。学校可以通过出台《专业人才培养方案制定指导意见》,对各专业的人才培养方案设计的整体框架进行统一,对公共基础模块(思想政治课程、大学英语、体育等)、素质模块(学习生活指导、心理健康教育、职业生涯规划等)及专业类课程进行开设课时、开设时间、课程学分等的总体性要求,把握全面性、系统性、灵活性、专业性原则,防止专业课程设置过细、过窄。针对订单人才培养模式的实施,考虑到订单培养一般在三年级进行,可以要求各专业在大一、大二就完成本专业基础知识、基本能力的培养,大三时设置三个方向:第一个是订单培养方向,与订单培养相衔接,适用于进入订单培养的学生,执行订单人才培养方案;第二个是专业深化方向,开设本专业的深化课程,针对继续在现有专业深入学习并期望今后在本专业领域就业的学生;第三个是专业拓展方向,开设本专业相关领域的课程,面向今后不计划在本专业领域就业,而是利用现有专业特长在相关领域就业发展的学生。这样,人才培养方案设计时就充分考虑了学生的就业去向和职业发展方向对实际的教学需求,更加具有灵活性和针对性。

(三)少数学生专业与岗位不相匹配的问题

在实际的人才培养工作中,经常会遇到学生对所学专业不感兴趣,毕业后也不会从事所学专业领域的工作,但由于各种因素并没有转到所期望的专业学习的情况。在订单人才培养中也会遇到类似的情况,少数学生所学的专业和即将就业的岗位不相匹配,由于各种原因被企业录用进入订单班学习,但学生毕业时的毕业证书是原来所学专业颁发的。

这些情况的出现,就需要学校在人才培养方案制定时专业面要更宽、课程设置要更灵活,要更加强调学生基础素质和通用能力的培养,避免培养知识面狭窄、技能单一的工具型学生。在订单人才培养方案制定时,要综合考虑不同专业学生的情况，针对性开设应知应会的必修课程，帮助他们补上专业知识、技能和能力的缺陷，以适应订单岗位的要求。

三、订单学生管理的有机协调

订单人才培养模式是在学校传统的人才培养模式的基础上派生出来的、面向部分进入企业订单班学习的学生而专门实施的一种人才培养模式，它的顺利开展需要学校与订单企业、学校内部相关部门、订单学生与其他学生之间等各相关方面的沟通协调，相应机制的构建就非常重要。

首先，要构建学校与企业的三级沟通协调机制。第一级是学校领导和企业领导决策层间的沟通机制，解决订单需求的确定、订单班级的组建、订单培养协议的签订等问题；第二级是学校职能部门或负责订单班级管理的院系与企业人力资源部门之间的协调机制，具体协商人才培养方案的制定、师资队伍的培养与落实、教学过程的共同组织实施、顶岗实习安排等；第三级是学校订单班班主任与企业班主任之间的协调、落实机制，负责各项工作的具体执行与反馈、协调。

其次，要构建学校内部各相关部门的沟通协调机制。如订单学生选拔时学校就业处与相关院系的沟通；订单班组建后负责订单班级管理的院系与订单学生原所在院系在学生党建、帮困助学等方面的协调，与教务处、学生处等部门针对订单班教学与学生管理制度的协调等；订单班班主任与学生原所在班级班主任之间的沟通联系等。

实行订单人才培养模式后，教育管理工作比原先要复杂许多。为了提高效率、体现特色，一是建设订单人才培养的信息化管理系统，搭建学校与企业、学校内部各相关部门的管理平台，实现信息互通、资源共享，高效且有针对性开展订单学生的选拔、管理、考核、评价等工作；二是制定关于订单人才培养选拔、管理、考核、奖惩、退班等一系列管理制度，明确校内各方职责和各项工作流程；三是签订学校、企业、学生的订单培养三方协议，明确三方的责任和义务，为特殊事件的处理提供法律依据，为订单人才的培养提供协议保障。

四、订单培养成本与效益的有机统一

订单人才培养是一种小批量、个性化、定制化的人才培养，与传统的大批量、规模化、同质化的人才培养模式相比，培养成本显著增加、培养效率明显降低，这就需要建立各利益相关方都认可的成本分担机制。首先,对于学校而言,肯定是增加成本的最大承担方,作为教育机构,学校不能仅仅考虑经济效益,更要考虑社会效益,不能仅仅关注短期利益,更要考虑通过订单培养推进学校以市场需求为导向的教育教学改革、人才培养质量提高、社会影响力提升等长期效益;其次,企业需要承担的是个性化培养成本,如企业安排开展的企业文化教育、上岗课程培训、顶岗实习等为培养企业新员工而需要付出的成本;第三,对于学生而言,正常情况下一般不需要额外的费用,但在学生违反培养协议,特别是接受了企业的各种培养培训却违约不去企业就业的,按理应该承担违约责任,支付相应的费用给企业作为补偿。

五、高质量订单的稳定来源

对学校而言,订单人才培养模式的可持续开展,需要以稳定的、高质量的订单来源为前提。市场需求变幻莫测、用人要求千变万化,拥有一批固定的订单合作企业,长期、稳定地开展订单人才培养,是学校需要重点考虑的问题。一是要以过硬的人才培养质量吸引订单,使得通过订单人才培养模式培养出的学生“下得去、用得上、留得住、干得好”,满足甚至超出订单单位的期望;二是要以灵活的专业课程设置延续订单,学校要根据市场需求和岗位变换,及时调整课程设置和教学方式,让培养出来的人才跟得上时代的发展和企业的需求;三是要以积极的态度主动走访拓展订单,学校要通过走访企业,及时发现企业需求的变化和对订单人才要求的改变,发现新的市场需求,不断开发新的订单企业加入到订单合作培养中来;四是要以品牌效应彰显订单优势,通过重点培育、宣传一批稳定的订单合作企业、一批优秀的品牌毕业生,让更多的企业了解订单培养,让更多的优秀学生加入订单培养的队伍,从而实现订单培养的可持续发展。

第四节
银领学院的订单人才培养模式

浙江金融职业学院银领学院成立于2008年3月，是浙江金融职业学院独立设置的、专门负责金融行业订单人才培养的二级学院，先后与工商银行浙江省分行、农业银行浙江省分行、中国银行浙江省分行、建设银行浙江省分行、邮储银行浙江省分行、浙商银行、杭州银行、浙江泰隆银行、台州银行、宁波银行、浙江省农村信用联社、信达期货等80多家金融机构开展订单式人才培养合作。订单单位在大二年级下学期到校面向全校进行订单学生选拔、组建实体订单班级，学生大三年级离开原班级进入银领学院学习，毕业后就可以到用人单位工作。银领学院学生规模每年保持在800—1000人，十余年来已累计培养一万多名学生。

银领学院虽然成立时间不长，但其通过和金融企业共同搭建的合作育人平台，通过对订单学生的大规模、集中性管理，与金融企业零距离对接的人才培养模式，以高水平的双师结构教学团队、高质量的教学管理水平、严格的学生管理方式，在短时间内取得了非常好的办学成绩，人才培养成效得到了企业、学生和家长的高度认可和好评。从2008年开始，先后有200余所国内高职院校专程学习银领人才培养模式。2010年7月，时任中共中央政治局委员、国务委员刘延东同志视察浙江金融职业学院时，来到银领学院看望了正在进行行业培训的订单班学生并合影留念，高度评价了浙江金融职业学院以银领学院为载体与金融行业紧密结合的办学模式。银领学院订单人才培养被知名职业教育专家马树超研究员称为“实现了教学与培训紧密结合，缩短了教学和就业岗位的距离；银领学院的价值在于能够将企业的用人竞争前移，形成订单培养系统，在校企合作上形成‘赶集’效应，具有制度化意义，具有广泛推广价值”。

一、银领学院订单人才培养模式的内涵

周建松等①认为,浙江金融职业学院银领学院的订单人才培养有别于一般意义上的订单式人才培养,它是将金融文化、校友文化、诚信文化注入订单人才培养之中,将三维文化育人与订单人才培养有机地结合在一起,形成了文化订单这种新型的订单人才培养模式。在三维文化育人体系中,学校以金融文化为核心,以校友文化和诚信文化为两翼,与金融企业深度合作,共同培育优质金融“银领”人才。周建松将银领学院运行特征概括为以下六个方面:

(一)以订单培养为始点

银领学院的学生组成是从全校的二年级学生中,在用人单位和学生双向选择的基础上,以金融企业命名独立组班,在三年级由银领学院统一培养。银领学院的学生全部是和商业银行等金融机构合作培养的订单班学生,订单人才培养是银领学院工作的始点。

(二)以开放办学为特征

银领学院在办学上,紧密依托金融行业,充分发挥校友优势,整合金融职教集团资源,提升学生职业能力,提高学校教育教学质量水平。开放式办学是银领学院的根本特征。

(三)以校企合作为平台

订单人才培养工作由用人单位和学院共同完成,学生毕业以后就成为相应金融机构的员工。为了培养出大量优秀的准员工,金融企业都表现出前所未有的积极性,选派最优秀的管理人员和业务骨干进行授课,对订单班级的学生进行企业价值理念和业务教育与培训,用人单位和学校在人才培养方面结成了利益共同体,校企合作成为银领学院人才培养的良好平台。

---

① 周建松、郭福春:《高职教育文化订单人才培养长效机制建设的实践与探索——以浙江金融职业学院银领学院为例》,《高教探索》2010年第6期,第111—114页。

（四）以工学结合为载体

在工作中学习，在学习中工作，已经成为银领学院教学组织形式的一种常态。银领学院学生的学习地点在学院和金融机构业务网点之间交替进行，在学院学习一段时间以后，到订单单位的营业网点进行具体的实训和实践活动。

（五）以双师团队为依托

银领学院在教师队伍组成上，以金融机构领导和业务骨干为核心，专业课程均由金融机构业务骨干完成，学院教师只负责公共基础课程教学和教学组织等工作任务，一支高素质的“双师结构”教学队伍使银领学院培养出来的学生业务素质高、上手快、动手能力强。

（六）以优质银领为目标

银领学院和商业银行等金融机构合作，共同培养主要面向银行业务一线的高素质高技能应用型金融人才，将高素质高技能应用型金融人才作为学院人才培养的根本目标。

二、银领学院订单人才培养的工作模式

银领学院负责培养的学生全部是进入金融机构订单班的大三学生。在新生入学后的第一至第四学期，学生由各个院系按照入学时的录取专业进行培养，以学校专业教育为主，学习各个专业的基本知识、培养基本职业能力和通用技能。第四学期的四、五月份，学校邀请各家金融机构同时进入学校，召开订单人才培养信息发布会，金融机构介绍自己的企业文化和人才需求标准，学生根据用人单位的需求和标准进行报名，一个学生只能填报两个志愿单位。金融机构可以通过笔试、面试等形式和学生进行双向选择，选拔订单培养学生。金融机构确定录取学生以后，和学校、学生签订订单培养三方协议。学校对金融机构选出来的学生重新进行单独组班，组班后归银领学院管理。银领学院根据用人单位的要求，与用人单位共同制定大三学年的人才培养方案并组织教学和管理。金融机构可以选派业务能手和业务骨干负责订单班学生专业课程的教学，学校教师负责学生学习组织和课后辅导等

工作。学生在银领学院和单位网点之间交替进行学习，教学空间延伸到金融机构，学生零距离地学习和了解企业文化，掌握企业岗位业务技能，培养岗位工作能力和职业素养。第六学期，全体学生进行顶岗实习，各家金融机构将订单班学生送到各分支机构，组织开展顶岗实习，从事具体的工作和开展业务，保证每一位订单班级的学生都有一位师傅进行业务指导。一般情况下，学生和师傅共用一个工号进行工作，学生在师傅指导一段时间以后，实现了身份的转换，就有了独立的工号，由一名学生转化成一名企业员工。

三、银领学院订单人才培养的机制保障

（一）组织机构

银领学院由浙江金融职业学院和浙江省内金融机构共同组建，实行院务委员会领导下的院长负责制。院务委员会成员由学校领导、各金融机构人力资源部负责人和学校相关院系负责人组成。银领学院院长聘请商业银行领导担任，执行院长由浙江金融职业学院领导担任，副院长由商业银行领导和学校中层干部共同担任。银领学院下设办公室、职业技能教研室、职业礼仪教研室、职业素质教研室和银行业务教研室。

（二）规章制度

为了保障订单人才培养的顺利开展、保证人才培养质量，学校、银领学院形成了选拔、管理、教学、实习、就业的运行机制，制定了《银领学院订单人才培养录取管理办法》《银领学院学生管理规定》《银领学院订单班学生退班管理办法》《银领学院学生职业化素质量化管理实施细则》等系列文件。在订单班组建完成之后，银领学院会向每一位学生发放《银领手册》，手册包括了《银领学院学生管理制度》《各银行订单班技能行业标准及月度考核标准》《学生礼仪规范》和《学生职业化素质提升自查》等制度规定，督促学生遵守与落实。

（三）运行机制

每年4月12日前后，学校面向社会发布订单信息，邀请各金融机构确定订单需求，学校在4月底完成订单信息汇总后向全校大二学生发布，学生利用“五一”放假

时间回家与家人充分商量，回校后填订单志愿，5月16日前后学校组织订单单位统一到校进行双向选择，5月下旬确定订单学生名单、签订订单培养协议。7月上旬，进入订单班的学生由银领学院组织开展专题教育、组织暑期社会实习与实践。9月份大三第一学期开始，订单学生进入银领学院学习，按照学校和订单单位共同制定的人才培养方案实施订单培养。大三第二学期，订单班学生进入订单单位开展顶岗实习。

四、银领学院订单人才培养模式的特色创新

（一）“全程化”的制度设计

订单人才培养模式的顺利实施，需要学校层面的顶层设计，既要实现各专业的学校教学与行业订单培养之间的平滑对接，又要保证没有进入订单班学习的学生的人才培养质量。因此，从人才培养方案制定开始，全校所有专业统一按照一年级“金院学子”、二年级“系部学友”、三年级“行业学徒”的整体思路进行框架设计，大一时段以学校统一规划指导为主，重点开展基础课程和校本课程学习，突出学业规划，强调懂做人；大二时段以二级院系和专业群为主负责，突出职业方向，强调精专业，重点开展专业知识学习和专业综合能力培养；大三时段以专业和行业企业合作为主，突出实践能力，强调会做事，学生或进入订单模块学习，或进入专业深化和专业拓展模块学习。在三年的培养过程中，行业师资、行业课程按照人才培养“全程化”的设计理念分阶段介入并逐步加强，最终实现毕业与就业的“零过渡”。

（二）“集成化”的教育教学管理

传统的订单人才培养一般由二级院系甚至专业群实施，订单班级规模小、管理力量弱、管理职能分散。银领学院集中了全校所有金融类订单班，订单学生规模近千人，有条件按照订单培养的特殊要求有针对性地设置专职管理机构和教学机构，开展“集成化”的管理和人才培养工作，既保证和订单单位联系的顺畅，又便于开展订单人才培养的专项研究和专题实践，做到订单培养工作的专业性、职业性，从而有效提升订单人才培养成效。

（三）“职业化”的人才培养体系

银领学院利用集成化的管理优势，积极吸收行业员工培训和管理的经验，主动引入优秀的订单单位企业文化，有效整合行业资源，并结合高职教育的特色和高职学生的特点，以“职业化教育，员工化管理”为理念，构建“一个中心、两项抓手、八大载体，培养四大核心竞争优势”的订单人才培养体系，全面实施职业化素质提升工程。通过与订单单位举办开班仪式、设置企业文化讲座、与在职员工进行交流、开展职业生涯规划设计、举办文艺会演等形式共同开展职业化素质教育，有效提升学生职业素养，并以学生职业化素质量化考核和班级测评工作为抓手，开展征文活动、演讲比赛、文艺比赛、职业礼仪大赛、职业技能比赛、经济形势分析大赛、行业座谈会、银领学子成长感悟交流会等八大类活动，重点培养学生职业技能、职业形象、实践动手能力和职业素质四大职业核心竞争优势，取得了显著成效。

五、银领学院订单人才培养的工作实效

（一）创新了订单式人才培养模式

银领学院的学生是从全校的二年级学生中，在用人单位和学生双向选择的基础上选拔出来的，并以金融企业命名独立组班，在三年级由银领学院统一管理、培养。各订单班教学计划由行业和学校共同制定，以行业为主，充分满足用人单位对人才培养的个性化要求。浙江金融职业学院以就业为导向、以订单为载体的金融“银领”人才培养机制建设获第六届浙江省高等教育教学成果奖一等奖、第六届高等教育国家级教学成果奖二等奖。

（二）铸就了一支素质精良的“双师”教学团队

银领学院教学队伍由学校高水平的教师和金融机构领导、业务骨干组成。学校教师负责基础课教学工作，金融机构领导负责银领学院学生顶岗实习工作安排和毕业工作岗位对接工作，金融机构业务骨干负责专业课程教学和实习指导工作。学校和金融机构共同组建了一支高水平、互渗式的“双师”结构教学团队。金融机构选派管理人员和业务骨干直接进入学校进行专业课教学，指导学生进行业务操作。校内教师到金融机构兼职，进行实习和挂职锻炼，参与金融机构业务实践，紧

跟金融机构业务发展。高水平"双师"教学团队的组建,不仅解决了教与学脱节的问题,而且大大加强了教学的针对性和有效性,提高了教育教学水平。银领学院金融业务教学团队被评为国家级教学团队,一名教师获全国"优秀教师"荣誉称号,三名教师分别被授予浙江省"师德先进个人""师德标兵"称号,一名教师被授予浙江省高校"三育人"先进个人荣誉称号。

(三) 搭建了一个工学结合的育人载体

在工作中学习、在学习中工作,已经成为银领学院教学组织形式的一种常态。银领学院学生的学习地点在学院和金融机构业务网点之间交替进行,在学院学习一段时间以后,到订单单位的营业网点进行具体的实训和实践活动,学生经过实训网点的实践活动,可以非常清楚地认识到自身在专业技能、职业礼仪、业务素质等方面的不足,这样可以使学生回到学校学习时更加用心、更加刻苦。工学结合教学模式的运行,不但提高了学生的实际动手能力和业务技能,而且提高了学生学习知识的主动性和自觉性,促使学生养成了主动学习、积极思考的良好习惯,学校教学收到了意想不到的效果。银领学院学生代表学校参加历届全国大学生银行业务综合技能大赛,每年均获得一等奖。

(四) 创设了校企合作、深度融合的人才培养平台

订单式人才培养工作由用人单位和学院共同完成,用人单位和学校在人才培养方面结成了利益共同体。因为银领学院的学生在毕业以后就成为相应订单企业的员工,所有参与到银领学院人才培养工作中的单位在人才培养方面,都表现出前所未有的积极性,在行业课程教学的师资安排、实习实训乃至班级活动开展等方面,人力资源部都安排专人协调落实。订单单位安排的行业班主任与学校的班主任共同实施对班级学生的日常教育与管理,银领学院成为校企合作、共同育人的良好平台。

(五) 体现了金融高职开放办学的教育特色

开放式办学是银领学院的根本特色。订单培养确立了学生的"准员工"身份,学院在引入企业的设备、师资、培训、标准与需求等方面,有效激活企业的积极性,解决了开放办学的难题。金融机构的培训基地、实习网点都根据教学需要对银领学院教师和订单班学生开放,金融机构的职业技能竞赛、业务比赛等活动也都主动

邀请银领学院的师生参与。浙商银行、邮储银行浙江省分行等银行甚至直接将培训基地建在了学校,实现了双方教育优势互补、教学资源共享。

(六)实践了优质银领的人才培养目标

学校教学的根本目的在于培养优质人才。银领学院和商业银行等金融机构合作,共同培养主要面向商业银行业务一线的高素质高技能应用型金融人才,取得了突出成效。每年都有大批银领学院毕业生在银行的职业技能比赛、业务竞赛、演讲比赛等各级各类比赛中获奖,特别是在银行系统的职业技能比赛中,银领学院毕业生不管是获奖人数还是获奖等级,都令行业刮目相看。银领学院的毕业生每年都是订单单位各分支机构争相选聘的对象,受到用人单位的欢迎。

(七)发挥了辐射引领的示范效用

进入银领学院订单班,实现到金融机构优质就业,是大一、大二学生的就业梦想。低年级学生以银领学院订单班选拔的标准要求自己,以银领学院学生的高素质、高技能水平作为自己努力的标杆。银领学院学生也经常回原院系、原专业参加活动,帮助低年级学生确立目标,指导、引领他们的成长成才,对推进全校的校风学风建设,起到了良好的示范作用。

(八)成为学校"行业、校友、集团"共生态办学模式和订单人才培养模式最佳结合的典范

银领学院订单人才培养以行业为依托、以校友为纽带、以岗位为落脚点、以优质银领为培养目标,与行业共建校内外实习实训基地,共建双师结构教学团队,共谋金融教育发展大计,并充分考虑用人单位的现实需求、学生职业能力的客观需要、高等职业教育教学的内在需求和高等职业教育职业人培养的需要,探索形成完整的校企合作育人模式和订单人才培养体系,实现了学校"行业、校友、集团"共生态办学模式和订单人才培养模式的最佳结合。

(九)提升了人才培养质量

银领学院成立10多年来,人才培养质量不断攀升,用人单位的满意度与社会美誉度不断提高。在就业形势严峻、金融企业用人门槛持续提升的宏观背景下,与

银领学院开展订单人才培养的金融机构持续增加,合作岗位更加多样。在银领学院品牌影响下,社会考生踊跃报考浙江金融职业学院,录取分数线持续保持全省同类院校第一,生源质量不断提高,学校进入可持续发展阶段。

(十)实现了学校、用人单位和学生之间的三赢

从学校角度而言,第一,实现了学生优质就业。高职教育的根本特征决定了就业工作在整个学校教学中的重要地位和作用,在一定程度上可以认为就业为高职院校的立校之本。银领学院订单班级的学生在毕业以后都在金融机构业务一线工作,毕业生动手能力强、业务素质高,工作环境好、起薪高,实现了学生优质就业。第二,提高了教学效率,使学校教学更加具有针对性。订单人才培养可以根据用人单位的特殊需求量体裁衣,有针对性地开展人才培养工作。第三,破解了财经类高职院校工学结合、顶岗实习的难题。订单班学生的准员工身份,使学生在商业银行顶岗实习的时候不涉及商业银行核心机密泄漏以及管理上的问题,银行将顶岗实习的学生作为准员工来看待,有效地破解了财经类高职院校工学结合、顶岗实习的难题。

从用人单位角度而言,首先,可以稳定、有计划地得到自身所需要的人才。我国目前的大学生就业市场,已经过渡到买方市场,用人单位在人才市场上拥有较多的选择机会。但是,在巨大的人才市场上,用人单位要找到适合自己单位需要的人才,需要很高的信息收集成本。通过订单式培养,用人单位可以提前向学校就自身的人才需求状况进行量身打造,稳定、有计划地得到自身所需要的人才。其次,省却了岗前培训所花费的时间及经济方面的投入。用人单位在人才市场上招聘来的大学生大多都是学校基于知识共性角度培养的结果,很难考虑到用人单位的具体情况,岗前培训是员工上岗的必备程序。订单人才培养可以根据用人单位的具体要求,将岗前培训工作放在学校进行,从而节约大量成本。再次,订单式人才培养通过协议的形式进行,用人单位需要的人才可以通过协议的形式得到根本性保证。

从学生角度而言,可以使学生学习方向更加明确,免去了找工作的艰辛,可以专心致志地进行学习。一方面,高校学生就业上实行学校推荐、自主择业、双向选择工作以来,大多数学生在校的最后一个学期、甚至是一个学年,都将主要精力放在了找工作方面,而忽视了学业;另一方面,学校面临着就业压力又不能反对学生找工作的行为,从而陷入了两难境地。实行订单人才培养,就可以很好地解决这个问题。学生解决了工作上的后顾之忧以后,就可以全身心地投入到学习之中,避免和减少了一个学期甚至一个学年教学资源的损失和浪费。

第二章

高职人才培养的素质教育理念

党的十九大报告明确指出，要全面贯彻党的教育方针，落实立德树人根本任务，发展素质教育，推进教育公平，培养德智体美全面发展的社会主义建设者和接班人。素质教育是具有中国特色、符合我国国情的教育理念。高等职业教育是我国高等教育的重要组成部分，也是现代职业教育体系中的高层次教育，肩负着为经济社会建设与发展培养人才的使命。深刻把握素质教育理念的内涵，结合高等职业教育的实际，指导教育教学实践，是全面贯彻党的教育方针政策的基础。

第一节 素质教育发展概述

一、素质教育思想的形成及在高等教育领域的发展

从20世纪80年代开始,我国教育界开始进行素质教育思想和实践的探索。随着素质教育的不断发展与完善,全面推进素质教育成为我国教育事业的一场深刻变革。《中共中央关于教育体制改革的决定》(1985年)、《中国教育改革和发展纲要》(1993年)、《中共中央关于进一步加强和改进学校德育工作的若干意见》(1994年)等一系列文件,均明确提出要全面推进以提高国民素质为目标的素质教育。1999年6月,中共中央、国务院召开了第三次全国教育工作会议,作出《关于深化教育改革全面推进素质教育的决定》,明确指出"实施素质教育,就是全面贯彻党的教育方针,以提高国民素质为根本宗旨,以培养学生的创新精神和实践能力为重点,造就'有理想、有道德、有文化、有纪律'的、德智体美等全面发展的社会主义事业建设者和接班人"。"素质教育应当贯穿于幼儿教育、中小学教育、职业教育、成人教育、高等教育等各级各类教育,应当贯穿于学校教育、家庭教育和社会教育等各个方面。"素质教育是中国特色的教育思想与模式,它是在马克思主义教育观的指导下,坚持党的教育方针,充分继承与弘扬我国优秀的教育理念与传统,大力学习与吸取国外先进的教育思想与经验,在伟大的中国特色社会主义建设与教育教学改革实践中,不断探索,不断总结,不断发展,所形成的我国本土化的教育理念与模式。也可以说,素质教育就是现代中国化的马克思主义教育观。[①]

1995年,针对当时我国高等教育改革的实际,教育部提出在高等学校开展加

① 杨叔子、余东升:《素质教育:改革开放30年中国教育思想一大硕果——纪念中共中央国务院〈关于深化教育改革全面推进素质教育的决定〉颁布十周年》,《高等教育研究》2009年第6期,第1—8页。

强大学生文化素质教育工作,并在全国部分高等学校进行试点,提出通过加强对大学生进行文、史、哲、艺术等人文社会科学和自然科学方面的教育,以提高全体大学生的审美情趣、文化品位、人文素养和科学素质。文化素质教育成为高等学校开展素质教育的切入点和突破口。1994年,在国家还没有在高等教育领域正式推动素质教育之前,周远清同志就提出了"三注(注重素质教育、注视创新能力培养、注意个性发展)"的教育理念,用以强调在高等教育人才培养中,素质教育、创新能力和个性发展之间的密切关系,突出了学生素质养成和个性培养对充分发展其创新能力的重要作用。可以说,正是"三注"的提出,使得我国高等教育领域开始逐步引入素质教育的概念。1998年周远清同志又提出"三提高"(提高学生的素质,特别是文化素质;提高教师的素养,特别是文化素养;提高学校品位,特别是文化品位),进而开始从教师和大学的角度来考察素质教育的实际建设问题,进一步丰富和拓展了文化素质教育的内涵。后来周远清同志又于2005年提出"三结合(大学生文化素质教育与教师文化素养的提高相结合,文化素质教育与思想政治教育相结合,人文教育与科学教育相结合)"①,将对素质教育的理解引向深入。

以文化素质教育为切入点和突破口的素质教育,在我国高校已经开展了20余年,在促进高等学校教育教学改革、提高人才培养质量,促进大学文化建设、提升大学文化品位,促进大学生提高综合素质、培养德智体美全面发展的高素质人才等方面取得了积极的成效,并开始进入深入推进、全面发展的新的历史阶段。

二、素质教育思想在高等职业教育的发展

高等职业教育大发展近二十年来,关于高职究竟要培养什么样的人才的讨论一直没有停止过。随着实践的丰富和理论研究的深入,研究人员对受功利主义理性观影响,以就业为目标培养"工具人"的批评越来越多。在高等职业教育人才培养的目标要求上,开始更加重视学生内在价值和外在价值的统一、个性发展需要和社会需要的统一,更加重视学生的可持续发展能力的培养,更加重视把学生作为完整的人、全面发展的人的培养。社会用人单位在人才选拔上,也更加突出对职业综合能力和素质素养的要求,而不再仅仅看重学生的专业能力或技能水平。在这一宏观背景下,高等职业教育实施素质教育也逐步从理论探讨走向实践应用,开始探索符合高职教育人才培养目标要求、适应高职教育发展规律的素质教育实施模式。

① 马陆亭、王静修:《我国高等教育中素质教育思想的确立——学习周远清同志对素质教育思考和工作推动的体会》,《中国高教研究》2015年第8期,第16—22页。

高职教育的素质教育与普通高等教育素质教育没有本质的区别，二者对学生的政治素质、思想品德素质、专业素质、身心素质、人文素质等的一般要求是相同的，不同之处只是高职院校在素质教育的要求和教育的侧重点上有所不同。高职院校素质教育具有职业性、应用性、实践性、创新性等特点，所提出的途径与方法包括：完善素质教育课程体系，将素质教育渗透到专业教育中、实现两者有机融合，注重日常养成教育，社会实践的锻炼，校园文化的熏陶等。[①]高等职业教育实施素质教育，是培养素质高、能力强、技能优的高品质应用型人才的必由之路。根据学生的成长规律，在素质教育内容的具体安排上，高职教育的一年级阶段，应以培养学生的"基础素质"为重点；二年级阶段，随着专业课程比重的加大，结合就业教育、创业教育，开始增加"职业素质"的教育内容；到了三年级阶段，学生面临顶岗实习和就业，就要以"职业素质"为主要内容。高职素质教育实施的三个阶段，环环相扣、层层递进，最终实现高素质、高技能的应用型人才培养目标。对进入订单培养的三年级学生而言，职业素质教育是重中之重。

国外最早关注高校大学生职业素质培养的研究，始于20世纪40年代。1941年，美国学者约翰·弗莱纳根(John Flanagan)曾在美国飞行员绩效问题的工作分析中，提出了要描述工作行为所需要的素质，首次将素质问题研究纳入人力资源管理的崭新领域。从各国职业教育模式的角度分析，都体现了对培养学生综合从业能力的重视。如英国的教学模式其知识体系的设计是跨学科、跨领域的，强调课程内容的综合性；澳大利亚的教学模式则普遍采用以能力为本位的指导思想，教学过程强调学生的主观能动性，教学的重点放在学生实际工作能力的训练上；德国的双元制职业教育模式，其整个培训过程是在工厂企业和国家的职业学校进行，双元制培训的学生，具备双重身份：在学校是学生，在企业是学徒工，并且在企业内的岗位学习时间达到了70%，这样不仅能够将企业中的实践和职业学校中的理论教学密切结合，而且更有利于学生综合职业素质的培养；美国在20世纪80年代的第一个改革浪潮中便认识到，如果要在高技术的国际环境中具备竞争力，职业教育是非常重要的，1990年左右出现了第二次改革浪潮，认为职业教育需要重新定义和确立新方向，形成了新的职业能力观，以约翰·杜威(John Dewey)为代表的实用主义教育认为职业教育所培养的应是知识公民，他们能适应职业变化，自我实现，并参与民主社会，把学习与对变革的反应视为终身的过程，强调的也是综合职业能力和社会适应能力的培养；韩国的职业教育界认为，学生的职业素质应该包括专业能力和基础能力两个层面，并且强调基础能力教育应始于中小学教育，使这些能力深植于一

① 谭属春：《论高职院校素质教育的特点及其实现途径》，《高等工程教育研究》2010年第2期，第80—87页。

个人的习惯之中,为以后的职业发展打下良好基础。

2006年教育部16号文明确提出了“加强素质教育,强化职业道德,明确培养目标”的要求,高等职业院校培养出来的学生必须是符合企业要求的“软硬兼修”的“全才”:即具备扎实的专业知识、娴熟的专业技能、科学的职业认知和从业道德、综合的从业和创业意识等。在《中共中央国务院关于深化教育改革全面推进素质教育的决定》《教育部等七部门关于进一步加强职业教育工作的若干意见》等文件中,分析了高职学生职业素质可以分解为理想信念和民主法制素养、伦理与职业道德素养、职业习惯养成、身心健康、协作能力、创新能力、实践能力、适应职业变化能力、独立思考和获取新知识能力、收集处理信息和分析解决问题能力、语言文字表达能力、美感体验、美的欣赏和美的创造能力、创业精神、艰苦奋斗精神、竞争意识、职业技能、专业知识、处理人际关系的能力、终身学习能力等要素,这些要素也是学生从业所必须具备的素质要求。

第二节 高等职业教育论域下的素质教育

“坚持以人为本、全面实施素质教育”是《国家中长期教育改革和发展规划纲要(2010—2020年)》明确提出的教育改革发展的战略主题。发展素质教育是对所有层次、所有类型教育的整体性要求。针对具体的教育层次与类型,由于教育对象、阶段性培养目标的差别,素质教育内涵、要求也应有所区别。高等职业教育具有“高等性”和“职业性”的双重特点,人才培养目标、人才培养模式、院校特色、师资结构、学生状况等都区别于其他教育类型,需要形成符合自身特点的素质教育理论、内涵,构建实施机制,推进教育教学改革,提高人才培养的针对性和有效性。

一、高职教育实施素质教育存在的问题

(一) 过强的功利导向影响了素质教育思想的贯彻

多年来,高等职业教育在“以服务为宗旨,以就业为导向”“能力为本”等职业教育思想的指导下,强调学生职业能力的培养,出现了只重视做事训练而忽视做人教育的倾向,教育的功利主义色彩过于浓厚。在教育行政主管部门和社会对应届毕业生“就业率”这一重点考核指标的直接作用下,高职院校很大程度上把以“就业为导向”演绎成了“以就业为终极目标”,把高职教育简化成了职业培训,片面强调人才培养与社会当前需要相适应、与现有职业岗位要求相对口,着力培养学生的当前就业竞争力和岗位适应能力,既较少考虑培养学生的可持续发展能力和提升学生适应未来环境所需的素质,也没有充分认识到品德品味、信念信仰、情感意志、心理个性等素质素养对学生职业发展和一生幸福生活所具有的重要意义。离开了素质教育思想的指导,“立德树人”难以落到实处,教育教学改革重心停留在学生做事

能力培养的层面，难以深入到“育人”的本质。

（二）人才培养缺乏素质教育思想统领下的顶层设计

自从2006年高职示范性院校建设启动以来，高职教育模式转型快速推进，人才培养模式改革涌现出一大批创新性成果，但成效大部分体现在课程体系、教学模式、实习实践等学生职业能力培养层面，较少上升到素质提升的层次。作为人才培养的基本纲要和指导性文件，大部分高职院校已经将传统的“专业教学计划”升级到“专业人才培养方案”，在人才培养目标、要求和具体实施等方面进行了改进和深化，但是本质上依然是“课堂教学计划”而不是“人才培养方案”，只是简单地在培养目标上增加思想政治素质、道德素质、身心素质等方面的要求，但是以专业课程体系为中心，以课堂教学安排为主线，以培养学生专业能力为目标的实质没有改变，素质教育在“人才培养方案”中依然是镜中花、水中月，看得到做不到，缺少实质性的内容和有效的实施方案。人才培养从顶层设计开始就没有做到在素质教育思想统领下，统筹考虑社会发展需要和个人发展需要，实现学生的全面发展、全体发展和个性发展。

（三）评价和考核机制不利于素质教育的实施

教育行政主管部门对学校的考核评估，一直以来开展的主要是教学工作水平评估，而不是完整意义上的人才培养工作评估，其直接目标是全面提高专业教学质量，直接指向学生的专业能力，容易使各高校将学生专业能力培养质量狭隘地等同于人才培养质量，忽视学生全面发展和个性发展，从而偏离素质教育的轨道。2008年推出的《高等职业院校人才培养工作评估方案》在原方案的基础上有了很大的突破，但指标体系还是集中在专业教学条件、教学基础能力、教学管理、教学效果等教学层面上，对“育人”成效的考虑还是显得有些不够。

人才培养是高等职业教育的根本任务，在对教师的考核评价上，人才培养业绩和贡献理应是最重要的指标，但不管是专业技术职称晋升还是绩效工资定级，事实上都是科研业绩超过了教学业绩成了最核心的指标，人才培养业绩也往往被狭隘地理解为教学工作业绩，“教学”成了“人才培养”的全部，其他和素质教育相关的工作业绩都被排除在外，难以得到体现，这一做法容易将教师的兴奋点引向科研和纯粹的专业教学，一定程度上影响了作为素质教育主体力量的教师从事育人工作的积极性和主动性，也不利于调动在素质教育中发挥重要作用、处在学生工作一线的教师的工作积极性。

（四）狭隘的人才培养质量观影响了素质教育的顺利实施

高职教育要培养什么人？人才培养质量的标准是什么？如何开展人才培养质量的评价？这是指导高校素质教育实施方案制定、检验素质教育实施成效首先需要解决的三个问题。目前对高职人才培养质量的评价还主要集中在学生的技能水平、岗位适应能力、实践操作能力等职业综合能力上面，把满足社会需要作为人才培养的主要目的，缺少对个人素质素养的评价和学生全面发展的考量，对高职人才培养的狭隘理解直接影响到素质教育的有效实施。

（五）教师参与素质教育的意识还需要增强

教师在人才培养中发挥主导作用，是素质教育的主要力量。在专门化教育思想的影响和学校对教师考核评价机制的指引下，专业课教师更多关注的是专业教学本身，他们专注科研提高自身的专业水平和服务社会的能力，专心于专业建设、课程建设、实验室建设来实现专业人才培养的基础能力提升，而将理想信念、人生观、价值观等思政教育和公民素质教育及心理、情感、意志等非智力因素教育从教学中人为剥离出去，主观上缺少主动思考、主动参与的激情，更缺少将专业教学与学生素质提升有机结合起来进行研究、促进学生全面发展的动力，教学实践上对学生表现出的素质素养问题不闻不问、听之任之，或者将问题转交给学生管理部门，没有意识到这本身就是教师职责的重要内容。

（六）学生参与的积极性和主动性还需要激发

学生是素质教育的主体对象，素质教育要取得成效，学生的参与是前提。一般而言，高职学生学习的自觉性和主动性相对较差，对学习的自我监控和目标定向能力相对较弱，很大一部分学生对学业规划、职业发展和个人成长缺乏考虑，缺少主动挖掘潜力、发展个性和提升素质的动力和激情。如果缺少合理引导和有效激发，很多学生将荒废宝贵的大学光阴，错过全面发展和素质提升的绝佳机会，遗憾终生。

二、高等职业院校实施素质教育的策略

高职素质教育中存在的问题,有教育思想观念的问题,也有教育机制的问题,以及各参与主体自身的问题,其中有很多方面不是高职院校本身所能改变和解决的。但这并不意味着高职院校可以坐等机制理顺、外部环境改善后才能行动,而是要积极作为,主动深入研究、积极探索实践,自下而上推进教育教学改革和体制机制完善。现对高职院校全面实施素质教育提出以下六项策略建议。

(一)以观念更新为先导,优化素质教育实施环境

素质教育在理念上不同于以单一的知识积累、岗位能力培养、职业技能形成等为目的的教育体系,其本质旨在实现对人的自我成长、成熟、成才具有决定作用的内在素养和品质的全面改善、提高和发展。只有教育管理人员、教师深刻理解素质教育的内涵,更新教育观念,才能将素质教育思想内化为自觉行为,才会在日常的教育教学中去贯彻实施,实现“教书”和“育人”的统一。这一过程是漫长、渐进的,也是需要高职院校在日常的教育、管理过程中重点去推动、促进的。

(二)以顶层设计为起点,用素质教育思想统领各项教育教学改革

素质教育的实施,需要从顶层设计开始做起。人才培养目标、培养方案的设计,人才培养模式改革,学生考核与评价体系设计等都需要在素质教育思想的统领下进行。人才培养的目标设计,必须围绕着有利于学生全面发展、终生发展、个性发展的目标,协调人才培养的社会需要和个人发展需要,统筹知识、技能、能力、素质的全方位培养。知识体系设计,既要强调专业,又不限于专业,要从学生人格素质的完整性、知识素质的综合性、能力素质的发展性等加以考虑。职能部门、教学院系需要结合具体的教学工作、学生工作,将素质教育理念细化到具体的人才培养方案、教学内容、课程教学方法和学生评价之中。

(三)以“三全育人”为要求,营造素质教育实施氛围

全面实施素质教育,需要构建“全员参与、全方位推进、全过程监控”的育人模式。首先,素质教育是全员参与的教育,教师、管理人员乃至后勤服务人员都负有

明确的育人职责，都需要因时、因地、因事对学生开展教育，特别是专业教师，不能把自己定位于仅仅是开展专业教育的教师，而忽视对学生素质的教育。其次，素质教育需要德智体美全面推进，对于高职教育而言，特别要强调职业道德教育、职业精神培养和职业素质的养成，不能仅仅局限于职业技能和职业能力教育。第三，加强过程的监督和控制，形成反馈、干预机制，这是保证素质教育取得成效的基本要求。

（四）突出教师的关键作用，提升素质教育实施的基础能力

素质教育的实施，归根到底是要教师去执行的，教师素质教育理念的确立、自身的素质水平、执行力的高低、对教育工作的热情与投入、教育教学方法的科学性、手段的有效性等等，都是影响素质教育效果的直接因素。因此，加强教师的教育和培养，帮助教师树立素质教育理念、提升教师素质教育水平和个人人格魅力，构建促进教师将素质教育应用于日常教学过程的导向机制，激发教师的工作热情，是素质教育实施成败的关键。当前对教师的培养，大多侧重于科研和专业教学能力方面，需要加强对教师理想信念的教育来提升教师对职业的热爱和教育事业的忠诚度，培养教师立德树人的育人自觉，构建有效激励机制让教师把工作热情和工作重心从单纯的“教书”和“科研”转移到“育人”上来，不仅要“授业”，更要主动“传道”“解惑”。

（五）以改革创新为路径，提高素质教育的实施效果

以素质教育理念为统领，改革传统的知识传授教学模式，充分发挥课堂教学的主渠道作用，科学设计教学目标、合理安排教学内容、灵活改进教学方法，大力推进项目教学、案例教学、合作学习、研究性学习等教学模式改革，让学生在专业知识学习的过程中，能力、素质得到同步提升。同时积极开辟第二课堂、第三课堂，通过学校党委宣传部、学工部、团委、各二级院系党总支、团总支、各级各类学生社团组织开展各种思想性论坛、学术性讲座、文体类活动、公益服务类实践等，创建丰富多样的、学生乐于参与的活动载体，激发学生主动参与学习、活动的热情，使学生在各种实践活动中得到全方位的发展。改革创新要整合各种教育资源，形成育人合力，构建知识、技能、能力、素质四位一体的新型高职人才培养模式，全面提高人才培养质量。

（六）构建长效机制，保障素质教育持续、深入开展

素质教育的成功实施，必须构建长效机制作为保障。从学校的角度，首先，要

改革对学生的评价机制，以育人为目标、以学生全面发展为导向，将学生学业测评和素质、能力测评结合起来，将课堂教学评价和课外实践评价结合起来，将学生个性发展和学校共性要求结合起来，形成完整的具有原始数据采集、资料统计汇总、问题诊断、信息反馈、教育激励、成绩评价等内容的功能系统和运行机制，要能够涵盖学生思想、学习、生活各个领域，关联学生工作、教学工作、实习单位各教育教学要素。其次，要改革对教师的评价和激励机制，把教师的育人能力、育人业绩放在首位，把教师的责任从专业教学、科研拓展到学生的思想引导、方法能力和社会能力的培养以及职业素养的提升等各个方面，真正体现以生为本的素质教育理念，而不是将教师的专业能力、科研能力作为教师工作业绩考核的主要指标甚至是决定性指标。再次，要推动教育行政主管部门和社会对学校的评估评价体系改革，以正确的教育质量观、人才观，科学的指标体系和合理的评价手段来促进学校素质教育的全面、深入实施。

三、高职院校实施素质教育的三个阶段

素质教育是“以人为本”的教育，是为学生成长、成才和发展服务的教育，是面向全体学生因材施教的教育，是综合考虑社会发展需要和学生个人发展需要的教育。高等职业教育实施素质教育，是培养素质高、能力强、技能优的高品质应用型人才的必由之路。根据学生的成长规律，在素质教育内容的具体安排上，按照与专业教学相结合、与学生发展阶段相匹配、与社会要求相适应的原则，在不同的时期重心要有所侧重，高职院校开展素质教育，大致可以分为三个阶段：

一年级阶段，以培养学生的“基础素质”为重点，即广泛意义上的素质教育的内容，帮助学生达到作为“社会人”身份的要求，从思想道德素质、社会文化素质、专业素质和身体心理素质等四个方面，对学生进行教育和培养。

二年级阶段，“基础素质”与“职业素质”培养相融合，伴随着专业课程比重的加大，有意识地结合就业教育、创业教育，开始增加更加具体、细化的“职业素质”的教育内容，帮助学生逐步深入认识行业、理解职业、了解岗位要求，培养职业意识，塑造职业精神。

三年级阶段，要以“职业素质”为主要内容。这时学生面临顶岗实习和就业，即将真正踏上工作岗位，实现从“学生”身份向“职业人”身份的转变，这就需要学生充分理解社会、工作单位对“职业人”身份的素质要求，以尽快适应工作岗位。

高职素质教育实施的三个阶段，环环相扣、层层递进，最终实现高素质、高技能的应用型人才培养目标。

四、实施素质教育需要处理好四大关系

素质教育是“以人为本”的教育，是为学生成长、成才和发展服务的教育，是面向全体学生因材施教的教育，是综合考虑社会发展需要和学生个人发展需要的教育，高职院校全面实施素质教育，面向学生需要重点处理好以下四大关系：

（一）全面发展和个性发展相结合

实现学生德智体美全面发展、培养德才兼备的人才是素质教育的核心理念之一，也是对当前教育过分强调专业知识学习、专业能力培养而忽视职业道德教育、身心健康教育等基本素质养成教育的最大改进。同时，素质教育是面向全体学生的教育，要考虑学生个性的差异性，要重视学生个性的发展和优势潜能的激发，真正做到“以学生为本”，将全面发展和个性发展有机结合起来，使学生生动活泼、主动积极地发展。

（二）知识、技能、能力、素质统筹发展

不同的人才类型，其能力素质结构要求有很大的区别，就高职教育的人才培养要求而言，知识是基础、技能是特色、能力是核心、素质是根本，高等职业教育要根据人才培养目标要求，结合自身特点和学生的实际情况，按照知识“必须够用”的原则，突出技能优势的培养，重视专业能力的培养和职业素质的养成，实现知识、技能、能力、素质的统筹、协调发展。

（三）当前的就业需要和长远的可持续发展相协调

职业教育被认为是就业教育，帮助学生培养一技之长获得“生存”的本领，这是职业教育最基本的任务。在此基础上，还要通过实施素质教育，丰富教育内容，精心设计知识能力结构，协调就业需要和可持续发展的需要，为学生转岗和向更高层次的发展奠定基础。也就是说，素质教育不仅要帮助学生掌握功能化知识、职业化技能和专业化能力以满足就业竞争需要，而且不能忽视了学生方法能力、社会能力的培养和综合素质的提升，要为学生的长远、可持续发展考虑。

（四）社会需要和个人发展需要相兼顾

高等职业教育培养的首先是符合经济建设需要、能够为国家为社会做贡献的职业人、社会人，要教给学生谋生的本领。同时，也要考虑到学生的个人志向、特长、兴趣爱好，要为学生个人优势的培养和特长发挥提供条件，要为学生的长远发展和幸福生活谋划。人才培养方案的设计、教学和实践内容的安排等，都要兼顾社会的需要和个人自身发展的需要，真正体现“以人为本”的原则。

五、高职素质教育的目标：实现每一位学生的幸福成长

素质教育是“以人为本”的教育，是为学生成长、成才和全面发展服务的教育，是面向全体学生因材施教的教育，是综合考虑社会发展需要和学生个人发展需要的教育，是促进学生主动发展、主动成才的教育。

多年来，高等职业教育出现了只重视做事训练而忽视做人教育的倾向，很大程度上把以“就业为导向”演绎成了“以就业为目标”，片面强调人才培养与社会当前需要相适应、与现有职业岗位要求相对口，着力培养学生的当前就业竞争力和岗位适应能力，既较少考虑培养学生的可持续发展能力和提升学生适应未来环境所需的素质，也没有充分认识到品德品味、信念信仰、情感意志、心理个性等素质素养对学生职业发展和一生幸福生活所具有的重要意义。高等职业教育实施素质教育，首先要解决培养“工具人”的人才培养目标偏离问题，从单纯的就业竞争力培养向实现人的天性、潜能以及发掘人的潜在价值转变，向促进学生成长、成才和全面发展转变。

教师在人才培养中发挥主导作用，是素质教育的主要力量。在专门化教育思想的影响下，一部分专业课教师更多关注的是专业教学本身，专注的是科研，专心的是专业建设、课程建设、实验室建设，而将理想信念、人生观、价值观等思想教育，将心理、情感、意志等非智力因素教育从自己的育人工作中人为剥离出去，缺少将专业教学与学生素质提升有机结合起来、促进学生全面发展的教育思维。高等职业教育实施素质教育，其次要解决的是教师的教育理念问题，要让每一位教师深刻理解素质教育的内涵，不能简单地把知识传授和能力培养作为唯一的目标，而是应该更加重视学生内在品质的提升和素质的养成。

促进学生成长是学校教育的主题，实现每一位学生的“幸福成长”是实施素质教育的理想追求。“幸福成长”就是学生心怀美好理想与远大志向，在具体而明确的

目标指引下,内在动力得到充分激发、内在潜能得到充分释放、个性爱好得到充分发展,在互相尊重、互相关爱、互相激励的和谐氛围中,感觉充实与满足,能享受到自己快速成长的快乐巅峰体验,并最终达成人才培养目标,实现个人充分发展的、有内涵、有价值、身心愉悦的成长。高等职业教育实施素质教育,要指导、帮助学生激发内在成长动力,做到以高远的志向引领成长目标,以高效率的学习方法提高成长品质,用有价值的学习内容提升成长意义,以生动活泼的学习形式使成长过程绚丽多彩,以有效的指导、督促与激励保持成长的持续性,以平和的心态品味成长中的幸福,从而实现主动发展、主动成才。

第三节 高等职业教育论域下的职业素质教育

在各种教育类型中,职业教育与生产劳动的关系最密切,对学生职业素质培养的要求最迫切。《教育部关于深化职业教育教学改革全面提高人才培养质量的若干意见》(教职成〔2015〕6号)中明确指出,高等职业教育以立德树人为根本任务,以服务发展为宗旨,以促进就业为导向,并提出了要坚持产教融合、校企合作,坚持工学结合、知行合一,构建协同育人机制,培养学生坚定理想信念、坚守社会道德,培育学生的工匠精神、创新意识和就业创业能力等内容,这些都对职业素质教育提出了针对性的要求。

一、职业素质的内涵

关于素质与职业素质的内涵,不同学者从不同的角度会有不同的理解。从教育的角度,"素质"一般认为应包括思想道德素质、社会文化素质、专业素质和身体心理素质等四个方面。为了讨论和研究的方便,根据素质的具体内容和人才培养目标定位需要,我们不妨将它划分为基础素质和职业素质,这两者并不是泾渭分明,甚至往往互相包容而不能明确界定。基础素质是指个体对一名公民作为"社会人"身份的素质要求,是个体存在于世界、参与社会交往活动所需要具备的道德、文化、专业、身心等方面的素质。而职业素质主要是指在职业活动过程中所需要具备的素质,是对个体作为"职业人"身份的素质要求,是思想道德素质、社会文化素质、专业素质和身体心理素质等四个方面内容在职业活动过程中的具体体现,具体包括思想道德层面的职业意识、职业理想、职业道德等,社会文化层面的职业交往、职业礼仪、团队合作等,专业素质层面的专业知识、职业能力、职业技能、创新素质等,以及身心素质层面的职业心理、职业性格等。

从职业素质的内涵可以看出,学生职业素质的培养是与职业实践紧密联系在一起的，需要与思想教育、职业体验、工作实践相结合，通过学校教育来引导，在工作实践中生成、在自身感悟中内化、在人生历练中升华。

二、高等职业教育的特点及对职业素质教育的要求

高等职业教育具有“职业性”的特点，学生毕业后大多数直接走向工作岗位，其职业素质水平是给用人单位的第一直观印象，是人才培养质量水平的直接体现。

（一）“学生”与“学徒”的双重身份，突出了职业素质教育的紧迫性

高等职业教育积极推行产教融合、校企合作开展人才培养，行业、企业深度参与到学校日常的教育教学活动中，大量行业业务骨干、技术能手参与学校人才培养标准制定、教学内容开发，乃至其中很大一部分作为兼职教师直接上台授课和指导实验实训。在这种情况下，学生同时具备了行业学徒的身份，某种程度上已经迈过了职业的门槛，开始了职业实践，就需要提前接受职业素质教育。

（二）“学习”与“工作”的内容叠加，彰显了职业素质教育的必要性

高等职业教育通过工学结合培养高技能应用型人才，在学校期间就实现了学习与工作标准统一、内容互通，大大提高了教学的针对性和有效性，提升了人才培养质量。学生无论是在学校的实验实训场所开展模拟实训或仿真演练，还是到企业从事真实的生产实践、顶岗实习，都要求做到“做中学”“学做合一”，既是职业技能、实践能力的学习与锻炼过程，也是职业素质的教育过程。

（三）能力培养与品德教育的并重，强调了职业素质教育的重要性

把德育放在首位、坚持立德树人是教育的根本任务；加强以职业道德培养和职业素质养成为特点的学生思想政治教育工作，着力培养既掌握熟练技术、又坚守职业精神的技术技能人才，是对高等职业教育的基本要求。相对而言，高职学生的理论知识基础较差，进取意识、自控能力、刻苦精神等思想素质和心理品质较弱，而社会对高校毕业生的期望和要求较高，高等职业教育在人才培养的过程中，更加需要突出职业素质教育的地位，为社会输送高素质的应用型人才。

（四）学校与企业合作培养的模式创新，提出了职业素质教育融合开展的新要求

高等职业教育往往需要企业的深度参与，比较典型的是学校与企业共同开展订单人才培养。在企业共同参与的情况下，学生的职业素质教育不仅需要在学校期间的教育引导，而且需要在企业具体的生产实践过程中，在优秀企业文化的熏陶、企业规章制度的约束和企业导师的指导下进行，企业在其中扮演了重要的角色。作为教育的主导方，学校要充分调动企业参与教育的积极性与主动性，以获得“1＋1＞2”的教育效果。

三、高职教育阶段实施职业素质教育的方法与路径

不同的教育层次、教育类型，学生所处的不同状况和不同发展阶段，不同的人才培养目标和教育教学环境，素质教育实施的目标、内容、载体、形式都应该有所不同。基础教育实施素质教育的初衷是源于对应试教育的纠正，高等职业教育实施素质教育，首先是解决培养“工具人”的人才培养目标偏离问题，脱离片面强调专业能力、职业技能的误区，更加重视学生综合素质的培养，特别是职业素质的提升，实现价值理性的回归。

（一）确定科学合理的素质教育目标

高等职业教育以提升学生的职业素质为重点实施素质教育，这是由高职教育的特征和高职学生的特点所共同决定的，是学生个人发展和社会发展的共同需要。高等职业教育具有高教性和职业性的双重特征，高职学生的文化基础相对薄弱，学习的自觉性、主动性相对较差，自我管理能力、自我控制力、意志力相对较弱。提升学生的职业素质，就是结合高职教育人才培养目标和学生的现实情况与个性特点、综合考虑社会发展需要和学生个人发展需要而确立的素质教育目标之一。

（二）选择针对性的教育内容

高等职业教育是以就业为导向的教育，强调产业、行业、企业、职业诸要素的融合，培养的是一线高端技能型人才。素质教育要服务于高职人才培养目标，服务

于学生的个性成长和职业发展，要与职业、岗位以及学生的特点相结合，重点是加强学生职业理想、职业道德、职业态度的教育，加强敬业爱岗、责任意识、团队合作意识的培养。

（三）应用有效的教育载体

职业素质教育载体是联系教育主体和教育客体的桥梁和纽带，能够承载、传导职业素质教育信息或内容，并服务于职业素质教育方法。职业素质教育载体既要具有行业、职业特色，又要贴近实际，能够提高教育的吸引力和感染力。高职院校开展职业素质教育，可以采用富有行业特色的职业装、工号牌、企业形象标识系统等物质载体，运用职业发展规划演讲、职业礼仪规范大赛、职业素质拓展等活动载体，试行以总经理、财务总监等代替班委进行班级运行管理，制定班级口号、班歌、班训等文化载体。

（四）采用丰富多样的教育形式

高职学生对深奥理论、抽象概念的理解能力相对较差，擅长于形象思维和做中学、学中做。职业素质教育要采用思想引导与行为管理相结合的方式，避免机械的灌输和空洞的说教，可以以案例剖析讲座、职业素质课程、素质拓展行为训练、个体激励辅导等形式进行思想观念教育，并在技能训练、专业教学、实习实践中，融合开展职业素质教育。同时，要加强行为规范管理，按照行业、企业的纪律规范来要求学生，以组织讨论、触发思考、引导反省、促进升华的方式，帮助学生把行为转化成良好的习惯，并进一步内化为职业素质。

（五）利用强大的行业企业教育资源

与行业、企业紧密合作，是高职教育的特色和优势。职业素质教育要充分利用行业、企业的资源，包括优秀的企业文化、行业兼职教师、教育教学案例、实习实践活动等，让学生在融入行业、接触岗位的过程中，实现教育的目标。

（六）运用信息化的管理与考评手段

充分利用计算机、手机等信息终端，采用学生乐于接受、乐于参与的方式，构建集教育目标传达、教学内容布置、教育教学活动过程记录、学生参与情况统计、活动成果展示、学生体会感悟分享、学生素质提升量化考核等功能为一体的信息平台，运用信息化手段开展素质教育管理与成效测评，是提升职业素质教育效果和教学效率的有效方法和必要手段。首先，可以通过平台帮助学生了解每项职业素质教育活动开展的目的、意义、内容，引导学生积极、主动地去参与活动，避免学生在没有充分了解的情况下"被活动、被参与"，影响了教育效果；其次，可以完整记录教育活动的过程，激发同学们参与的兴趣与热情，也为考核、评价提供依据；再次，通过教育活动感悟、体会、收获的分享、交流，可以激发更多同学参与的热情，也更大范围内扩大活动的效用；最后，可以对活动过程及成效进行管理，对不自觉的学生进行监督。

第三章
“互联网＋”思维构建职业素质教育体系

学校与企业组成利益共同体合作开展人才培养是订单人才培养模式的最大特点。进入订单人才培养的学生具有在校学生和订单企业“准员工”的双重身份，帮助学生在订单培养阶段尽快完成从学生向职业人、社会人的转变，是订单人才培养的重要内容，而其中的核心就是学生职业素质的养成，学生的职业素质水平是订单人才培养质量的重要指标。

第一节
“互联网＋”时代职业素质教育体系构建理念

“互联网＋”这一具有时代特征的新概念，其内涵不仅仅是互联网信息技术发展及其与各产业领域在物理意义上的简单拼接，而是互联网信息技术、云计算、大数据以及新媒体等新兴科技，以在线、互动、功能叠加等形式，连接经济、社会、文化、日常生活等各个领域的虚拟空间与现实世界的一种经济社会发展新形态，更是一种充分发挥互联网在社会资源配置中的优化和集成作用、体现“开放、共享、融合、创新”特点的新的思想理念、思维模式和行为方式。从教育视角认识“互联网＋”，应当看到这场风潮带来的不仅是教育技术的革新，更是对学习、教学、组织模式的冲击及由此给教育理念和体制带来的深层次影响。将“互联网＋”的思想理念、思维模式和行为方式应用于职业素质教育，将有效提升教育教学成效。

一、以“用户为中心”的互联网用户思维确立职业素质教育新理念

传统的教育理念更多的是以教师为中心，以统一的标准、规范的要求来确定教什么、如何教。教育的内容往往脱离学生实际，教学的方式又不被学生接受。互联网用户思维是“以用户为中心”的思维，要求我们更多地从学生的角度去考虑问题，通过对照人才培养目标更多关注学生缺什么、需要什么，以及如何使学生能够方便、及时地获得所需，更加注重学生的学习、成长体验，以及在学习过程中的参与感。教师扮演的角色，更多的是引导学生走向正确的方向，为促进学生的成长提供更多的支持与帮助，而不是代替学生做出决定，事先越俎代庖替学生选择好学习、成长的目标、内容、方法，再强加给他们。

二、以互联网共享思维构建职业素质教育资源大平台

要提高职业素质教育的感染力和感召力，就需要有形象具体、形式生动、形态多样、来源丰富的教育资源的支持。这些教育资源既要有文字形式的理论阐述、案例分析、职业指导，也要有音频形式的专家授课、经验分享、答疑解惑，还有视频形式的微课、微电影、讲座录像等等，既要有来自学校的教学素材，也要有来自行业企业和社会上的教学资源。在当今互联网世界从1.0的PC时代，发展到2.0的移动互联时代，并快速迈入3.0的万物互联的新时代，所有的数字资源都需要整合到基于互联网的资源平台上，既能够以立体化的形式加以呈现，方便教师、学生根据需要、兴趣进行查找，又有助于使用者通过手机、pad等移动设备随时随地进行获取，利用碎片化时间进行学习、交流，实现资源最大程度的共享，同时还方便教师给学生布置学习任务、统计学习进度、了解学习效果。

三、以互联网技术开发职业素质教育教学新手段

现在的大学生已经全面进入“95后”时代，这是一批伴随着QQ、微博、微信等新媒体成长起来的互联网“原住民”。特别是这几年进入移动互联时代后，学生们更是花费大量时间在网上查信息、看微信、刷QQ空间、发朋友圈。有学者指出："新媒体已经成为青年群体与外界接触的重要渠道，在互联网职业素质教育中，我们同样要重新审视与信息传播方式相适宜的思维方式和价值取向。"职业素质教育要针对学生的实际情况，有序引导学生通过新媒体进入教师提供的教学资源平台，以视频推送、微信文章推送等手段开展职业素质教育，并利用互联网开放、共享的优势和学生喜欢晒感想、发评论的心理特点，在教师掌控后台的情况下，鼓励学生发表心得体会，上传优秀视频和励志文章，并对其他同学的发言进行评论、点赞，用学生喜闻乐见的形式吸引学生主动参与教育教学，在潜移默化中实现教育的目标。

第二节
“互联网＋”职业素质教育体系构建思路

开展“互联网＋”职业素质教育实践，帮助学生完成向职业人、社会人的角色转变，为职业发展奠定基础，是高职院校大三阶段开展职业素质教育的核心内容。

一、建设职业素质课程教学平台，强调课内课外结合

学生职业素质的培养既需要思想引导、理论指导，也需要职业体验、实践感悟。银领学院以学生职业素质提升为核心，构建了课内学习与课外实践相结合的课程教学模式。在第一课堂通过开设“职业素质与能力提升”课程，围绕职业意识、职业道德、职业习惯、职业心理等内容，采用体验式教学方法帮助学生培养意识、掌握方法、训练思维，并同步建设课程学习平台，将理论教学课件、案例、视频等资源上传到学习平台，要求学生课后完成自主学习和练习。在第二课堂开展以提升思想素质为目标的“人生观、价值观、职业观”系列主题教育活动，以培养意志品格为目标的“磨炼意志，锻造品格，挑战自我”毅行、“奔跑200公里，重塑新自我”意志力挑战、“超越梦想、青春无悔”素质拓展等系列活动，以提升职业素养为目标的“提升职业素质，展示企业文化，展现银领风采”文艺比赛、“强化服务礼仪，展示职业形象”金融职业礼仪大赛、“爱岗、爱校、敬业、诚信”校庆日主题活动等系列活动。通过理论教学与实践活动的整体设计、系统布局、动静结合，有效提升了职业素质教学成效。

二、开展实践活动与体会分享，突出线上线下融合

榜样的力量，特别是来自身边的榜样的力量，更是促进学生职业素质加速提升

的强大武器。银领学院每月举办“银领学子成长交流会”，邀请近几年毕业并在单位获得良好发展的校友回校与学生开展面对面交流。校友们将自己走上工作岗位后的经验教训、心得感悟与在校学生进行分享，得到同学们的积极响应并引发热烈讨论。银领学院还对近十年毕业的优秀校友进行跟踪采访，收集校友们的成功案例形成系列的专题报道。在此基础上，以信念、敬业、责任、坚韧、感恩等为主题，有选择性地将校友的成长故事拍摄成学生乐于接受的微电影，播放给在校学生学习借鉴。所有这些线下的活动，银领学院都制作成微信链接在“成长银领”微信公众号发布，学生可以在线查看、评论、分享体会，做到线上线下互相融合，进一步深化教育效果。

三、开展职业素质量化考核，凸显思想观念与行为习惯的统一

行为是素质的外在表现，学生职业素质的培养需要通过日常行为习惯的养成来外化。银领学院通过制定并实施职业素质量化考核制度来将学生的素质培养与行为习惯的养成统一起来，并开发了职业素质量化考核系统来进行规范管理，保证学生的职业素质不仅体现在思想观念上，而且要落实到具体行动上。考核的内容包括职业道德、职业态度、职业形象、职业技能、职业能力和团队合作等六大模块，细化到学生日常规章制度的遵守、文明礼仪规范的落实、实践活动的参与、技能训练的开展等方方面面的行为表现。银领学院采用加分或减分的方式对学生的行为表现进行量化评定，并录入管理系统。学生本人、教师、订单单位都可以登录系统查询学生的具体考核分数以及加减分的原因。当考核分数低于一定分值，班主任、辅导员、主管学生工作的党总支书记就要分别与学生进行面对面个别谈话教育，有针对性地指出学生职业素质培养中存在的问题，提出改进要求，督促学生提高思想认识，改进行为举止，提升素质素养。

四、开发顶岗实习管理系统，实现校内校外整合

大三的第二学期，一般是高职院校学生在单位顶岗实习的阶段。这一阶段是职业素质教育的关键期，也是教育管理的困难期。银领学院通过顶岗实习管理系统，要求学生每周登录系统填写实习周记，汇报一周实习的内容经历、感悟体会。班主任、辅导员定期登录管理系统，对学生的实习周记进行批阅，点评学生的实习表现，回答学生的思想疑问，指导学生的工作实践。系统还具有分享功能，班主任

和辅导员可以将优秀的实习周记在班级和学院里进行分享。银领学院还选择部分代表性的学生周记，加上教师的点评，制作成微信文章，在“成长银领”微信公众号上进行分享，吸引更多的同学主动参与学习，在阅读、思考、分享、讨论的过程中，潜移默化地提升同学的职业素质。顶岗实习管理系统还具备行业指导教师的登录批阅功能，以调动实习单位的力量开展学生职业素质教育。

银领学院以互联网思维为指导、以信息技术为手段，搭建了课程自主学习、职业素质量化考核、顶岗实习管理三大教学与管理平台，充分利用了信息平台、微信公众号、QQ年级群等新媒体工具，整合了校内、校外教育资源，集合了学校教师、订单单位导师的教学力量，融通了第一课堂理论指导与第二、第三课堂实践锻炼的教育渠道，沟通了学校教学和企业实习两大教学环节，成功开展了“互联网＋”职业素质教育体系构建的探索与实践，取得了显著效果。

第三节 “互联网＋”职业素质教育体系实施方案

银领学院紧贴金融行业应用型人才需求，发挥订单培养优势，以学生全面发展为立足点，以职业素质提升为着力点，基于“互联网＋”不断完善职业素质培养体系，推进教育教学改革创新，形成了较为完整的职业素质教育实施方案。

一、以课程建设和第一课堂教学为核心搭建框架

“职业素质与能力提升”课程的设置始于2009年。经过4年的初期探索，于2013年形成了核心课程的基本架构，以打造“高效能积极职场人”为指向，以解决学生问题为导向，融合管理学、社会学、心理学等跨学科内容，有效连接通识类课程与专业教育，作为银领学院全体学生的综合性必修课程，纳入订单人才培养方案。职业素质课程内容包括职业意识、职业道德、职业行为规范、职业心理、职业发展五大板块，实行案例式、体验式教学，通过思想引导、观念引领、习惯养成来实现学生的行为改变和素质提升。

针对高等职业教育层次学生知识学习与能力培养现状，“职业素质与能力提升”课程的目标，一是提高学生自我意识、自我调节、自我激励的能力，帮助学生掌握让自己主动、积极乐观的能力和心态，赢得未来职场发展的内在原动力；二是基于职业基本核心素养对于个体在未来人生发展中的重要性，让学生透过课程的窗口，了解优秀职业人的基本特质和适应方法，从而帮助学生能站在更高的起点来主动地发展自己的能力。由于“职业素质与能力提升”是在高职最后一学年面对准职业人开设的课程，因而具有向真实职场过渡与体验性的特点，意在统整学生在大学阶段学到的方法和能力，使之更加适应于职场需要，为学生提供充分的体验、拓展、整合和应用。

紧密围绕课程建设目标，银领学院逐步形成了职业素质培养的特色育人模式。

一方面，立足于银领学院的文化特征，把“职业素质与能力提升”课堂作为职业素质育人的切入点，结合银领职业化育人的各项活动，深化职业素质育人成效，将传统职业素质育人的零散育人活动升级为“系统化”的职业素质育人工作体系。另一方面，立足于时代变革和社会经济发展模式的变化，创新性地将移动互联网技术与职业素质育人方法路径相对接，为职业素质育人模式的科学化、系统化、新颖化发展提供持续动力。

二、以体验式教学为手段推进教学改革

经济发展新常态背景下，高等职业院校职业素质教育应兼具理论性与实践性特征，且对于实践的诉求更为突出。仅仅依靠传统的教学活动组织方式实现职业素质育人目标是非常困难。因而，要创新职业素质育人的方式与方法，让“90后”的学生被活动内容和形式吸引，积极、主动地参与职业素质课堂和各类实践性活动，进而成为具备扎实职业素养的技能型人才。

经过几年的探索，银领学院职业素质育人团队在课堂和实践活动中全面采用“体验式教学”。在课堂教学中，每节课授课导入环境中，教师灵活地采用案例、视频、模拟情境等多种方式进行教学，让学生置身于情境之中，引发学生的积极思考。以激发学生的“学”为始，以促进学生的“发展”为本。在第二课堂中，“体验式教学”也以丰富多样的形式呈现，如银领学院在第二课堂中组织的毅行、晨跑、公益实践等多项体验活动，让学生体会人生和未来职场中的“坚持、毅力和责任”的深刻内涵。体验式的活动增强了职业素质育人平台线上、线下的联动，提升了育人的实效性。

下面以学生意志力提升体验式教学活动为例介绍银领学院职业素质教学实践：

我们认为，高职学生和“211”大学优秀学生在整体上存在的本质差距，是理想信念、进取心、意志力、主动性、刻苦精神、恒心毅力等思想和心理品质的差距，专业知识薄弱、不努力、不积极、可持续发展能力差等都是表面现象，是思想心理品质差距所造成的必然结果。因此，改善学生的思想心理品质是提升学生职业素质的核心。思想素质和心理品质的提升，不能是虚幻的理论和空洞的说教，需要通过正确的引导、合适的载体、合理的方法；不能一蹴而就，只能循序渐进。

在提升学生思想素质和心理品质方面，银领学院选择了意志力提升这一支点，通过组织系列挑战意志力活动，来激发进取心、磨炼学生意志、培养吃苦精神和团队合作精神，实现提升学生职业素质的目标。

挑战意志力行动之一是“托举100下，发现新力量”专项素质拓展活动，学生要

把几十斤重的汽车轮胎举过头顶100下，接着8人一组抬着300多斤重的圆木绕操场跑四圈1600米。活动结束后，同学们写下了深刻的感受与感悟：“轮胎，抬起来，举起来，再蹲下，再举起来，这样来来回回100次，能想象到这多么挑战人的体力、耐力与毅力吗？看着班上的女生，用那小小的身躯、纤细的臂膀支撑起了那沉重的轮胎，有些眼眶里泛着不肯放弃的泪花，看了都让人心痛。此刻的男生们变得更是伟岸、高大，咬着牙帮身边的女生一只手抬自己的任务轮胎，另一只手再抬起女生头顶的轮胎。无论有多艰辛，我们还是做到了，我们挑战了自己，我们是最棒的。原本以为这样就可以松一口气了，其实不然，我们还要继续迎接挑战。扛重约300斤的圆木围操场跑4圈，并上下举圆木数十次，真的要哭了，真的很辛苦。但我们大家都只有一个念头——不放弃。我们做到了，我们不断挑战着自己的极限，因为我们深知自己肩上所负的责任，我们要对这个团体负责，更要对自己负责。就这样一天下来，我们对自己的认识有了很大的改观。”“我们体会到了别样的青春，体会到了另一种生活，这可能也会是我的人生中唯一一次刻骨铭心的体验。因为我在这两天充分体会到了身心的‘折磨’，更确切地说是一种训练，一种无与伦比的磨炼。”“当我们觉得自己已经到达极限，达到自己能力最大值了，继续坚持，努力下去，或许会发现自己新的能量，当这一刻到来，我们自己都会被那耀眼的光芒所吸引。通过这次活动，我认识到，我们不应该轻易否定，轻易地丧失信心，相信自己，肯定自己，你，永远比你想象中强大。”“说实话，这两天我感觉都是在地狱中度过的，身心疲惫。累，真的很累！我想说，如果再给我一次机会，即使知道很痛苦，但我依然会选择再来一次。因为在这两天里，我收获的远远比我付出的多得多。”

挑战意志力行动之二是“毅行25公里，开启新精彩”毅行活动，同学们踊跃参与，超过97%的同学胜利到达终点。浙商银行订单班的王恩婷说：“满怀期待的20多公里毅行有了一个happy ending，感谢银领学院给予的这次机会，感谢路上相伴的朋友，越发喜欢这种向上的充满正能量的生活。”泰隆银行订单班的胡晨玲在朋友圈发布了微信：“徒步行走20多公里，历时6小时，顺利到达终点，是终点也是起点，未来的路还很长，需要我一步一步走下去，人生的旅途没有终点。”

更具挑战性、影响更深远的是挑战意志力行动之三“奔跑8万米，重塑新自我”，要求学生每天跑2000米，坚持40天，这不仅有利于学生身体素质实现质的提升，而且有利于学生意志力实现质的飞跃，从而收获一个在体力、毅力、意志、素质获得全方面提升的全新的自我。学生们在谈到此次活动时说：“虽然以前很喜欢睡懒觉，但是自从参加了这个活动，我已经改掉了这个习惯，大家都跑，我也不能落后。”“我是班长，虽然偶尔身体不适，但是这个活动不仅关系到我个人的意志力，也关系到班级的荣誉，我坚信自己能坚持下去，更能带动班级同学积极参加！”

三、以情境融入为方式提升教育成效

银领学院职业素养育人体系在构建过程中充分考虑到，职业素养教育要解决学校与现实职业岗位联系不够紧密的问题，因此通过关键性情境的设置，让学生具备在职场的具体情景中解决问题的能力、自我发展能力和高效工作能力。

（一）创建“职业文化场景”

银领学院通过建设具有职业文化情境的文化客厅、教室、实训室。一是通过将职业化教育思想、行业价值理念、订单人才培养目标等以标语形式在教学楼大厅、会议室、办公室等场所进行展示；二是以订单班级为单位布置实体教室，图文并茂地将各订单单位的企业价值观、企业精神、目标愿景、企业LOGO等企业文化和职业精神融入学生的学习场所；三是各专业实验室按照工作场景进行布置，设置工作岗位，标示岗位职责、业务流程、操作规范，将学生的实训活动置于职业文化情境之中。

（二）创建“职业身份场景”

银领学院明确每位订单班学生的准员工身份，按照职业化员工管理要求制定日常行为规范。学生平时进教室、实验室参加教学活动，到报告厅听讲座、参加会议，都要求穿职业装、挂工号牌。同时通过开设职业礼仪课程，按照金融行业的服务标准帮助学生学习，训练化职业妆、主动问候、递接名片等基本职业礼仪，并在日常交往中进行应用，确立自己的职业身份意识，营造校园内的职业身份场景。

（三）创建“职业生活场景”

银领学院定期邀请订单单位领导、业务骨干及历届毕业校友到校与学生进行交流，帮助学生在校内学习时就勾勒出一幅幅职业生活蓝图，思想上做好职业生活准备。同时，也积极开展校企合作育人项目，搭建平台让订单班的学生有机会现场参与订单单位的周年庆、运动会、主题展示、企业宣传等活动，寒暑假期间安排学生到订单单位进行实习实践，现场体验职业生活。到了大三第二学期，全部学生都到订单单位参加顶岗实习，直接开启自己的职业生涯。

四、以资源优化整合为优势发挥职业素质教育合力

在职业素质教育平台的搭建与实践过程中，银领学院整合联动了内部和外部的优势资源。其中，内部资源除工作在职业素质育人一线的学生思政工作者及各订单班班主任以外，还包括职业素质专任教师及其他专业课程教师；外部资源既包括行业企业资源，也涵盖了银领学院大批优秀校友资源。在职业素质的平台上，四个方面积极联动，注重创设显性及隐性的资源，引导学生人格的发展，点亮学生人生发展的征程。

学生以往学习知识、掌握技能，都是一节一节、一门一门分散地学习。此时，学生所接收到的信息往往是零散的，这需要学生利用自身业余时间去消化吸收，进而实现融会贯通。为帮助银领学院学生在短短的一学年内，尽快结合岗位需要提升职业素养，能在各类职业场景中举一反三、灵活运用，职业素养育人平台借助多元化的“四方联动”资源，以主题化的方式开展各项育人活动。例如，当“职业素质与能力提升”课程在教授“学会敬业”这一章节模块时，银领学院会借助外部资源，邀请优秀校友、行业企业相关负责人从职业人的角度来探讨对于敬业的理解、敬业职场人的表现和发展。银领辅导员则会组织开展“说一说你眼中敬业的班干部”等活动。借助四方联动的机制，银领职业素质育人平台与“职业素质与能力提升”课程14项工作任务实现内嵌式对接，打通学生的学习边界，以“整体化”“系统化”的方式还原知识、态度、情感在个体未来的职场发展中所具有的力量。

五、以“五步嬗变”为体系实现职业素质全面提升

银领学院在职业素质育人的教育教学实践中，找到了一条通过银领文化的“熏陶”、职业素养课的“感知”、自主学习平台的“扩展”、综合性实践活动的“练习”、岗位实习的“精进”——“五步嬗变”的职业素质有效养成路径，帮助学生潜移默化地养成了行业企业所需的职业素养。

（一）银领文化的“熏陶”

银领学院自成立之日起，就将金融文化、校友文化、诚信文化注入订单人才培养之中。在这三维文化育人体系之中，银领学院深挖金融文化底蕴，从开学典礼、

银领学子交流会、行业座谈会到“银领之光”文艺会演等各项活动及楼宇文化、班级文化建设中都充分挖掘“金融”意蕴，让学生在银领学院氛围的营造中感受浓浓的金融情怀，增强学生对于未来从事金融行业工作的职业认同感、崇敬感。

（二）职业素养课的“感知”

学生在学习“职业素质与能力提升”课程时需要完成“我该如何对待工作”（职业态度）、“我该如何开展工作”（职业方法与技巧）以及“我该如何成长与发展”（职业发展）等3个项目内涵14项工作任务的学习。各任务的关键性主题词分别为：敬业、诚信、守法、主动、协作、角色、时间管理、习惯、服务、向上管理、心智模式、人际交往、压力管理和个人品牌。学习完相关内容后，学生对于未来职场所需的职业素养能力有较为全面的了解。

（三）自主学习平台的“扩展”

“互联网＋”时代，为了让学生更为便捷地获取学习资源，同时也有利于教师全面了解学生网络学习状况，银领学院职业素质育人团队搭建了以“职业素质与能力提升”课程为核心的自主学习平台。该平台一方面提供音频、视频、案例、图片等丰富学习资源，教师在课前会结合内容从平台上选择相关内容提供给学生预习，这样的方式节约了单向知识传递的时间，为实践性诉求突出的素质课争取了师生互动的宝贵时间。另一方面，该自主学习平台能及时地反映学生学习状态，动态化地记录学生的学习过程，为期末过程性考核提供最为真实原始的数据佐证。

（四）综合性实践活动的“练习”

银领学院的学习生活是丰富的、多彩的、紧张的、忙碌的。因为，学生在银领学院是以“准职业人”的身份参与各类准职业化的教学和培训。在仿真化的实践中，学生通过多领域、多层面的综合性实践活动，能习得职业素养体系中更有难度的、综合性强的、内化隐性的职业基本核心素养。

（五）岗位实习的“精进”

银领学院学习的第二个阶段，学生奔赴订单单位实习。在这一阶段，职业素质育人借力“银领学院学生顶岗实习”系统，了解学生个体实习过程中的实习心得。

班主任根据学生反馈的情况,对学生表现予以关注,及时解答学生提出的问题,帮助学生在工作场景中“精进”地发展自己。

第四章
学生工作与思想政治教育

立德树人是高校培养什么样的人、如何培养人以及为谁培养人这三个根本问题的中心环节。高校人才培养要坚持育人导向，突出价值引领，就要把思想政治工作贯穿教育教学全过程，实现全程育人、全方位育人，就要全面统筹办学治校各领域、教育教学各环节、人才培养各方面的育人资源和育人力量，推动知识传授、能力培养与理想信念、价值理念、道德观念的教育有机结合，形成系统化的育人长效机制。在订单人才培养模式下，针对订单培养特点开展思想政治教育、创新学生工作模式是提高人才培养质量的重要因素。

第一节 订单人才培养模式下的学生工作创新

在订单人才培养模式下，订单单位通过一定的流程完成学生的选拔，组建订单班级，并直接参与人才培养方案的制定与实施、订单班级的管理和学生的最终考核，由此也必然要求学生工作的理念、内容、方法手段、评价体系等进行相应的改变。订单人才培养模式下学生工作必须突破原有模式，有针对性地进行改革、创新，从而培养出更加符合用人单位要求，并且具有可持续发展能力的高质量人才。

一、环境的变化对学生工作提出创新要求

在订单人才培养模式下，教育资源进一步整合，人才培养规格、要求更加明确，培养目标更加具体、清晰，学生的身份、学习目标、心态等都产生了明显的变化，学生工作必须根据外部环境和内在基础的变化进行相应的变革。传统的学生工作模式脱离了订单学生的实际状况，不能满足订单人才培养模式的要求是创新的直接动因。

（一）行业、企业、岗位对学生的要求更加明确、具体，对学生工作的针对性提出更高要求

由于订单班学生毕业后工作的行业、单位乃至岗位都已经基本确定，订单单位在与学校共同制定订单人才培养方案时，往往会结合行业、企业对员工的能力素质要求以及工作岗位需要，提出非常明确、具体的培养目标和人才规格要求，在纪律遵守、团队合作、刻苦精神等方面都将远远超过对普通大学生的要求。在职业能力方面，也会结合岗位提出针对性的要求。如银行客户经理岗位，除了银行业务知识和专业能力外，对沟通能力、营销能力就提出更高的要求，需要通过更多地开展演

讲、社会实践等活动进行有针对性的专项训练。

（二）学生身份的改变，需要采用新的评价标准

进入订单班级后，学生就具有了“在校学生”和订单单位“准员工”的双重身份。学校和订单单位，都不仅仅用一名学生的标准来要求他们，而且还用一名订单单位员工的标准、一名职业人的更加严格、具体的标准来要求他们，大到职业理想、职业态度，小到穿着打扮、行为举止，都要符合所从事行业职业人的身份特征。

（三）学生心理状态的改变，需要充分利用与合理引导

订单班的学生，心理状态更加稳定，不再需要像其他毕业生一样奔波于各招聘会，为能够找到一份工作而心力交瘁，而是可以安心学习，按照订单人才培养方案的要求专注于自己的学业，因此他们更多地拥有一份归属感和自豪感。在就业形势异常严峻的今天，他们也更加珍惜目前的岗位，担心自己达不到订单单位的培养要求而最终被淘汰。

（四）班级学生的整体素质有了较大提升

订单班学生一般都是用人单位通过笔试、面试等系列招聘程序层层选拔出来的，基础素质、基本能力相对较好，学习也更加自觉、主动，整体的班风、学风会呈现比较优良的状态。这就意味着学生工作可以适当地从常规的教育、管理中解脱出来，在更高的层面以更高的要求来加强引导、激励工作。

二、学生工作创新的目标和原则

订单人才培养模式下的学生工作创新，是根据订单学生的具体情况，有针对性地开展教育、管理、引导和激励，提高学生职业素质，使学生达到订单单位的用人标准，比一般学生能更快、更好地适应工作岗位要求，体现订单人才培养优势，同时，也要充分考虑学生职业发展能力的培养，实现高素质、高技能的高等职业教育人才培养目标。

订单人才培养模式下的学生工作创新，既要遵循学生工作的一般规律，又要结合订单人才培养的特点和要求，不断完善订单人才培养模式，提高人才培养质量，

需要遵从的原则如下：

（一）立德树人原则

《教育部关于全面提高高等职业教育教学质量的若干意见》（教高〔2006〕16号）中明确提出，“高等职业教育要坚持育人为本，德育为先，把立德树人作为根本任务”。从订单单位对人才培养的要求上看，政治思想品德是其考察和最终录用学生的最重要指标，其对职业道德的重视程度甚至超过专业能力和职业技能。如银行对违反诚信原则的订单学生在录用时实行一票否决制，一旦发现学生有弄虚作假、考试作弊等行为，马上予以淘汰。

（二）适应性原则

订单学生毕业时要达到订单单位的用人规格和岗位要求，比其他毕业生更快完成角色转换、更快适应岗位并发挥作用，是订单人才培养优势的现实体现，也是订单单位对学校的基本要求。订单学生培养质量是订单人才培养模式能够持续并进入良性循环发展的关键，学生的岗位适应性是人才培养质量的最直接体现，是订单单位衡量人才质量的最直观标准。

（三）行业性原则

订单学生今后从事的行业、企业、岗位基本明确，学生工作就要结合行业、企业、岗位的特点，引入相应的行业精神和企业文化，使工作开展更有特色和吸引力，使学生活动的载体更加具体、生动。学生工作的内容要融入更多的行业、企业要素，使学生提前接受行业熏陶，感受企业文化，培养职业精神。

（四）发展性原则

在订单人才培养中，订单单位往往会以自己的视角按照具体工种、岗位对人才的要求提出过分具体的规格要求，而容易忽略对学生能力和综合素质提升的考虑，缺少对学生长远发展的考虑。因此，学校不管是教学工作还是学生工作，都要和订单单位进行充分沟通，按照素质教育理念，为学生的可持续发展打下坚实基础，不能使订单教育成为培养“工具人”的企业培训。

三、学生工作创新的具体实践

订单人才培养模式下的学生工作，具有自身的特殊性，需要在工作思路、工作重心、工作方法等各方面进行改革和创新。

（一）转变学生工作思路，加强学生角色转换指导

和其他毕业生不同，在订单班学生已经基本解决就业问题的情况下，学生工作思路要从加强就业指导、提高学生就业竞争力向帮助学生完成从学生向"职业人"的转变、制定职业生涯规划和为学生在既定行业、职业岗位上实现可持续发展奠定基础方向转变。

学生踏上工作岗位后，能否顺利完成从学生到"职业人"的角色转换，是职业生涯能否顺利开始的关键。订单班级的学生有幸比其他学生更早开始进行从学生到职业人的角色转换，并且这一过程是在学校老师和订单单位的共同帮助下进行的。学生工作就要充分利用这一机会，及时调整工作思路，在学生角色转变的过程中发挥指导作用，帮助学生实现"毕业与上岗零过渡"。

（二）突出职业素质教育，转移学生工作重心

职业素质是职场的立身之本，是实现从学生向职业人跨越的基本素质。因此，提高学生的职业素质水平是订单人才培养模式下学生工作的主要内容，也是帮助学生尽快适应工作岗位的基本要求。提升学生的职业素质，主要内容包括职业意识培养、职业道德教育、职业技能强化和职业形象美化等。

1. 职业意识培养

职业意识是学生在教育影响下形成的认识职业、追求职业、争取岗位成就的一种心理活动，是对求职择业和职业劳动的认识、评价、情感和态度等心理成分的总和，其内容主要为职业理想、敬业意识、竞争意识、服务意识、创业意识等。职业意识培养，应帮助学生从企业文化、业务流程、公司制度、仪态仪表、接人待物、为人处世等各个方面，了解企业需要的是什么人员，需要具备什么样的素质，有什么职位，如何能够更好地发挥自己的潜力等。培养学生的职业意识，是针对学生踏上工作岗位前需要开展的一项重要思想教育内容，是订单班学生工作的重点。

2. 职业道德教育

职业道德，就是人们在职业活动中应遵循的特定职业规范和行为准则，即正确处理职业内部、职业之间、职业与社会之间、人与人之间关系应当遵循的思想和行为规范。在学生的就业去向基本确定的情况下，结合具体行业，引用企业的真实案例有针对性地开展职业道德教育，往往会给学生工作带来意想不到的效果。如结合银行业对员工“诚信”品质的突出要求，在银行订单班组织开展对作弊等不守信行为的讨论，给出银行对私藏营业长款的员工实行开除处分的真实事例，帮助学生提高职业道德水准。

3. 职业技能强化

高超的职业技能水平，是高职学生与普通本科院校毕业生相比较具有的特色和优势，也是学生实现职业发展的基本保证。学生的职业技能水平，往往也是订单单位关注和评价学生的重点。学生工作要在学生踏上工作岗位前，帮助学生进一步明确订单单位对职业技能的要求，组织学生开展职业技能训练，使学生能够使这一优势得以强化，为今后的职业发展奠定基础。

4. 职业形象美化

员工的形象代表了一个单位的形象，也体现了这一行业、企业的文化和职业化水准。对于即将走上工作岗位的订单班学生，要帮助他们树立用自己良好的工作形象来展示单位形象的意识，并通过开设相应的职业礼仪课程，开展形体礼仪、交往礼仪、电话礼仪等具体礼仪行为的反复训练和充分实践来使得他们的职业形象得到美化。订单班学生工作就是要通过意识的培养和课外训练的组织开展，使学生的文明行为内化为形象、气质、素养，从而成为被订单单位所欣赏的、具有发展潜力的员工。

（三）充分融入行业、企业元素，改进学生工作方法

针对订单学生的特殊身份，学生工作要善于整合社会教育资源，有计划地邀请订单单位领导、人力资源部、优秀员工等企业人员直接参与教育和管理。如通过举办开班仪式、专题讲座、座谈会、联谊活动等，对学生开展教育与指导，其效果往往比学校老师的教育更加生动、有效，学生也更加乐于接受。如邀请订单单位前几届毕业的学长学姐担任行业班主任，经常性地与学生进行沟通、交流，根据自己的实际经历和个人成长历程，与订单学生分享自己的经验和体会，则会使学生工作达到事半功倍的效果。

通过导入订单单位的企业文化来推进学生工作，也是非常值得尝试的方法。在邀请订单单位开展企业文化宣传与解读，帮助学生理解、领会、认同企业文化的

基础上，通过企业文化来引导、规范学生的思想、理念和行为举止，开展职业素质养成教育。

在学生日常管理制度的制定和实施上，也要充分借鉴订单单位的相关制度和做法，在校期间就进行员工化管理，使学生提前理解并适应职业生活。如对于学生的迟到、旷课、请假不规范等行为，可参照工作纪律中的迟到、旷工等行为对学生进行批评教育与处理。

（四）以团队精神培养为目标，优化学生管理形式

团队意识和合作精神是学生走上社会后生存和发展的必要素质，也是用人单位招聘时所关注的一项重要品质。订单班的学生工作可以采用团队模式来优化学生管理形式，即将订单班级按每组10人左右分成若干个团队，每个团队要有自己的队名、口号、目标等标识。在日常的学生工作中，出勤、纪律检查以及各项活动和比赛的开展等，都以团队为单位进行，使学生在具体的合作与竞争实践中形成凝聚力，感悟团队精神内涵，培养团队精神。

（五）以岗位能力和职业素质为核心，改革学生评价机制

针对订单班学生的特殊身份，评价机制就要结合学校要求和行业标准，围绕岗位能力和职业素质培养来开展，通过建立订单班的内部淘汰机制，采用动态考核方式以强调评价的过程性，从职业道德、职业技能、职业形象、职业态度、团队合作精神等职业化的角度来评价学生，及时发现并纠正不符合职业规范和订单单位要求的行为，培养学生职业意识，提高职业素质，促进学生职业素养的形成。

第二节
顶岗实习期间的学生思想政治工作

顶岗实习是高等职业教育的重要实践教学环节,是高职学生从学校走向社会,完成从学生向职业人、社会人转变的重要阶段。这一阶段,不仅是对学生专业知识、业务能力、实践水平的检验,也是对学生适应岗位、融入团队、步入社会能力的锻炼,是对学生人生观、价值观、工作态度、敬业精神等思想政治素质和职业素养的考验。这一阶段,不仅是专业实践能力实现跃升的关键节点,也是开展思想政治教育、提升学生思想政治素质的重要时期。

一、顶岗实习期间加强思想政治工作的意义

(一)顶岗实习期间迫切需要开展思想政治工作

首先,是稳定思想、完善认知结构的迫切需要。顶岗实习是学生第一次独立走上工作岗位,长时间直接面向社会,面对生活条件、工作环境、人际关系、任务压力等变化的重要阶段,学生一般都会出现思想波动,表现为不习惯、不适应甚至烦躁、焦虑、抑郁。部分思想脆弱、心理承受能力差的学生,就容易出现心理安全稳定方面的问题。思想政治工作就是要结合学生面临的实际情境,采取恰当的工作方式和教育方法,帮助学生学会运用思想政治理论所蕴含的立场、观点、方法,掌握辩证思维方式,完善认知结构,正确看待问题,提高分析问题、解决问题的能力,发挥导向、保证、协调功能。

其次,是提升专业实践能力、促进就业的需要。学生的思想动态和实习状态是紧密联系在一起的,只有具备了正确的价值观、虚心的态度、服务的意识、敬业的精神等思想品质,实习过程中才会有积极主动、勤奋上进的表现,才能专心于专业知识学习、专注于实践能力培养,才能提升创新能力和就业竞争力。思想政治工作的

开展，就是发挥其导向、激励、开发作用，帮助学生提升思想品质，激发学习动机和精神动力，促进专业能力的提升，实现顺利就业。

再次，是培养德才兼备的学生、服务职业发展的需要。在顶岗实习过程中，深入细致开展思想政治工作，可以引领学生把正确的思想观念、职业道德、行为规范"内化"为自身的思想政治素质、道德品行和职业素养，"外化"为精神风貌和行为习惯，发挥思想政治教育的价值导向功能，实现品德和能力的同步提升。顶岗实习是学生迈向社会的第一步，引导学生正确看待政治与业务、主观选择与客观需要、个人与国家集体之间的辩证关系，树立正确的世界观、人生观、价值观，形成积极向上的思维模式、工作态度、行为习惯和处事风格，将有利于学生融入社会，并为职业发展奠定扎实基础。

（二）顶岗实习期间是开展思想政治教育的绝佳时机

马克思主义认识论认为，人们思想观念的形成、发展，以及判断思想的正误都离不开实践，实践是人们思想认识的出发点和归宿，思想政治教育要引导人们形成正确的思想认识，必须以社会实践教育为教育的基本途径。[①]顶岗实习是学生步入社会、亲身参与、切身体验的过程，是世界观方法论的理论在具体工作实践中的初次运用。在学生自身与集体、个体与社会、学习与工作的互动当中，让学生接受政治教育和先进思想的影响，引导他们在思考中体会、在行动中感受、在经历中感悟，是形成积极向上的政治思想素质，培养自我约束、自我调节和自我控制能力的绝佳机会，是解决思想政治教育中存在的脱离实际、形式单一、缺乏载体、学生主体缺失等问题的有效途径。

二、顶岗实习期间学生思想政治工作的重点和难点

顶岗实习期间，学生分布在各实习单位的不同工作岗位上，地理位置分散、所处工作环境各异、实习内容不尽相同，给思想政治工作的开展带来巨大的挑战，工作的重点和难点包括以下方面：

① 黄志斌：《当代思想政治教育方法论》，合肥工业大学出版社2012年版。

（一）学生思想动态的准确把握

实习期间，学生工作、住宿都比较分散，与老师、同学的交流也相对较少，接触的基本上是实习单位的同事和客户，准确把握学生的思想动态成为思想政治工作最重要同时也是最困难的任务。

（二）学生行为表现的及时掌控

学生实习期间的行为表现，是思想政治工作有针对性开展的重要依据，也是教育引导的主要内容。全面、及时获知学生的行为表现，是思想政治工作有效开展的前提。

（三）教育方法和内容的个性化要求

实习期间的思想政治工作，不能是整齐划一的理论灌输或步调一致的实践活动，而是要结合学生所处的实习环境和具体的实习岗位，根据学生所面临的思想、心理、行为等方面的问题，进行个性化的教育与指导。学生这时反映出的问题，有显性的，也有隐性的，有思想心理方面的，也有行为处事方面的，需要思想政治工作老师结合实际情况去分析、把握和引导。

（四）教育力量的有效整合

实习期间思想政治工作的开展，需要整合各方教育力量，包括校内的专业实习指导老师、班主任、辅导员，也包括校外的实习单位主管、企业实习指导老师等。每位参与老师的工作理念、态度、方法、能力，有时会出现较大的差异，需要进行专题指导与针对性培训；不同岗位老师的思想政治工作目标、内容、职责，需要进行统一的管理、协调，以形成工作合力。

（五）远程交流的教育成效判定

实习期间，思想政治工作大部分采用网络、手机等交流工具开展，与面对面的沟通相比，远程教育的成效判定也是需要考虑的问题。

三、"立体化"思想政治工作体系构建的思路

要提高顶岗实习期间学生思想政治工作的实效性,需要构建现场指导与远程教育相结合、专业教师与思想政治教师相协作、学校教师和企业指导教师共同参与的"立体化"工作体系,形成育人合力。

(一)确立专业教学与思想政治工作相互融合的理念

育人为本是教育工作的根本要求,思想政治教育是育人的重要方式,专业教学不能只停留在职业能力培养上,要主动融入符合自身特点的思想政治教育工作内容。教学系部、专业、课程组要将思想政治工作开展与具体课程教学结合起来,专业教师要从基于个人教学经验和教学习惯、注重教学与训练实效的技术性扩张,向加强思想政治教育、重视教育观念和育人本质内在探寻的理念生长核心转变,要以思想政治教育的价值与意义来促成专业教学行为的改进,使专业教学与实践从培养工具性的人这一低层面教育目标,提升到学生认知、情感、态度、人格这一更高的价值层面,从而从根本上提高学生的综合素质和可持续发展能力,实现人才培养质量质的提升。顶岗实习作为专业实践教学的重要阶段和特殊形式,更需要确立专业教学与思想政治工作相互融合的教育理念,以学生的成长、成人、成才为目标,谋划教学实践内容,整合教育教学资源,制定落实措施和考核方案,以达成育人的目标。

(二)整合校内外各方教育力量,形成协同参与的育人工作机制

顶岗实习牵涉思想政治教育、教学实践组织、学生管理和企业协调各个方面,学校需要整合职能部门、专业指导教师、企业指导教师、辅导员、班主任等管理、教学和学生工作的各方力量,以育人为目标,以思想政治教育为核心,以专业实践能力培养为重点,确立方向、明确职责、深化内涵、强化考核,形成协同工作机制。特别是对于直接面对学生的实习指导教师、班主任,要加强理念引导,并通过实习指导记录、工作笔记、实习总结等形式,促进他们在工作中有意识地将思想政治教育和专业实践能力培养融合起来,指导、帮助他们运用思想政治教育的力量,从学生积极上进的人生观、价值观培养和健康人格塑造出发,结合学生的认知、情感、态度、意志、毅力,激发学生的内部驱动力,实现学生的主动发展、自觉成才。

（三）充分应用企业教育资源，创新思想政治工作载体

思想政治工作载体是联系思想政治教育主体和教育客体的桥梁和纽带，能够承载、传导思想政治教育信息或内容，并服务于思想政治教育方法。顶岗实习为思想政治教育提供了丰富的既具有行业、企业特色，又生动具体、贴近实际的工作载体。除了实习过程本身就是生动的思想政治教育活动载体外，顶岗实习期间思想政治教育还可以充分运用行业文化、企业价值观、职业道德规范、服务标准、先进人物事迹、真实事例等文化载体，企业形象标识、警示标牌、服务标语等物质载体，开展生动活泼、形式多样的思想政治教育。如通过企业优秀员工服务社会需求、体现人才价值的成才、奉献的案例，开展人生观、价值观教育，帮助学生培养正确的价值取向，树立正确的择业观、成才观，培养学生自信、自强的品格；通过引导开展专业实践锻炼，培养学生吃苦的精神、磨炼坚强的意志、历练持之以恒的毅力等。学校还可以通过到实习单位召开现场座谈会，邀请实习单位领导、实习指导老师、优秀员工代表参加，共同分析实习中存在的问题，分享实习经验与实习体会，利用企业的教育资源，开展体验式教育，真正做到专业实践能力和思想政治工作的相互促进、共同提升。

（四）运用信息化管理手段，提高管理时效性

顶岗实习期间，学生实习地点分散、沟通交流不便，要及时掌握学生的思想动态和实习状态，就需要在学校、学生、企业、指导老师之间搭建一个基于互联网，集沟通、管理、教育、服务、监控于一体的信息管理平台，并用相应的规章制度保证管理措施的落实。通过信息管理平台，学生定期报告实习岗位、工作内容、实习收获与体会等情况；指导老师、班主任、辅导员及时批阅学生实习报告，了解学生实习动态，有针对性地进行反馈、指导，并转发、分享典型经验；职能部门、系部管理员可以汇总、统计实习信息，督查学生的实习和教师的指导情况。

（五）采用新媒体工具，提高指导的针对性

95后的学生，普遍使用QQ、微信、微博等新媒体来接收信息、发表动态和展示自我。在运用信息管理平台开展共性管理、教育和指导的同时，相关老师也要充分利用新媒体工具，共享哲理性的文章、正能量的短文进行引导、激励，同时要关注微信朋友圈、QQ空间以及微博中的学生动态，及时发现学生的思想、心理问题，并

进行点对点的针对性指导。

（六）完善实习考核评价，突出思想政治表现

顶岗实习的考核标准，是导向和指挥棒。实习考核的内容不仅要包含专业实践能力，而且要重点考察价值取向、诚信品质、工作态度、责任意识、敬业精神、行为规范等思想政治要素，引导学生不仅要重视实践能力的培养，而且要重视职业素质的养成和思想政治素质的提升。

第三节 文明寝室建设与管理

2012年5月16日,时任浙江省委副书记、省长夏宝龙本是出席浙江省高校科研成果面向企业转化推介会,但是在开始和高校负责人谈起学校管理的话题时,针对学生寝室问题发表意见,由此拉开了浙江省高校文明寝室建设的帷幕。9月24日上午,由省文明办、省教育厅、团省委、省学联主办的浙江省大学生"我的寝室我的家"文明寝室创建活动启动仪式在浙江工业大学举行,夏宝龙出席并讲话。由此,浙江省各高校在寝室硬件改善、软环境优化、管理队伍充实和制度完善等各方面取得了突出成效,寝室面貌焕然一新。

一、高校寝室问题的表象与本质剖析

高校寝室问题由来已久,从表象上看,主要存在以下问题:一是卫生脏乱,部分学生被子不叠、袜子不洗,寝室内部东西杂乱,异味刺鼻。二是生活颓废,寝室成了网吧、游戏厅、影视厅,耗费了大学生大量课余时间。有研究显示,大学生在寝室玩网络游戏是一种非常普遍的现象,参与度达83.8%,人均花费时间达每周18.38小时。[①]三是关系不融洽,部分寝室室友关系紧张,甚至出现投毒、群殴等极端案例。有调查显示,41.46%的大学生认为"人际关系不融洽"是导致他们对寝室生活不适应的主要原因。[②]

高校寝室问题,并不完全在寝室本身,它是高等教育问题的一个典型缩影。从寝室问题中暴露的,是大学生的人生观、世界观、价值观问题,是大学生的行为习惯、素质素养问题,是大学生为人处世的方式方法问题。这些问题的产生,其根源

---

① 杨传斌、林鹏:《大学寝室网络游戏行为的定量分析》,《中国电力教育》2011年第22期。

② 赵艳、高扬、王倩等:《大学生对寝室生活适应性的调查》,《卫生职业教育》2011年第2期。

是高校育人重心的缺位、管理引导的缺少、素质素养教育的缺失、学生内在成长动机的缺乏。要解决高校寝室的问题，就需要查找问题的本质原因，从人才培养的高度，运用系统的方法来处理，而不能头痛医头脚痛医脚、治标不治本。

因此，文明寝室建设，不能仅仅停留在寝室本身，而应站在高校人才培养的高度进行反思。问题首先是人才培养没有真正成为很大一部分高校最根本的任务，直接的体现就是学校人力、物力、财力等资源热衷于投向更能打造学校声誉的科研、专业点建设等方面，而对人才培养过程与成效缺少关注，对学生课堂学习效果、课外生活质量缺少关心。在人员配备上，愿意花重金引进、培养能提升学校社会品牌的科研高层次人才，而对人才培养工作直接相关的教学一线授课教师的课堂教学能力培养、学生工作一线的辅导员（班主任）的育人能力培养的投入却相对不足。其次是教育理念和育人方式的偏差，教师对学生的培养关注课堂、忽视生活，关注专业、忽视素质素养，关注功利引导、忽视正确价值观的培养与正确动机的内在激发。高校寝室只是大学生中存在问题的集中爆发地，反映的却是高校人才培养的问题。解决高校寝室问题，必须从改变学生开始；改变学生，必须从改变学校的办学理念、教育模式、管理方式入手。

二、文明寝室建设的教育内涵探究

建设高校文明寝室，站在人才培养的高度、从素质教育的角度进行思考，找寻标本兼治的问题解决方法，需要做到以下五个方面：

（一）重硬件改善，更要重软件提升

文明寝室建设的第一阶段，各高校都从硬件改善着手。学生寝室的生均面积、生活设施配置、环境改善也是教育行政部门制定的文明寝室考核指标的主要内容。硬件条件的改善可以让学生生活更便利、更舒适，但从可持续发展的角度，文明寝室建设更需要花大力气去提升的，也是真正影响学生成长和人才培养质量的，是寝室的软件，包括重视学生课余时间运用的指导，重视以学生生活指导、心理辅导、学习氛围营造为重点的积极、上进、和谐的寝室文化建设，引导教师深入寝室，关心、关怀学生成长的育人机制等，切实将寝室教育纳入育人的环节。

（二）重管理服务，更要重思想引导

文明寝室的建设，各高校习惯从加强管理入手，增加检查频率，加大违规的惩治力度，进行优秀寝室的评选奖励等，这些做法能够取得短、平、快的效果。但从长远来看，要从根本解决问题，还需要重视思想引导，帮助学生从道德认知、道德养成和道德实践的高度，养成健康的生活习惯和积极主动的学习意识，把寝室作为培养能力、提升素质、提高素养的重要阵地，把营建文明卫生的环境、追求充实健康的生活、激发积极向上的学习动力作为大学生的自觉行动。

（三）重资金投入，更要重精力投入

文明寝室的建设，改善硬件、加强管理，都需要投入一定的资金。但是，从根本上说文明寝室的建设主要不是钱的问题，而是一直以来重视不够、精力投入不足的问题。因此，高校更要重视通过机制的建设，转变人才培养的精力仅仅投向课堂教学的做法，要通过完善机制将育人精力、人才培养资源的投入向寝室等第二、第三课堂育人阵地进行合理的引导。

（四）重制度建设，更要重文化建设

宿舍管理制度的制定与贯彻实施，固然是文明寝室建设的重要方面，是帮助学生养成良好的学习、生活和卫生习惯的基本手段，但寝室文化建设对于学生的成长具有更加深远的影响。大学生在寝室朝夕相处，室友之间联系最密切、交流最频繁，相互之间的思想、行为、心理等各个方面都会产生潜移默化的影响。高校要像重视班风学风建设那样，重视寝室文化建设，把营建积极进取、健康向上的寝室文化作为育人工作的重要内容。

（五）重文明寝室建设，更要重“三全育人”机制构建

文明寝室建设不能仅仅停留在寝室，要将寝室工作纳入整个育人工作中去，成为育人体系的有机组成部分。文明寝室建设是高校加强立德树人工作、切实提高人才培养质量的切入点，它是众多育人阵地中的一个重要阵地。高校要从文明寝室建设这一点切入，从制度设计上优化教育资源配置，从机制构建上确立“三全育人”理念，将寝室工作作为全过程育人中的一个环节、全面育人中的一个方面。修

正原来把寝室完全交给驻公寓辅导员和后勤服务人员的做法，调动各种教育力量的参与。通过顶层设计，科学合理处理教师的课堂主阵地、学生工作的校园主阵地及学生社区、寝室、社会实践基地等育人的重要阵地之间的关系，以有效机制形成育人合力，以最大效率提升育人成效。

三、文明寝室建设的关键问题探讨及工作延伸

文明寝室建设的目的是提升学生素质、提高人才培养质量，培养合格的社会主义建设者和接班人。要从本源上做好文明寝室建设工作，站在育人的高度实现文明寝室建设的教育意图，以下五个方面工作的落实是关键。

（一）能否真正让"立德树人"成为高校的中心工作

高校寝室中反映出来的问题，本质上是学生德育的问题，是学生素质素养的问题。能否解决这一问题，是拷问学校能否真正让"立德树人"成为学校的中心工作，能否把学生正确的人生观、世界观、价值观的培养放到更加突出的位置，能否把培养学生的责任意识、合作意识、团队意识和进取精神放到更加重要的位置，能否真正以育人成效为目标改进和完善德育工作的机制和方法。

（二）能否实现教育资源在育人工作各个环节的合理配置

资源分配是管理意图最直接的体现，也是实现管理目标最有效的导向。高校教育资源的不合理分配，直接影响到人才培养工作成效。由于高校科研成果对学校品牌建设和赢取社会声誉具有立竿见影的效果，对教师个人而言也是名利双收，所以吸引了超量的资源投入。专业、课程、实验室等教学资源建设，一直是教育行政部门关注的重点，在专项资金的引导下，也吸引了大量的教育资源。相对而言，学生思想政治教育、行为习惯及素质养成教育，对学生的成长、成才和发展具有深远意义，其重要性一直被强调，但实际工作中，由于其见效慢、成效难以评价等现实原因，在功利主义思潮的影响下，这项需要慢工出细活的工作，存在资源投入相对不足、领导关注度不够、工作不够到位的情况。文明寝室建设，不仅需要改变资金直接向育人工作投入的问题，更需要解决教育主管部门的评价导向、领导的注意力、教师的精力向育人工作转变，实现教育资源合理分配的问题。

（三）能否科学构建“三全育人”机制

在“人才培养是高校的中心工作”成为共识之后，育人机制的构建就成为高校人才培养工作可持续开展的基础和保障。全员育人、全方位育人、全过程育人的“三全育人”思路由来已久，但是更多的还是停留在理论层面，由于缺乏真正有效的机制支持及相应体制的保障，离预想的目标还有很大的距离。各高校需要结合办学定位、人才培养目标、管理模式等具体情况，科学构建适合、有效的育人机制和保障体系，才能实现人才培养工作的有效开展。

（四）能否实现思政工作方式方法的突破性改进

思政工作的方法和成效，一直是高校人才培养工作中受到重点关注的问题。现在高等教育面对的是“95后”大学生，“00后”也开始登上历史舞台，思想、心理、行为都具有他们这个年代的个性特点，社会环境的市场化、家庭环境的多样化、生活环境的数字化对学生的影响日益显现，特别是手机、电脑的普及，QQ、微信等新媒体工具的广泛使用，使得思政工作方式方法需要突破性的改进。采用生动活泼、喜闻乐见又行之有效的思政工作方式方法，如何改管理为引导，用内在动力激发替代外部压力管理，是育人工作面临的新挑战。

（五）能否形成积极上进的校园文化

校园文化对学生的影响是潜移默化、润物无声的。教师的正面引导加上环境的积极熏陶，对学生观念和行为的影响将起到事半功倍的效果。校园文化的形成是个长期的、积淀的过程，高校要重视并有意识地进行培育，坚持用有品质的大学生活引导学生自觉成长，用有品位的大学生活塑造学生的高尚情操。

总之，文明寝室建设是高校学生工作的重要内容，是改进高校育人工作很好的切入点，是高校全面推进素质教育的先导站，其建设理念、实施措施、评价方法、工作成效都将对高校今后育人工作的开展产生深远的影响，需要高度重视和积极对待。

第五章
课程体系建设与教学改革

在2016年12月召开的全国高校思想政治工作会议上，习近平总书记指出，思想政治工作从根本上说是做人的工作，必须围绕学生、关照学生、服务学生，不断提高学生思想水平、政治觉悟、道德品质、文化素养，让学生成为德才兼备、全面发展的人才；习近平总书记强调，各门课都要守好一段渠、种好责任田，使各类课程与思想政治理论课同向同行，形成协同效应。订单班的学生即将完成学校教育，走向企业，服务社会，订单培养是把他们培养成德才兼备的高素质应用型人才的“临门一脚”，以立德树人思想构建课程体系、推进教育教学改革是订单人才培养模式的重要内容。银领学院在职业礼仪课程、职业技能课程和职业素质课程建设中，明确立德树人责任，将学生的思想道德修养、心理品质培养融入其中，实现了思想品德与礼仪素养共育、心理品质与技能水平齐升的良性循环。

第一节 订单培养的课程体系建设与教学改革

订单人才培养模式下的课程体系一般分为以学校为主的公共课程和以订单单位为主的职业课程两大部分。以学校为主的公共课程主要包括专业基础知识、职业基本技能、专业基本能力和职业素质素养等内容,以订单单位为主的职业课程主要包括企业文化、业务制度、操作规程等内容。两者各有侧重、优势互补,组成完整的订单培养课程体系。

一、订单培养课程体系建设的特点

订单培养是学校接收企业的人才需求订单后对学生进行针对性培养的过程,具有培养目标共同制定、课程需求共同商定、教学方案共同实施、教学过程共同管理等特点,因而课程体系的建设也是由学校和订单企业共同进行的。

(一)培养目标共同制定

订单人才培养目标既要符合高等职业教育人才培养目标的总体要求,也要考虑订单企业上岗短期要求和职业发展的长期要求,还要顾及学生身心健康发展和幸福生活的需要,是国家、社会、企业和学生个人发展要求的有机统一。特别是在满足订单企业的岗位要求方面,订单培养一般有明确的岗位意向,毕业后所需要学生掌握的知识、技能、能力和素质要求具体而清晰,是在课程设置中需要重点考虑的。如银领学院银行柜员订单班,对学生银行职业技能水平就有具体量化的上岗标准,如果达不到银行的标准就不予录用;对银行客户经理班的学生,在沟通表达、产品营销等能力的要求就非常高,这些都是由今后所从事岗位的性质决定的。

（二）课程需求共同商定

订单培养模式下，课程开发、课程设计、课程实施、课程评价等都需要校企双方共同商定。学校和订单企业根据社会经济发展需要、企业岗位需求和人才培养目标，对课程的结构、内容、比例和总体课时等进行系统的安排和改造。课程内容包括应知应会的专业知识、岗位基本技能、职业能力和素质素养等，并确定课程教学组织方式和考核评价标准。通过课程内容的设置和考核评价标准的制定，也同时明确了订单培养的规格要求，学生只有通过课程考核后才能正式被订单企业录用为正式员工。

（三）教学方案共同实施

面向具体行业、企业、岗位的订单培养，课程的职业性、专业性、针对性都很强，需要学校和订单企业合作建设、协同组织教学。如订单单位的企业文化、岗位的操作规程等课程，有的具有企业特色、有的涉及企业商业机密，就需要订单企业安排他们的内训师来授课。而职业礼仪、职业技能等课程内容，不同的企业在具体的实施细节上可能存在差异，就需要学校的教师与订单企业共同讨论、协同开展教学活动。通过课程的合作共建和教学活动的协同开展，也有利于提升学校教师的“双师”素质，帮助教师更清晰地了解行业动态和人才培养标准，提高教育教学能力。

（四）教学过程共同管理

订单培养的课程体系除了课堂教学之外，实践、实习也是重要的内容，特别是学生到订单企业开展顶岗实习，需要由订单企业安排帮教“师傅”结合工作实际对学生进行教学和指导。订单企业的人力资源部门就要和学校一起开展实践实习的师资分配、内容安排、考核鉴定等工作，共管共育订单人才。订单企业也需要通过提前参与教学与管理，来提高订单学生对单位的归属感、认同感，培养自己满意的人才。

二、订单培养课程体系建设与教育教学原则

结合订单培养的特点，贯彻素质教育理念，落实立德树人思想，面向岗位满足应用需求，培养高素质高技能应用型人才是订单培养课程体系建设的基本依据。

（一）突出立德树人导向

党的十八大提出“把立德树人作为教育的根本任务”，为教育指明了前进的方向。为落实党中央号召，教育部于2014年印发《关于全面深化课程改革　落实立德树人根本任务的意见》指出，立德树人是发展中国特色社会主义教育事业的核心所在，是培养德智体美全面发展的社会主义建设者和接班人的本质要求。《左传》有云：“大上有立德。”教育的根本目的是培养有道德、有理想、有社会责任感的人才。订单培养阶段是学生走出学校、走向社会成为社会主义建设者的最后一站，也是关键一站，课程体系建设要突出立德树人导向，把思想政治工作贯穿教育教学的全过程，提高全员育人、全过程育人、全方位育人的自觉性、有效性，帮助学生确立坚定的理想信念和正确的政治立场，提高学生抵抗社会上不正之风腐蚀的免疫力。

（二）着眼学生身心发展

以人为本的高等职业教育观要求我们应着眼于人的全面、协调、可持续发展，着眼于国家经济建设的人才需求。为此，高等职业教育要确保学生所学领域能够处于领先地位，能够满足行业多岗位转换、岗位工作内涵变化、发展所必备的知识和能力需要，使学生具有知识内化、迁移和继续学习的基本能力，以适应未来职业不断变化的专业要求，成为一名全面发展的职业人。①

以人为本的教育观还要求我们重视学生身心的和谐、健康发展，着眼于学生的幸福美好生活，焕发学生的主体意识和主动精神，培养学生远大志向和高尚情操，成为一名有品质、有品位、有品行的幸福的社会人。在订单人才培养阶段，通过开设职业心理、职业素质素养类课程，开展情绪管理、压力管理、人际关系管理、时间管理等方面内容的教学，引导学生成为宽容、感恩、具有爱心、同理心的人，不仅能帮助学生在职场上成为更抗压、更乐观、更主动的受欢迎的人，而且是成就他们幸福人生的必要准备。

（三）依据职业典型活动要求

“以就业为导向”是高等职业教育重要的办学方针，订单培养的课程设置要充分体现社会需求和职业要求，满足行业、企业的实际需要，同时也要培养学生的转

---

① 方华：《论订单培养模式下的高职课程改革与建设》，《中国高教研究》2006年第5期。

岗能力，奠定职业发展基础。课程体系建设要通过分析工作过程结构，围绕职业岗位能力需求，考虑学生的适岗能力、应岗能力和一定的创新转岗能力，有机整合理论知识和实践知识，统筹布局知识、技能、能力和素质培养的课程。

（四）针对岗位现实需求

订单培养的学生具有明确的就业岗位意向，订单企业一般对具体的岗位都有相应的资质要求，达到了规定的标准才具备上岗资格。为了凸显就业与上岗零过渡的订单培养优势，订单培养的毕业生比其他校园招聘的毕业生提前完成上岗准备，订单培养阶段的课程设置就需要与订单企业充分讨论，将企业新员工岗前培训的内容全部纳入订单培养的教学中，体现订单人才培养规格，在职业技能、实践能力、从业证书等方面的考核标准甚至要高于一般的上岗要求，以充分体现高职学生的优势。

三、订单培养课程体系建设与教学改革的具体实践

在素质教育理念指导下，银领学院与订单企业紧密合作，经过十余年的持续努力，不断完善订单课程体系建设，积极推进教育教学改革和创新实践，为订单人才培养质量的提升提供了有力的保障。

（一）四种类型、四大系列的模块式组合课程架构

订单培养的课程体系由基础课程、专业课程、行业课程和实践实习等四种类型课程组成，其中基础课程和专业课程由学校为主负责建设和承担教学组织任务，行业课程和实践实习由订单企业为主负责建设和承担教学任务。基础课程如职业素质、职业规划、职业心理、职业礼仪等素质素养类课程，主要为学生的身心成长和职业发展服务；专业课程如银行订单班的银行会计、银行产品营销、银行风险管理等课程，为学生的就业和职业发展服务；行业课程如企业文化、企业规章制度、岗位规程等课程，是学生毕业后到订单企业上岗必备的知识和能力；实践实习包括在校内实训基地的实训课程和到企业实际岗位的顶岗实习，都直接与订单企业的具体岗位无缝对接，做到做中学、学中做，实现“毕业与上岗零过渡”，体现订单培养的特色和优势。

银领学院根据订单班的不同就业方向，分析相应的典型职业活动，设计核心课

程构建岗位业务模型，追溯胜任岗位工作能力形成的条件与过程，归纳典型职业活动相关知识、技能、能力和素质，形成银行柜员、银行客户经理、银行客服和融资担保四大系列的课程组合，分别对应不同的订单企业人才培养要求。各个系列由学校为主负责的基础课程内容基本相同，专业课程根据岗位要求进行针对性的选择与安排，个性化最强的行业课程和实习实践主要是各个订单企业根据自身的实际工作需要和岗位要求来进行确定，基本上不同企业订单班的内容都不相同。这种菜单式、模块化的课程组织方式，既降低了订单人才培养方案制定和实施的难度，又满足了订单企业个性化的人才培养需求，做到每个企业订单班都有满足自身要求的订单人才培养方案。

（二）情境体验、行动导向的教学方法改革

日本教育学家佐藤正夫认为，教学方法是引导、调节教学过程的最重要的教学法手段，是教学中旨在实现课程所计划的目标和接受一定的教学内容，师生必须遵循的原则性的步骤。[①]在教学中教学方法的选用是否科学合理，直接影响教学效果。教育原则、教学目的和任务、课程性质、教学内容、学生学习的状态、教学规定的时间和条件以及教师的能力和个性等，都是教学方法的选择依据。

教学方法的分类与选用，从不同的角度有不同的理解。根据学生主体性作用的发挥程度，教学方法依次主要可以分为讲授式教学、互动式教学、体验式教学、行动式教学和教练式教学。讲授式教学是以老师讲授给学生听的教学方法，作为一个古老而传统的教学方法，讲授式教学法一直在课堂中普遍采用，有利于大幅度提高课堂教学效率，但学生在其中处于被动接受的位置，主体性作用得不到发挥，因而被人们贴上了“灌输”的标签而备受批评。互动式教学就是通过营造多边互动的教学环境，在教学双方平等交流探讨的过程中，达到不同观点碰撞交融，进而激发教学双方的主动性和探索性，达成提高教学效果的一种教学方式。这种方法主题明确，条理清楚，探讨深入，能充分调动学生的积极性、创造性，但缺点是组织难度大，学生所提问题的深度和广度具有不可控制性，往往会影响教学进程。互动式教学理论上大大激发了学生学习的主体意识，但在实际的教学中，参加互动的也只是少部分学生，还容易出现学生参与不够、主体性发挥不充分，变成教师唱独角戏的情况。体验式教学是指根据学生的认知特点和规律，通过创造实际的或重复经历的情境和机会，呈现或再现、还原教学内容，使学生在亲历的过程中理解并建构知识、发展能力、产生情感、生成意义的教学观和教学形式。体验式教学以人的生命

① [日]佐藤正夫著，钟启泉译：《教学论原理》，人民教育出版社1996年版，第242页。

发展为归依,尊重生命、关怀生命,拓展生命、提升生命,蕴含着高度的生命价值与意义。它所关心的不仅是人可以经由教学而获得多少知识、认识多少事物,还在于人的生命意义可以经由教学而获得彰显和扩展。在体验式教学中,每位学生都能够沉浸其中而有所收获,特别适合情感领域的思想、心理、素质类课程。行动式教学是以"行动导向驱动"为主要形式,把学习和实践深度结合,在教学过程中充分发挥学生的主体作用和教师的主导作用,注重对学生分析问题,解决问题能力的培养,从完成某一方面的"任务"着手,通过引导学生完成"任务",每位学生都通过"任务"载体参与教育活动,实现教学目标。从学生接受知识的过程看,知识来源于实践,在实践中得到感性认识,经过反复实践才能上升到理性认识,并回到实践中去,对于学生实践能力的培养效果最为明显。教练式教学则是指参照体育运动员培养的教学方式,教师充当"教练"的角色,对学生的思想、学习、生活等进行全方位、针对性、个性化的指导,是师傅带徒弟式的教学方式。

根据订单培养课程的特点和高职学生的实际情况,在教育教学改革上我们积极推行体验式、行动式和教练式方法,以最大限度发挥学生的主体性作用。如在职业素质课程教学,我们采用体验式教学方法,通过职业情境的设置、实际案例的引入,帮助学生在具体的思考、体会、感悟中提升职业素养;职业礼仪课教学我们推行行动式教学方法,让学生从日常礼仪行为规范、课堂上岗位礼仪的实训、课外职业礼仪动作的训练等行动中养成礼仪习惯、形成礼仪素质;顶岗实习则完全采用教练式教学,由订单企业为每一位学生安排帮带师傅,从职业意识到工作态度、从专业知识到职业能力、从工作上的严格要求到生活上的人文关怀,全方位帮助学生成长成才。

(三) 多维互动、立体推进的教学形式创新

订单培养课程具备实践特点、职业特色和订单企业参与的优势,有更好的条件推进教学形式改革与创新。银领学院订单培养按照各门课程的特点,按照多维互动、立体推进的教学形式改革思路,构建了时间上课内与课外相配合、空间上校内与校外相结合、内容上理论与实践相融合、方式上线上与线下相糅合、载体上课堂教学与社团活动相组合、实施途径上课堂教学、课外训练与比赛相耦合的教学实施系统,有效提升了教育教学效果。

1. 时间上实现课内与课外相配合

银领学院金融服务礼仪、银行临柜技能等课程的课堂教学主要以方法讲授、教师演示、学生演练为主,但礼仪规范动作的形成、技能水平的提高仅仅依靠每周一次课的课堂教学是不够的,还需要大量的演练和训练才能够实现。每次课堂结束后任课教师要布置训练任务,下次课堂上检查训练成效。课外训练由银领学院统

一安排，每周两个早自修开展礼仪早训，两个晚自修开展职业技能训练，训练由各班班委负责组织、学生会负责检查考核。另外各班还可以根据训练目标达成情况再自主增加训练时间和加大训练强度。根据职业技能教学要求，银领学院自主开发了银行职业技能学习与训练综合系统，不仅为学生提供教学视频用于课外的自主学习和动作观摩，而且以经验值、金币数的形式记录学生课外训练时间和训练成效。这类课程在制定教学计划时，就将课内教学与课外训练目标、内容和考核等事项统筹考虑，形成统一整体的设计，确保课内教学与课外训练的教学效果。

2. 空间上校内与校外相结合

在银领学院一年的订单培养过程中，学生在校内与在订单企业岗位学习、实习的时间大约各占一半，具体实施方案由学校和订单企业共同商定。有些订单班级如农村合作订单班、浙商银行订单班等，第一学期全部在学校学习、第二学期全部在实际岗位上实习锻炼；有些订单班如信达期货订单班、省信用联社客服订单班等学校教学与行业培训在第一学期就交替进行；有些订单班如泰隆银行订单班、台州银行订单班、邮政金融订单班等，利用寒暑假期间安排学生到订单企业的培训基地进行专题学习培训，第二学期再分散到各营业网点实习；有些订单班如杭州联合银行订单班，采用学校学习—行业培训—网点实习—行业培训—网点实习交替进行的工作坊模式组织教学等等。这种机制灵活、形式多样的校内、校外空间互相转换的学习模式，都是从培养学生职业能力的目标出发，结合企业和岗位的实际情况来确定的，并在实施的过程中不断优化、完善，有效帮助学生尽快完成对所从事行业、岗位的感性认知，并进步到岗位适应、岗位胜任。

3. 内容上理论与实践相融合

理论必须够用、理论知识服务于实践应用、实践能力强、技能水平高，都是高职人才培养的特点。要实现毕业后就能上岗的订单培养目标，课程教学做到理论与实践相融合是关键，银领学院订单课程设计充分体现这一要求。校内开设的专业课程都安排了超过一半的实训时间，以案例分析、场景模拟、情境演练、业务系统实训等教学形式将专业理论知识的教学与学生实践能力的培养高度融合。行业课程由订单企业的内训师为主授课，很大一部分安排在订单企业的培训基地，直接将现实案例、真实业务系统搬上讲台与实训室，既有专业原理讲解的深度、理论分析的高度，也有实践应用的体验与真实训练，以原理引导实践、以操作验证理论，形象生动地提升教学效果。

4. 方式上线上与线下相糅合

运用现代教育技术手段提高教学效率，是银领学院订单培养课程的特点。经过近十年的持续努力，银领学院全部课程都完成了自主学习平台建设，实现了线上、线下相糅合的教学。其中金融服务礼仪课程和反假货币技术职业技能培训、中文输入技术职业技能培训、点钞技术职业技能培训、电脑传票输入技术职业技能培训等课程是金融专业国家教学资源库的子项目，并进行资源库的智慧职教云平台建设和使用的项目升级改进。反假货币技术和金融服务礼仪课程入选首批浙江省高等学校精品在线开放建设课程，“银行临柜综合技能”和“金融职业礼仪”获浙江省新形态教材编写立项。职业素质与能力提升课程内容上传学校自主学习平台，部分项目如课后学习思考、观看教学相关视频等要求学生在课外完成，力争让同学们在课堂上有更多的时间参与具体活动，通过直接领悟、创造活动经验从而获得具体经验，然后对所经历的活动通过回顾、反思内化为能够理解的合乎逻辑的、抽象的经验，并将其在未来职业岗位的新情境中进行证实和运用，进一步领悟和创造新的经验，在不断循环往复的连续过程中实现经验的创造、领悟与转化。

5. 载体上课堂教学与社团活动相组合

课堂教学是面向全体学生的规定性教学活动，是由人才培养方案所决定的，具有一定的强制性和被动性。社团活动则集中了对该项目感兴趣的学生，是学生自愿、主动参加的，既可以培养学生的爱好特长，又可以活跃氛围、形成正向的成长环境。将课堂教学与社团活动结合起来，使部分有兴趣特长的学生课外引领，与全体参加课堂教学的学生形成共振，则会取得事半功倍的效果。银领学院职业技能教研室除了开展职业技能课程教学外，还指导学校职业技能协会的工作，开展“百名技能尖子培养工程”，将课堂教学、社团活动与技能尖子培养有机结合起来，课堂上发现有兴趣、有潜力的技能培养苗子，鼓励学生参与社团活动，课外通过活动指导、技能辅导激励学生技能训练的开展，形成良性互动。职业礼仪教研室同时承担校礼仪队和公关礼仪协会的社团指导工作，组织开展礼仪队的训练工作，对学生从形象、仪态、会议服务等多方面进行了系列培训，指导礼仪队承担学校大型活动和行业活动的礼仪服务，锻炼学生能力、培养学生特长。在礼仪课外训练组织中礼仪队的学生发挥骨干作用，带领全班同学一起训练，提高课外训练成效。

6. 实施途径上课堂教学、课外训练与比赛相耦合

教学、训练、比赛三位一体是职业技能课程和职业礼仪课程教学的特色。银领学院在每年的11月底举办全校性的职业技能大赛，12月初举办职业礼仪大赛，是对课堂教学、课外训练成果的一次全面总结，比赛成绩是学期学业成绩评定的重要组成部分，同时也是以大赛的形式引导学生勤奋练习、勇于拼搏，让一部分优秀的学生脱颖而出、感受成功的喜悦，激励更多的学生成长成才。在比赛规则的设计上，我们特意安排了初赛、复赛和决赛三个环节，要求银领学院全部学生都要参加初赛，给每位学生以出彩的机会；特意设计了团队项目，并将课外训练融合到比赛内容之中，培养学生的集体荣誉感和团队合作精神，以形成课堂教学、课外训练和比赛的耦合效应。

第二节 动机激发:提升课堂教学有效性的关键

课堂是学生学习知识、培养能力的主阵地,是教师传授知识、启迪思维的主渠道,提高课堂教学成效是提升人才培养质量的重要途径。课堂有效教学的实现,不仅要重视课程开发、现代教育技术手段运用等外部教学要素建设,而且要更加强调发挥学生主体性,以培养和激发学生学习动机为切入点,激活学生内部学习动力。

高职院校的学生,哪怕是已经进入订单培养的相对优秀的学生,从整体上看学习的积极性、主动性仍然相对不足,学习的持续性、课堂教学的有效性仍然需要花大力气去提高,任课教师需要有意识地通过学习动机的激发来实现学生从“要我学”向“我要学”的转变。

一、学习动机理论及其运用的基本原则

学习动机是指个体由一种学习目标或对象引导、激发和维持学习活动的内在心理过程或内部动力,是影响学习行为、提高学习效果、提升学习效率的重要因素,是提高教育教学质量的重要保证。对于学习动机的实质及培养与激发的规律,心理学家从不同的角度提出了种种不同的理论观点。常见的学习动机理论包括强化动机理论、需求层次理论、成就动机理论、成败归因理论、自我效能感理论、自我价值理论等。各种学习动机理论存在相互补充而不是竞争或排斥的关系,因为每种理论在一定的背景、环境因素下,针对不同的个体或个体发展的不同阶段,对于学习动机的解释和规律的把握具有一定的合理性,其激发学生学习动力的方法,也就具有相应的科学性和有效性,同时也有其局限性。这需要我们在教学实践的过程中,结合学生的实际情况,综合运用、灵活实施,才能取得理想的效果。

应用学习动机理论来激发学生的学习动机、提高课堂教学的有效性,需要掌握以下原则:

（一）针对性原则

了解学生是提高课堂教学有效性的基本前提。学生的思想觉悟、身心特点、专业背景、文化素养等，都是影响动机形成的因素。掌握所面对班级学生的个性特征、自身需要和目标结构，有针对性地选择学习动机激发的方法与策略，才能取得理想的效果。

（二）灵活性原则

对于不同的学生群体，或者是对于同一批学生，在不同的情境、不同的发展阶段，所适用的动机理论和所采用的动机激励方法都可能有所不同，这需要教师根据实际情况灵活判断、合理选择。在实际运用的过程中，一旦发现成效不佳，就要及时转换激励方法。

（三）综合性原则

在一个群体，由于学生存在个性差异，每种激发动机的方法所起到的效用也可能存在较大的差异，因此需要综合运用多种动机激发手段，以起到更好的整体效果。

（四）引导性原则

上述三种原则，都是面向学生被动地运用学习动机理论，但教师不能为了教学效果一味迎合学生的需要，还必须进行主动引导，通过帮助学生确立正确的价值观，提升志向水平，更多地应用内因性动机、激发内在力量来产生持久推动力，培养正确的、高尚的学习动机，提高学生学习行为的自觉性、主动性与持久性。

二、激发学习动机、实现有效课堂教学的基本思路

课堂上学生不认真听讲、不参与互动讨论，甚至玩手机、趴桌子睡觉等课堂纪律不佳都是任课教师所能观察到的表面现象，不想学、不要学，缺乏学习动机和内在学习动力，才是问题的本质所在。激发学生的学习动机，变“要我学”为“我要

学”,是实施课堂有效教学的基本思路。

(一) 帮助学生树立正确的价值观,确立高尚的学习动机

价值观引导着人们的价值取向和目标追求,是决定人们动机行为的心理基础,决定了动机行为的方向和所能达到的程度。正确的价值观产生正确的、高尚的学习动机,课堂教学要更加重视从知性教育到德性教育的转变,不能局限于教专业知识本身,要自觉担负“育人”职责,站在学生健康成长的高度,把帮助学生树立正确的价值观,培养、激发学生正确的学习动机作为自觉行为,并以此促进课堂教学效果的提高。

(二) 培养学生积极的思维模式,掌握正确归因的方式

积极思维模式,是健康的、上进的、睿智的,引导人们用正确的心态面对问题的思维模式。在成就动机领域,归因的含义是在面对成功或失败的结果时,寻找原因并做出解释的过程,是连接上一次行为和下一次行为之间的重要环节。个体的不同归因方式会影响其续行为的选择性和坚持性,也影响个人的自我评价和情绪反应。积极的思维模式,产生积极的、正确的归因方式,有利于动机激发并对后继行为产生积极影响,从而不断提升动机行为的强度。

(三) 巩固学生良好的行为习惯,形成持久的成长动力

培根说过:“习惯是一种巨大的力量,它可以主宰人生。”要学生形成持久的成长动力,最终还是要落实到学生良好行为习惯的养成上。教师要有意识地通过各种激励方式,在激发学生学习动机的基础上,不断强化学生的动机行为,获得行为的持久力。

(四) 运用合适的方法,产生事半功倍的效果

当前的课堂教学改革,较多停留在课程开发及教育技术、教学手段和教学技巧的应用上,而较少考虑从改变学生的思想观念、培养与激发学生的学习动机入手,来提升学生学习的内驱力,从而实现课堂教学效果的根本性提升。科学、合理地激发学生学习动机的方法的运用,有利于提升动机行为的速度,从而达到事半功倍的效果。

三、激发学习动机、实现有效课堂教学的基本方法

每种学习动力理论的运用，都需要与当时的环境以及学生的现状相匹配。在不同的背景下，面向不同的学生、学生发展的不同阶段，不同动机激励方法的成效都不尽相同。因此，需要综合运用多种策略，灵活使用不同方式，才能达到好的激励效果。

（一）以“价值”吸引学生投入

成就动机是在人的成就需要的基础上产生的，它是激励个体乐于从事自己认为重要的或有价值的工作，并力求获得成功的一种内在驱动力。期望价值理论认为，个体完成任务的动机是由个体对任务成功的期望及任务的价值认可所共同决定的。让学生认识到课堂教学的价值所在，是产生学习动机的基础。一方面，教师要重视每一堂课，通过精心确定教学目标、选择教学内容来体现课堂教学的价值，切实做到为学生的成长和发展服务；另一方面，要有意识地通过教育引导，帮助学生认识到所要开展的课堂教学在知识、方法、能力等方面具有的价值，了解当前学习的意义及对未来目标的影响，赢得学生的主观认同，提高学习的主动性、积极性。

（二）以“目标”引领学生发展

在《心理学大词典》（朱智贤主编）中，目标被定义为“行为所需达到的目的，又是引起需要、激发动机的外部条件刺激——它是行为动机的诱因，能刺激人们为达到自己的目的而行动”。目标设置理论认为，目标对个体在活动过程中的注意力分配、努力程度、坚持水平和任务策略的运用都有直接的影响，目标设置的原则包括：设置清晰、明确的目标，设置具有适当挑战性的目标，短期目标与长期目标相结合，提供及时的反馈信息，要求个体做出目标承诺。[①]教师在教学的过程中，要依据以上原则，帮助学生设置明确的、符合自身特点和发展要求的学习目标，并在实施的过程中给予监督与反馈，以有效提高课堂教学效果、引领学生发展。

① 郭德俊：《动机心理学：理论与实践》，人民教育出版社2005年版。

（三）以“激励”引导学生进步

学习动机的强化理论认为，动机是由外部刺激引起的一种对行为的冲动力量，并特别重视用强化来说明动机的激发与作用。它主张在学习活动中，采取各种外部手段如奖赏、赞扬、评分、竞赛等，来激发学生的学习动机，引起其相应的学习行为。强化理论虽然强调引起学习行为的外部力量，忽视甚至否定人的学习行为的自觉性与主动性，但是对于一部分学习自觉性、主动性不够好的学生，仍然不失为一种有效的方法，可以作为一种动机激发的补充方法来使用。

（四）以“考核”促进学生自觉

过程性考核是对目标行为的阶段性评估，对维持学生的学习动机、促进学生反省反思、加快良好学习习惯养成具有积极意义。特别是对于学习自觉性不是很好的同学，学习动机的维持可能比培养与激发还要重要。通过过程性考核的方式，可以及时提醒乃至鞭策学生学习，促成学习行为的持续性和有效性。

（五）以“互动”启迪学生思维

学生由成就感、满足感而产生的幸福感，来源于教师、同学对自己的肯定，来源于思维豁然开朗而带来的喜悦，属于需要层次理论中较高层次的尊重的需要和自我实现的需要。从学习心理的角度看，人们进行学习就是为了追求自我实现，即通过学习使自己的价值、潜能、个性得到充分而完备的发挥、发展和实现。因此，教师在课堂上要充分体现学生的主体性，加强互动交流、启迪思维，使学生体会到学习的成就感、满足感，既发展能力又激发动机，有利于形成良性循环来提升课堂教学的有效性。

（六）以“人格魅力”影响学生人格

教育家乌申斯基曾说过：“在教育中，一切都应以教育者的人格为基础，因为只有人格才能影响人格，只有人格才能形成性格。”教师除了知识传授、能力培养外，还有培养学生健康人格的责任。教师要加强师德修养，用高尚的品德、渊博的学识、严谨的态度、对事业的忠诚和执着的追求，形成吸引、感召、激励学生的强大力量，做学生学习的榜样，从而使得学习动机的培养、激发与维持更加有效、更加持久，对学生的成长、发展的影响更加深远。

第三节
素质导向：职业礼仪课程的教学理念与实践

礼仪是文明社会中人们相互交往过程中约定俗成、需要共同遵守的行为准则，它既是对人们的内在道德要求，也是一个人素质素养的外在表现。对于刚步入社会的大学生而言，礼仪是他们能否被社会接纳、被工作单位认可、被同事赞同，顺利完成从学生向社会人角色转变的重要因素。职业礼仪是职场中需要遵守的礼仪规范，是学生职业素质的重要组成内容，被愈来愈多的高校所重视，特别是现代服务业如金融、旅游、电子商务等相关专业，都会专门开设职业礼仪课程。银领学院订单培养面向的是金融行业一线应用型人才，职业礼仪教学的开展显得尤为重要。

一、从素质教育的视角理解职业礼仪的内涵

关于什么是“礼仪”，从不同的角度有不同的定义。比较常见的表述是：礼仪是社会组织或个人在人际、社会乃至国际交往中以一定的约定俗成的程序、方式来表现的律己、敬人的行为规范。这种律己、敬人的行为规范，从个人修养的角度来看，是一个人内在素质和修养的外在表现；从道德的角度来看，是为人处世的行为规范和行为准则；从交际的角度来看，是一种交往的方法和技巧；从民俗的角度来看，是沿袭下来的待人接物的习惯做法；从审美的角度来看，是人的心灵美的外化。①

职业礼仪，就是各行各业的职业人员，在工作职场这个特定范围内所需要遵从的礼仪规范。针对即将踏上工作岗位的大学生，我们不妨把职业礼仪的内涵从低到高分三个层次来理解。

职业礼仪的第一层次是文明得体、优雅大方的言行举止，表现在外在的仪容、

① 王华：《金融职业礼仪》，浙江大学出版社2010年版。

仪态方面，具体包括展现乐观开朗、令人愉悦的精神面貌和外在形象，准确运用标准、规范的职业礼貌用语进行沟通交流，着装整洁、装饰得体，站姿挺拔、坐姿稳重、走姿自然、蹲姿文雅，鞠躬、引导、递接物品等动作标准规范，等等。很多行业企业，特别是服务窗口单位，对员工的职业礼仪行为制定了详细、严格的规范性要求，并会在日常的工作中对执行情况进行检查、考核。因此，也误导了一些学校把礼仪教学的重心放在这一层面，过分关注对学生的外在言行进行严格要求和重点训练。职业礼仪教学如果仅仅停留在这一层次，就偏离了教育的宗旨和礼仪的本质。在职业礼仪教学中，需要重视更高层次的内涵。

职业礼仪的第二层次，是充满激情的工作态度和积极进取的职业精神，具体表现在职业人良好的职业态度和职业情感，体现在发自内心地对人、对事、对物的充分尊重和热爱。"诚于中而行于外，慧于心而秀于言"，只有把内在的态度情感和外在的礼仪形式有机统一起来，才能真正掌握职业礼仪的精髓。在工作中，只有充满热爱，所展示的微笑才是发自内心的，才能甜美动人，而不是机械地嘴角上翘、呆板地露八颗牙齿，需要通过咬筷子训练来实现；只有真诚地敬重对方，才能让对方感觉到谦恭礼让的动作并从内心被打动；只有具备对岗位、对客户的充分尊重，在沟通交流的时候才能真正做到不卑不亢、举止大方，并赢得客户的信任和尊重。

职业礼仪的第三层次，是高尚的品行和正确的价值观，表现在由内而外的道德品质，体现在高雅的气质，阳光的心态，积极的人生观、世界观，这才是礼仪的真谛，也是职业礼仪的最高追求。孔子认为："道之以德，齐之以礼。"(《论语·为政》)道之以德，就是要以道德来教育人们；齐之以礼，就是要以礼制、礼仪来规范人们的行为，强调了礼仪与道德的辩证统一，相辅相成。职业礼仪不仅是外在的语言动作本身，也不仅是一种情感态度的表达，更是一种德行行为，是一个人内在素质和素养在职场交往中的外在表现。因此，职业礼仪的教学要自觉融入道德品质的要素，要有意识地把职业礼仪作为职业素质教育的重要组成部分来开展。

综上所述，把职业礼仪的内涵从言行举止的外在表现形式层面，提升到对待工作岗位、同事客户等的态度、情感层面，进而上升到个人的品德修养、人生观、价值观层面来理解，是把握职业礼仪教学的实质与真谛的基本前提。

二、以素质教育思想明确职业礼仪课程教学的目标

素质教育不是以单一的知识积累、能力培养等为目的的教育，其本质旨在实现对人的自我成熟、成长、成才具有决定性作用的内在品德和素养的全面改善、提高和发展。职业礼仪作为通识类课程，在课程定位上需要把学生内在品德和素养的

全面改善、发展放在首位,教学目标应该包含以下四个具体方面:

(一)掌握知识、规范言行,改变外在形象

职业礼仪课程最基本的任务,首先是培养学生的礼仪意识,帮助学生掌握基本的礼仪知识,懂得礼仪原则,在工作与社交场合知道该做什么、怎么做。由于缺少相应的职业礼仪教育,很多学生缺少礼仪的意识,没有充分认识到职业礼仪在社会交往中的作用,在不知不觉中犯了禁忌,得罪了他人而不自知。有些学生则是缺乏职业礼仪的知识,不懂得礼仪原则,往往在重要的场合手足无措、胡乱作为。其次是要训练学生的规范言行,按照行业、岗位的要求,掌握职业的礼貌用语和行为动作规范,学会正确的职业着装、外表修饰、交往动作等。上述内容也是社会上非常热门的职业礼仪培训课程的主要内容,但大学的职业礼仪课程教学一定要和社会培训区别开来,不能只关注礼仪的理论知识、动作的规范和语言沟通的技巧,仅仅停留在对职业礼仪内涵的最低层次理解,期望通过对具体行为动作和说话技巧的强化训练来快速取得成效。作为学校教育的职业礼仪课程,这些只是入门的、最基础的内容,远不是职业礼仪课程教学的全部。

(二)培养态度、丰富情感,培育职业气质

气质,由内而外。职业礼仪的教学,要让学生理解爱与尊重是礼仪生长的土壤,要掌握礼仪先要培养态度与情感,否则再漂亮的装束、再华丽的辞藻和再优美的动作都是苍白无力的。中国当代女作家毕淑敏曾经说过,“很多人会说很得体的话,却不会说有真情实感的话。这就像是很多女人握手的时候,只把几个冰冷的手指伸过去,表面上完成了一个礼仪,但是实际上却没有传达出热情”。

职业礼仪课程需要针对学生今后所从事的具体职业,联系职业礼仪的内涵,帮助学生认识到工作态度、责任感、敬业精神是从事任何工作都不可或缺的,将学生职业情感、职业精神的培养融入具体的职业礼仪教学实践之中,使得职业礼仪的教学更加丰满、更加生动、更具深度。英国哲学家约翰·洛克说过,“礼仪的目的与作用本在使得本来的顽梗变柔顺,使人们的气质变温和,使他尊重别人,和别人合得来”。职业礼仪教学,要培养具备职业气质的学生。

(三)锻炼能力、形成习惯,培养核心优势

约翰·洛克说:“良好的礼仪的功用或目的只在使得那些与我们交谈的人感到

安适与满足，没有别的。要能做到通过恰如其分的普通的礼节与尊重，表明你对他人的尊敬、重视与善意。这是一种很高的境界，要能做到这种境地，而又不被人家疑心你谄媚、伪善或卑鄙，是一种很大的技巧。”职业礼仪教学，要在注重培养学生真挚态度和内心情感的基础上，教会学生把这一态度与情感通过礼仪的形式恰如其分地表达出来的方法和能力。

法国诗人儒贝尔就曾经说过，“礼仪周全能息事宁人”。在实际的工作中，职业礼仪的恰当使用，对化解工作中的冲突与矛盾、营造宽松的工作氛围、构建和谐人际关系、提升工作业绩具有出乎意料的功用，成为能做事、做成事的基本保障。职业礼仪要力争成为学生职业发展的核心优势。

（四）内外兼修、提高素养，提升精神境界

孔子曰：“不学礼，无以立。”礼仪的教学，不能仅仅理解为是一种行为方式的传授，更重要的是帮助学生安身立命，提高品质和素养的重要途径。职业礼仪教学，显然不能像德育课那样大篇章地进行品德教育，而是将德性教育融入职业礼仪教学之中，有意识地通过帮助学生文明言行习惯的养成、美好外在形象的塑造，促进内在品德和素养的提升；通过自我品德、能力、艺术等各方面修养的提高，使自己的举止、风度、气质更加高雅，做到内外兼修，实现语言美、行为美、心灵美和形象美的统一。当一个人真正具备积极的态度、丰富的情感、正确的价值观和高尚的德行时，他的言行举止就会很好地符合职业礼仪的精神，就可以轻松自如地与人沟通、交流，并且取得意想不到的效果。因为这时候，他所展示的不仅仅是礼仪，更是他对他人、对事业、对人生的一种态度、一种精神。

三、以素质教育思想构建立体化的职业礼仪教学体系

基于职业礼仪课程的教学目标和课程特点，银领学院面向即将走向工作岗位的订单班学生，以素质教育思想为指导构建了品德与言行、课内与课外、校内与校外、线上与线下全方位融合、立体化推进的开放式的职业礼仪教学体系，以保证职业礼仪多层次教学目标的实现。

（一）教学理念强调知识学习、言行训练与品行教育、德行修养的统一

银领学院是浙江金融职业学院面向金融行业培养高素质、应用型金融人才而

单独设立的二级订单人才培养学院。银领学院的学生全部是进入金融机构订单班的大三毕业班学生，毕业后基本上在金融行业从事银行柜员、客户经理、电话客服等对职业礼仪要求较高的一线岗位。自2008年成立起，银领学院就非常重视职业礼仪教学，并遵循“内外兼修”的理念，注重从培养学生责任感、敬业精神的角度去理解职业礼仪知识，从热爱岗位、尊重客户的角度去训练职业礼仪行为，强调职业礼仪知识学习、文明用语和礼仪规范行为训练与道德品行教育、素质素养提升的有机结合。教学体系的构建充分体现言行举止与态度情感、品德品行、世界观价值观的内外统一，要求学生不仅要知道应该怎么做，还要知道为什么这么做、如何才能做得更好，并力争做到全员参与、全方位推进、全过程渗透。

（二）教学内容突出理论知识学习、行为训练与职业情感培养的结合

在职业礼仪的课堂教学中，纯粹礼仪知识点的理论讲解非常少，更多的是通过具体案例的分析、视频的观摩、现场动作的示范等形式，帮助学生理解职业礼仪的原理及在具体情境中的应用，领会礼仪中所包含的态度、情感乃至价值观内涵，使得学生在实践应用时更加自发自觉，并在潜移默化之中提升职业素质。在课堂上以教师演示、学生演练的方式，开展外表修饰、礼仪规范动作、文明礼貌用语等的训练，帮助学生掌握塑造良好职业形象的方法；课堂上，还经常设置模拟场景，将职业礼仪的知识原理、行为规范与具体的工作场景进行结合，编排成小品进行演绎，锻炼学生的礼仪言行展示、情感表达、微笑沟通、冲突事件应对等职业礼仪运用能力。

（三）教学形式重视课堂教学与课外实践的融合

职业礼仪本质上是职业素质的外在表现，而素质的养成需要依托一个生态成长体系，不能仅仅依靠有限的课堂教学来实现。银领学院的职业礼仪教学体系，就包括了每周两课时的常规课堂教学、每周两个早自修的职业礼仪早训、为全校各种活动提供的礼仪志愿者服务、职业礼仪学生社团活动以及职业礼仪比赛等内容，因而职业礼仪教师既是课程教师，也是礼仪社团指导老师、礼仪参赛队辅导老师、礼仪大赛评委。此外，银领学院还非常重视礼仪的日常应用，专门下发《银领学院学生职业礼仪规范》，对学生日常的职业着装、容貌修饰、文明礼貌、行为举止等按照职业化要求进行规范，并纳入考核的范围，帮助学生将职业礼仪认知转化为职业礼仪行为，并进一步形成职业礼仪习惯、内化成职业素质。在学生走向订单单位的顶岗实习期间，银领学院进一步加强职业礼仪的教育，引导学生学以致用，在工作岗位上充分展示职业礼仪的优势，体现良好的职业素质。银领学院还经常利用订单

培养平台，与订单单位开展职业礼仪交流，通过带领学生观摩行业的职业礼仪实践应用和职业礼仪比赛、与优秀毕业生座谈交流、邀请行业专家开展职业礼仪讲座等形式，给予学生更加真实、直观的感受，促进职业礼仪行为向职业素质的内化。

（四）教学手段上实现线上线下互相结合

银领学院职业礼仪教研室开发的“金融服务礼仪”课程是省级精品在线开放课程，也是金融专业国家教学资源库的核心课程，运用互联网手段，为学生提供大量职业礼仪的知识、案例、视频等资源，并可以进行在线答疑和互动交流。通过线上、线下的有机结合，职业礼仪的很大一部分学习内容由教师在课堂上进行布置，并通过系统对学生学习情况进行监控与评价，学生利用电脑、手机、Pad等终端设备就可以做到泛在学习，补充课堂时间的不足，提升学习效率。

（五）考核评价上考查知识、行为、态度、情感等全方位的表现

职业礼仪课程既然作为一个教学体系，其考核评价就涵盖了礼仪理论知识的掌握、课堂活动参与、课外训练成效、课程在线学习、礼仪视频拍摄及观摩、礼仪志愿者活动、礼仪比赛成绩、日常礼仪行为表现、实习期间职业礼仪优势展现等方面，考查点包括了知识、行为、态度、情感等各个要素，以此来促进学生职业礼仪意识的形成、知识的掌握、行为习惯的养成，并实现学生职业素质的提升。

第四节
德技兼修:职业技能课程教学融合思政教育的探索

高职技能教学是实现“高技能”人才培养目标、铸就学生就业核心竞争优势的重要方式,思政教育是帮助学生树立正确的政治观、世界观、人生观、价值观、道德观,激发精神动力,塑造健康人格,成为高素质人才的主要途径,两者共同保障高等职业教育的高素质高技能应用型人才培养目标的实现。但一直以来,技能教学和思政教育由于课程教学目标、教学要求、活动载体过于单一、片面的设计而被人为分割开来,没有能够很好地实现两者的互相融合、互相促进。以素质教育理念为指导,在高职人才培养目标的统领下,通过技能教学改革和创新,丰富思政教育内涵和载体,促进人才培养质量的提高,是值得探索的课题。

一、技能教学与训练中存在的问题

技能教学在职业教育教学中具有重要的地位,其成效直接关系到学生的就业与发展。在技能教学中暴露出来的问题,一定程度上也是职业教育教学中存在的突出问题。

(一) 技能教学目标的单一工具性

职业教育培养“工具人”的问题一直被学界诟病,而这一问题在技能教学上显得尤为突出,技能教学特别容易成为“规训化”教育。“规训化教育仅仅训练人的被使用性,也就是实用性和适应性,它所生产出来的人,无论其兴趣还是品味都相当浅薄,精神相当狭隘。”[①]当前职业院校的技能课程,基本上以满足社会的需求为目

① 金生鈜:《规训与教化》,教育科学出版社2004年版。

的，把技能仅仅作为学生参与就业竞争和今后谋生的工具。学校如果仅仅按照行业企业技能的技术标准和要求，来制订技能课程的教学目标，就缺少了对学生思想的引导和内在价值的探寻。

（二）技能训练目的的过度功利性

受工具理性价值理念的影响，不管是教师的教还是学生的学，在技能课程上功利性都表现得非常明显。根据我们的调查，超过一半学生的技能学习和刻苦训练就是为了就业，具体表现就是一旦落实工作单位，很大一部分学生就不再愿意进行技能训练或训练就不再勤奋刻苦。参加工作后对技能训练同样消极、被动，只有考核、比赛、升职加薪等外在压力或物质刺激，才能使得技能训练得以消极保持，功利性的短视思维往往导致职业院校学生发展的不可持续。

（三）激励方法的外在驱动性

相对而言，职业院校学生的学习积极性、主动性普遍较差，对于学习过程单调机械、成效显现缓慢，还需要投入大量课外时间进行自主训练的技能课程来说，大部分学生难以自觉、主动地用心学习与训练。为了督促学生加强训练、提升技能水平，教师一般采用的是考核、定级、比赛及就业等施加外在压力、实行外部驱动的方法，缺少使用激发内在动力的理念、方法与行动，其产生的效果是临时性、阶段性、难以持续的。

（四）训练方式的机械单调性

高强度的机械、重复的训练，诚然是提升学生技能水平的必不可少的途径，但在艰苦训练过程中缺少情感关怀、意志激励、动机激发等德育方法的综合运用，不能引导学生在技能学习与训练中获得自信与成就体验，这种为了训练而训练的方式势必是低效的、难以持久的，时间久了还会造成学生对技能的厌烦甚至憎恨。

（五）评价标准的低层次性

工业4.0时代的技能不能再纯粹是简单的操作动作技能，而应该更加侧重于智慧技能，不仅操作要准、快、精，而且要能够运用规则发现问题、分析问题，并熟练解决问题，还要有积极的态度和负责任的精神；不仅要会操作，而且要清楚为什么要这样做,怎样可以做得更好。但是,当前职业教育对学生技能水平的评价,还是较多停留在操作动作的速度、准确率等层面,哪怕是很多全国性技能大赛,比的也是操作水平。低层次的评价导向不仅阻碍了学生能力与素质的培养,而且降低了学生在技能学习中所能获得的高层次幸福体验。

(六) 训练行为缺乏稳定性和持久性

恒心与毅力不够、自控力不强,是职业院校学生普遍存在的个性心理弱点,具体表现在技能训练上,就是吃不起苦、不能坚持,少部分学生从一开始就没有准备刻苦练习。大部分学生虽然确定了目标,但随着训练强度的加大、难度的加深,便开始松懈、退却甚至放弃,很多学生仅仅把达到毕业的最低限度标准作为对自己的要求,而不是把技能练成自己就业竞争和职业发展的核心优势作为目标。

二、技能教学问题的深层次原因分析

职业院校技能教学与训练中存在的问题,既有教师教育理念、教学目标、教学方法等问题,也有社会环境的因素,更有学生自身的思想素质、心理品质的原因。

(一) 学校、教师是问题产生与发展的主要原因

首先,在职业院校人才培养理念上,素质教育思想没能被普遍理解与接受,工具理性在很大程度上还是占了主导地位,价值理性往往被忽视。具体反映到技能的教学上,就是仅仅认识到技能的工具性价值,而忽视了技能的目的性价值,在技能教学中缺少对学生正确世界观、价值观的培养,甚至以片面的功利性目的来引导、教育学生。其次,在教学目标设定上,未能采用整体性思维,技能教学仅仅关注学生的“技能”,而缺少关注技能训练的“人”,较少意识到人的思想素质、心理品质提升对技能的促进作用。技能教学的重心仅仅着眼于如何帮助学生掌握并通过训练提高技能水平等技术性层面,而很少关心学生的理念、价值、情感、意志等目的性需求,更少思考技能教学也可以实现学生思想的自我发展和德性提升。由此教师就难以以育人的意义来促进教学行动的改进,仅仅从事了工具性的、技术性的教书匠的工作。再次,在教学方式方法上,教师单纯地以不能就业、不能毕业等形式给学生施加外在压力,采用强制性的方式与手段督促学生开展机械性的技能训练,缺少对学生内在动机的激发,较少引导和帮助学生在技能中找到自信心与价值感,感

受到在今后工作中的价值和意义,体会到技能学习的成就感与幸福感。最后,在管理与激励机制上,包括评价、奖励、就业等方面,都表现出功利导向与工具性要求,增强的是学生技能学习、训练的外因性动机而非内因性动机,促进的是学生的工具性价值提升而不是全面自由发展。

(二)学生自身的思想素质和心理品质是问题形成的根本性因素

在对影响高职学生技能水平提升的研究中发现,学生技能水平不仅受学校人才培养目标、人才培养模式、教学条件、师资力量等外部环境的影响,而且与学生个体的价值观、学习动机、就业意向、自信心、意志力等个人思想素质和心理品质密切相关,个体因素甚至是决定学生技能水平的更直接、更重要的因素。①

此外,根据对毕业生的跟踪调查和用人单位的反馈,我们发现技能尖子学生走上工作岗位后其工作的目的性、自觉性、主动性、勤奋程度、吃苦精神等方面也明显优于普通学生,从而他们一般也具有更好的职业发展。也就是说,学生的思想素质和心理品质,是影响学生技能学习与今后职业发展的重要因素,而职业院校学生在这方面整体上处于相对较低的层次。在技能教学中通过融合开展思想政治教育,提升学生的思想素质和心理品质,对学生技能水平的提升和职业可持续发展,都具有积极的意义。

三、技能教学和思想政治教育的融合是高职人才培养的要求

技能教学在高职人才培养中具有举足轻重的地位,是培养学生"做事"能力的教育,其成效直接影响到高职学生的"高技能人才"水准;思想政治教育是培养学生政治素养、职业理想、职业态度、职业道德、职业情感的教育,是培养学生"做人"境界的教育,关系到学生的可持续发展和综合素质的提高。将"做事"教育和"做人"教育有机结合起来,是提高高职人才培养质量、实现高素质高技能应用型人才培养目标的基本要求。

① 王祝华、徐烨:《影响高职学生技能水平提升的个体因素分析》,《职教论坛》2016年第6期。

（一）高技能人才培养离不开思想政治教育的支持，开展思想政治教育是技能教学的内在需要

技能是一个整体的概念，理解力、情感、价值观和稳定的情绪等都是技能的重要组成部分。学生的理想、信念、追求，对社会的责任感、使命感等思想政治素质将直接在学习目标、学习态度、学习行为上得到体现，从而关系到技能教学和训练的成效。通过开展思想政治教育，介绍社会发展背景和就业、人才需求形势，结合高职人才培养目标、特色和优势，激发学生技能学习的主动性、积极性，对提高教学和训练效果、实现高技能人才培养具有事半功倍的效果；技能训练在一定程度上是单调、枯燥的，学生容易产生畏难情绪和厌烦心理，在教学和训练的过程中，通过精神动力的激发和意志、毅力及吃苦耐劳精神的培养，帮助学生正确看待学习和训练中遇到的困难和挫折，激发勇气和决心，是形成技能型人才基本素质的重要方面。

（二）在技能教学中开展思政教育是改进思政教育方法、丰富教育载体的需要

思想政治教育不应是空洞的理论和乏味的说教，不能局限于思政教师开设的思政课堂，要创新形式和载体，将教育融于学习实践活动之中，融于现实的生活工作情境之中，结合具体的专业教学，用鲜活的背景、事例，让学生真切体验、深刻感悟，才会产生更好的教育效果。作为高职教学重要组成部分的技能教学与训练活动，贯穿课堂和课外，关联校内和实习单位，既有个人学习又有团队协作，是开展思想政治教育的重要平台。

（三）在技能教学中开展思想政治教育是教书育人的基本要求

对于高职学生来说，为某项特定职业准备而开展专项技能训练固然重要，但正确人生观、世界观的确立，学习和工作的态度、激情，面对困难与挑战的勇气和不折不挠的精神等专业技能以外的素质更是影响学生成长成才、实现可持续发展的关键所在。思政教育不能狭隘地理解为仅仅是某些专职人员的工作，将学生培养成才是每一位教师的天职。技能教学与训练的课堂，也应该成为思政教育的重要课堂，技能教师不能仅仅关注学生的技能水平，而要从学生综合素质提升的高度，以技能教学为载体，把因时、因事有意识开展思政教育来提升学生的素质、促进学生全面发展作为自己不可推卸的责任与使命。

四、思想政治教育在技能教学中的意义及作用发挥

技能教学中存在的问题,已经不纯粹是技能教学本身的问题,而是关联到教师教育理念、学生思想素质和心理品质的问题,关系到学生的职业发展和成长成才的问题。促进人的发展、塑造人的精神、完善人的人格是思想政治教育的功能属性,将思想政治教育融合于技能教学中,一方面可以有效解决技能教学中存在的各类问题,促进学生专业技能水平和思想品质的同步提升,另一方面可以创新思政教育载体,提升思政教育工作的实效性。

(一)发挥导向功能,培养正确的人生观、价值观

帮助学生树立正确的世界观、人生观和价值观,提高思想认识和精神境界,引导正确的发展方向,是思想政治教育的重要内容。部分学生存在的理想信念模糊、价值取向扭曲等问题,表现在技能学习上就是缺少远大的目标追求,功利心强,注重眼前的、个人的利益,刻苦训练技能就是为了比赛获奖、就业加薪。通过思想政治教育与技能教学的融合开展,帮助学生端正学习态度,认识到技能学习和其他专业课学习都是培养服务社会的能力、提高创造价值的本领以及实现自我的手段,把技能学习从就业、加薪等功利的目标提升到创造社会财富、服务社会发展、实现自我价值的更高精神层面,并帮助学生在技能训练中体会到更多的获得感与成就感,发现自己存在的价值,认识到生命存在的意义。

同时,我们还需要转变技能教师的教育理念,用素质教育的思想帮助教师深刻理解教育的本质,促进教师在技能课程教学与训练指导中融合开展思想政治教育成为自发、自觉行动,主动发挥育人的主导作用,不仅教会学生技能,而且培养学生品质,并通过提升学生品质,提高技能教学效果。

(二)发挥激励功能,提供源源不断的精神动力

马克思曾说:"外部世界对人的影响表现在人的头脑中,反映在人的头脑中,成为感觉、思想、动机、意志。"[①]也就是说,人的行为是受人的思想和心理共同支配的,人们行动的一切动力,都一定要通过他们的头脑,转变为他们的愿望和动机,才

---

① 马克思、恩格斯:《马克思恩格斯选集》,人民出版社1995年版。

能使他们行动起来。技能训练是高强度、重复性的活动,没有思想的支配、精神力量的支持很难长时间持续进行。通过发挥思政教育的激励功能,以学生人生观、价值观、成才观的正确引导和态度、意志、情感的培养来激发学生内在的成长动力,增强主体性,培养自主性、能动性、创造性,从而提高学生技能训练的积极性、主动性和培养他们刻苦勤奋、持之以恒的职业精神。通过正确的激励,帮助学生意识到,具有明确目标的、刻苦的技能训练,不仅可以提升技能水平,而且可以磨炼意志、塑造精神、完善人格,而这些都是影响一个人长远发展的重要因素。

(三)发挥育人功能,在技能教学中塑造学生完美人格

罗杰斯在《自由学习》一书中把学习分为两类:无意义学习和意义学习。他认为无意义学习只涉及心智,不涉及情感或个人意义,是一种"在颈部以上"发生的学习;而意义学习,是指一种个体的行为、态度、个性以及在未来选择行动方针时发生重大变化的学习,因此意义学习是最好的学习方法,它可以把逻辑与知觉、理智与情感、概念与经验、观念与意义等结合在一起,有助于个体成为完整的人。[①]在教学设计与实践中,技能教师要把育人放在首位,通过在技能教学中融合发挥思想政治教育的育人功能,努力使学生的技能学习与训练成为"意义学习",将技能知识的学习、方法的掌握、规程的遵守、训练的坚持、技巧的运用与培养学生的敬业意识、质量意识、安全意识、服务意识等职业意识联系起来,与价值取向、诚信品质、工作态度、责任担当、意志磨炼等个体心理品质的提升结合起来,让技能学习成为"意义学习",促进学生成长为完整的人。

(四)发挥调控功能,帮助学生调整不良情绪,实现健康成长

在技能训练、考核、比赛时紧张、焦虑、发挥失常等所反映出来的学生自信心不足、心理素质差、遭受挫折失败后精神沮丧、情绪消极等问题,是职业院校学生在技能学习过程中经常遭遇的问题,其所产生的负面情绪还往往影响到学生正常的学习生活。通过思想政治教育的正确引导,可以帮助学生明确目标、调整心态,正确面对挫折与失败,合理看待竞争与压力,培养正确的荣誉观、成绩观,增强克服困难、经受考验、承受挫折的能力,实现健康、幸福成长。

---

① 杨芷英:《德育心理学》,中国人民大学出版社2014年版。

五、技能教学中开展思想政治教育的基本思路

寓思想政治教育于技能教学，实现两者的互相促进，实现人才培养的目标，需要通过技能教学改革与创新来加以实现。

（一）站在人才培养的高度制订技能课程教学目标

任何一门课程教学目标的制订，都应站在人才培养的高度进行思考，不能仅仅局限于课程内容本身，技能教学也应如此。技能教学目标的制订不仅要明确职业技能教学要达到的具体项目的技能水平指标，而且要融合思政教育的目标要求，将培养学生的职业道德、职业精神以及勤奋刻苦的态度、严谨求实的作风、团结合作的品质等都纳入教学目标，技能教学不仅要肩负高技能人才的使命，也要把学生素质的提升作为不可推卸的责任。

（二）按照高职人才培养的要求完善技能教学内容

在高职人才培养的课程体系中，技能教学似乎不如专业课程有深度有内涵，容易被看成是简单的动作示范和机械的操作训练，这种理解往往是由技能教学本身所设置的教学目标过于狭窄、教学内容过于单一所造成的，也是由于对高技能内涵的狭隘理解所造成的。高技能不仅包括对操作型、智慧型等不同类型技能的熟练掌握，而且要求能够运用所掌握的专业知识和技能水平解决实际工作中的复杂问题，主动开展工艺改进、技术革新、服务流程完善等提高产品性能和服务质量的活动。因此，技能教学就不能局限于纯粹的专项技能传授和训练，要包含技能的应用能力，以及在实际工作中积极、主动地发现问题、分析问题、解决问题的意识和态度。技能教学内涵的丰富和外延的扩展，意味着要实现更高层次的教学目标就要涵盖思想政治教育的内容。

（三）以提高人才培养质量为目标改进教学方法、手段，丰富教学组织形式

不管是技能教学质量的提升还是思想政治教育效果的提高，都要求教学方法、手段的改进和教学组织形式的丰富。技能教学要结合具体技能项目的教学、训练，在传授和个别指导的基础上，通过组织开展小组交流与专题竞赛、工作情景模拟、

技能实战演练等形式，把思想理念教育、主动意识培养、团队精神塑造、竞技水平提升等融合到具体的教学实践活动之中，实现学生技能水平和综合素质的同步提升。

（四）用科学的质量观来完善评价机制

教学评价既是教师教学和学生学习的指挥棒，也是检验教学和学习成效的重要手段。通过完善技能课程评价机制，从科学质量观的角度，把学生技能、能力、素质的提升都纳入评价的范围，而不是仅仅关心学生的技能水平。除了考核技能水平外，意识、态度等思想层面的指标和技能应用、问题解决、方法创新等能力层面的指标也要占一定比例。技能成绩评价要将技能学习和思想进步的过程与考核结果结合起来，最大限度引导、促进学生按照人才培养目标的方向成长。

六、对技能教学和思想政治教育相融合的思考与实践

创新思想政治教育工作思路，提升人才培养质量，必须不断寻找新的方式和载体。全面实施素质教育，以育人为目标推进教学改革创新，将专业能力培养和素质提升结合起来，要重点抓好以下几个方面：

（一）更新教育观念，营造全员、全方位、全过程育人的良好氛围

育人为本是教育工作的根本要求，思想政治教育是育人的重要方式，不仅是技能教学需要融合思想政治教育，所有教学环节都应融入符合自身特点的思政教育工作内容，教学系部、专业、课程组要将思想政治工作开展与具体课程教学结合起来，学校要制订具体规章，把教学育人、管理育人、服务育人进行细化落实，做到全方位育人。每一位教师、管理人员都有开展学生思政教育的责任，全员育人理念应该在每一位教育工作者头脑里生根发芽。思政教育专职人员要加大力度，指导、帮助各课程结合自身特点因地制宜开展思政教育，共同提高教育效果。

（二）提升技能教师教学水平，推进技能教学改革创新

技能教师首先要转变教育理念，增强育人的责任感与使命感，要把开展思政教育作为自觉行动，把技能教学提升到高素质高技能人才培养的高度，将开展学生思政教育、提高学生素质和技能教学结合起来，要“教书”更要“育人”。

思想政治教育是改变学生思想认识的教育,有其自身的特点和规律,和一般专业课的教学存在很大的区别。在技能教学过程中要将思想政治教育内容结合进去,既提升学生思想政治素质,又促进技能教学成效,需要掌握一定的工作方法和技巧。技能教师在提高自身思想水平的同时,还要通过学习、借鉴专业思政教育工作者的教学方法,融合到自己的教学实践中,提高自己的教育教学水平。

(三) 加强联系,扩大交流,形成思想政治教育与技能教学互动机制

技能教师和专职思政教育人员要建立定期联系制度,以合作开展教研活动、共同组织讲座、比赛等形式开展交流。思政教育专业人员和技能教师要专门进行在技能教学中开展思政教育的合作研究,技能教学为思政教育提供素材和平台,思政教育为技能教学提供内容和方法,形成良性互动机制,共同探索高素质高技能人才培养的有效途径。

第六章 师资队伍与育人团队建设

订单人才培养模式下的师资队伍由校内教师和行业兼职教师共同组成，既包括学校专任授课教师和行业内训师，也包括校内班主任、辅导员和行业班主任、实习导师，以及校内和订单单位的相关管理人员。校内师资的配备和订单单位的师资安排，对订单人才培养模式的顺利实施具有重要作用。

第一节 高职院校师资队伍建设的问题与策略

教育大计，教师为本，师资队伍建设对于学校发展和人才培养的重要性不言而喻。在高等职业教育进入内涵建设的新形势下，高等职业院校师资队伍建设需要根据高等职业教育的内在特点和发展要求，结合院校建设发展的实际情况，与时俱进，及时转换工作重心，重点实现五大转变，才能建设一支高质量的符合时代要求的教师队伍，以担负培养高素质技术技能型人才的使命、服务学生的成长和学校的发展。

一、高职教育师资队伍建设的现状与问题

经过十多年的建设与发展，高职教育师资队伍无论是教师与在校生比例、教师的高学历高职称人数、“双师型”教师比例等数量指标，还是教师的教育教学能力、实践教学水平、科研与服务社会能力等质量指标，都有了显著的提高；但与现代职教体系建设和高素质技术技能型人才培养的要求相比，还有很大的距离，其中仍存在许多需要解决的问题。

关于高职教育师资队伍存在的问题，很多学者从各个角度进行了论述。林宇指出，高职教师队伍建设面临的问题日渐凸显：教师数量相对不足，教师队伍结构不能满足专业教学需要；多数地方高职专业教师职称评审标准与职业岗位要求相背离；受体制限制，“双师型”教师引进渠道不畅；存在制度真空，教师入职标准与“双师型”教师培养培训制度缺失；缺少有特色的科研，社会服务能力有限。[①]张璐认为，目前高职院校师资力量建设现状不容乐观，存在观念落后、结构不合理、实践

① 林宇：《围绕提高质量强化高职教师队伍建设》，《中国高等教育》2010年第8期。

能力有待提高、职业倦怠、培训条件较差、相关教育政策不配套等问题。[①]田晓艳认为，高职院校教师存在专业化认识不足、专业素养欠缺、教师发展受到僵化体制的限定、缺少竞争机制等问题。[②]邵建东等认为，我国高职院校师资队伍整体而言，与我国现代职业教育体系建设的总体要求和趋势还不完全适应[③]，除林宇提到的职业教育教师资格标准缺失、高职教师专业技术职务（职称）评聘导向有失偏颇、高技能人才到职业院校兼职的政策渠道不畅等问题之外，还存在专任教师数量相对不足、教师社会服务能力不强、师资队伍结构失衡、培养培训体系不够完善等四个方面的问题。[④]

结合以上分析，高职师资队伍建设中存在的问题综合起来大致可以分为三类：第一类问题主要是由于高职教育的快速发展所导致的师资队伍客观上存在“先天不足”的“硬伤”，表现在教师总体数量相对不足、队伍结构不能满足专业教学需要等；第二类问题是高职院校教师自身存在的“内伤”，主要是部分教师教育理念落后、教学能力不强、实践能力与社会服务能力有待提高、科研能力有待增强、职业素养欠缺、存在职业倦怠等，直接影响到教育教学成效和人才培养质量；第三类问题是社会环境与管理体制机制所造成的师资队伍建设的“外伤”，主要是职业教师资格标准缺失、专业技术职务评聘导向有失偏颇、培养培训体系不够完善、“双师型”教师引进渠道不畅、缺少竞争机制等。

二、高职院校师资队伍建设的重点

面对师资队伍建设中存在的问题，高职院校需要认清形势、分析原因、理清思路、把握重点，结合实际有针对性地制订解决方案。一方面，随着高职教育从规模扩张的外延发展向质量提升的内涵发展的转变，高职院校采用引进、招聘、兼职聘用等多种手段，通过逐步增加教师数量、优化教师专业结构的方式，初步解决教师数量不足和结构不合理的问题，对于大多数高职院校来说，师资队伍的“硬伤”已经不再是主要矛盾；另一方面，国家对职业教育的重视程度不断提升，现代职教体系整体性、系统性改革有序推进，外部社会环境和客观制约条件在逐步改进、完善，“外伤”已经在逐步缓解。况且外部环境因素所导致的问题，并不是高职院校单方

① 张璐：《我国高职院校师资力量建设的现状及对策》，《教育与职业》2016年第3期。

② 田晓艳：《高职院校师资队伍的现状及发展策略》，《教育与职业》2015年第13期。

③ 邵建东、徐珍珍：《现代职教体系下高职师资队伍建设的诉求、问题与路径》，《中国高教研究》2016年第3期。

④ 林宇：《高等职业院校师资队伍建设的现状、问题及对策》，《中国高教研究》2015年第1期。

面所能够主导和解决的，高职院校层面能做的是用发展的眼光来客观看待当下的问题，通过深入的调查研究、积极呼吁反映和主动沟通促进，来加快问题的解决速度。

因而，在深化内涵建设的新阶段，对于高职院校而言，师资队伍建设的工作重点也需要及时从教师数量扩张向质量提升转变，即花大力气解决教师队伍“内伤”的问题，通过有目标、有计划、有组织的教育、培养活动，帮助现有教师确立成长与发展目标，最大限度地激发他们的活力、挖掘他们的潜力、提升他们的能力与素质，让他们真正热爱教师职业和教学岗位，自觉开展学习培训、实践锻炼、思考研究，紧跟时代发展步伐，不断更新教育理念和改进教学方法，提升自己的专业水平和教学能力，使自己适应教育教学的需要，并在人才培养的实践中获得满足感与成就感，实现自己的人生价值。

三、师资队伍建设在学校层面需要实现五大转变

随着高等职业教育从规模快速扩张进入提高质量、强化特色的新的发展阶段，高职院校教师的数量、结构等矛盾逐步缓解，师资队伍建设也需要进入内涵建设的新阶段。在这一时期，学校层面需要及时在建设理念、问题视角、建设内容、建设思路和培养方式等方面实现转变，才能更加高效地推进师资队伍建设。

（一）从管理考核教师向教育培养教师建设理念的转变

教育是一项特殊的实践活动，是以人格影响人格、智慧培育智慧、心灵滋养心灵的过程，它的对象是学生、是鲜活的人。教师要引导学生确立正确的价值观念、激发学生对真善美的渴求、帮助学生发展能力和素质，首先应当发展自身的这些优秀品质。在2016年12月7日至8日召开的全国高校思想政治工作会议上，习近平总书记强调：“教师是人类灵魂的工程师，承担着神圣使命。传道者自己首先要明道、信道。高校教师要坚持教育者先受教育，努力成为先进思想文化的传播者、党执政的坚定支持者，更好担起学生健康成长指导者和引路人的责任。”赫尔巴特认为，教学与教育几乎是相伴而生的，所以，他相信，不存在无教学的教育，就好像不存在无教育的教学一样。教学通过训练学生的感受性、思维力，给学生的心灵播种并且形成学生的思想范围，影响他们的行动原则与行动方式。①

① ［德］赫尔巴特著，李其龙译：《普通教育学·教育学讲授纲要》，人民教育出版社1989年版。

因此，职业院校师资队伍建设，即使是专业课教师队伍建设，也首先要把培养教师坚定的政治信念、远大的理想抱负、对教育的热爱与忠诚、高尚的师德师风等优秀的内涵品质放在第一位。教师只有具备了这些品质，才能做到认真负责、兢兢业业，真心关爱学生、刻苦钻研业务，才能在教学活动中发挥言传身教的作用，对学生的思想和言行产生潜移默化的正面影响，才是真正的教书育人，而不是单纯传递知识的“教书匠”。

教师优秀内涵品质的形成，是道德品质内化和精神境界升华的过程，需要学校开展有目标、有计划、系统性的教育培养，通过对教师思想引导、榜样示范、情感激励、人文关怀等形式来达成，而不能单纯地运用管理与考核手段来实现。教师对以人为本、立德树人教育理念的认同，对关爱学生成长、助推学生发展的责任担当，对教师这一崇高职业的价值实现等，都需要他们发自内心的情感共鸣与使命驱动，而不是屈从于外部的管理考核与功利性评价。教育行政部门对高职院校师资队伍建设的指导与评价，也不能仅局限于从专业教师数量、队伍结构、学历职称、社会服务能力等外部指标来衡量，而应更加注重教师的爱岗敬业、热忱奉献等内在品质的考量，否则错误的指挥棒容易将学校的师资队伍建设引向歧路。

（二）从教育教学要求向学生成长需求问题视角的转变

高职院校需要什么样的教师？师资队伍建设需要满足哪些要求？《国务院关于加快发展现代职业教育的决定》明确要求“建设‘双师型’教师队伍”。《教育部关于深化职业教育教学改革全面提高人才培养质量的若干意见》中提出，要“加强教师专业技能、实践教学、信息技术应用和教学研究能力提升培训，提高具备‘双师’素质的专业课教师比例。落实五年一周期的教师全员培训制度，实行新任教师先实践、后上岗和教师定期实践制度，培养造就一批‘教练型’教学名师和专业带头人”。学界的讨论也大多从教育教学本身的要求出发，提出了许多建设性的意见，比较有代表性的是：“基于高职教育兼具高教性和职教性的特点，突出职教性、彰显高教性、凸显行业（区域）性是高职院校师资队伍建设的出发点”①；高职院校师资队伍建设“还要满足专业性、开放性、终身性、国际性等时代诉求”②。师资队伍建设的主要目的是提升人才培养质量，除了社会环境和教育教学本身的要求外，作为人才培养对象的学生的需求也应该是师资队伍建设需要考量的一个不可或缺的内

① 周建松：《提高质量：高职院校师资队伍建设的着力点》，《教育研究》2012年第1期。

② 邵建东、徐珍珍：《现代职教体系下高职师资队伍建设的诉求、问题与路径》，《中国高教研究》2016年第3期。

容。在素质教育理念下,针对高职学生的性格特点和现实状态,师资队伍建设时我们需要更加关注学生的需求,要从学生的视角来审视建设的思路、标准、内容和衡量指标,培养能够被学生所接受、所喜爱、所渴求的,真正能促进学生成长的教师。

在我国高等教育大众化背景下最后一个批次招生的高等职业院校中,较多的学生存在成长目标不够明确、学习兴趣不够浓厚、学习动机不够强烈、学习意志力不够坚定、学习基础与学习能力较弱等问题,从而对教师的教育教学水平提出了更高的要求和更大的挑战。高等职业教育坚持把立德树人放在首位,构建全员、全过程、全方位的育人格局,就要把提高学生职业技能和培养职业精神高度融合,把培养良好的职业道德,教育引导学生牢固树立立足岗位、增强本领、服务群众、奉献社会的职业理想,增强对职业理念、职业责任和职业使命的认识与理解,融入日常的课堂教学和实践实训。每一位合格的高职院校教师,除了具备深厚的专业功底和职业能力外,还需要具备思想教育、理念引导、动机激发等能力。高职学生由于其自身思想觉悟、成长动机、学习能力等方面的不足,更加需要能够开展思想引导、点亮他们理想的灯、照亮前行道路的引路人型教师,更加需要能激发学习动机、点燃成长渴望、引燃潜能爆发的导火线型教师,更加需要能实施专业引领,成为专业发展、职业成长道路上的人生导师,更加需要具备设计、实施能帮助学生从“要我学”向“我要学”转变的有效教学策略的教学能手。高职院校的师资队伍建设,就要以这些高职学生的现实需求为依归,着力提升教师育人方面的能力。

(三)从重在提高专业能力与教学水平向强调育人能力与师德水平提升建设内容的转变

师德是教师从教的基本遵循,是教师职业发展的前提保证,更是人才培养的根本要求。《国家中长期教育改革和发展规划纲要(2010—2020年)》“加强教师队伍建设”一节中明确提出要加强师德建设,“加强教师职业理想和职业道德教育,增强广大教师教书育人的责任感和使命感。教师要关爱学生,严谨笃学,淡泊名利,自尊自律,以人格魅力和学识魅力教育感染学生,做学生健康成长的指导者和引路人。将师德表现作为教师考核、聘任(聘用)和评价的首要内容。采取综合措施,建立长效机制,形成良好的学术道德和学术风气,克服学术浮躁,查处学术不端行为”。但是在教师专项培训和日常培养、考核中,实际上更多强调的是专业学术能力、科研水平和教学能力,对师德建设缺少足够的重视和缺乏有效的方法。现在高职院校大多数教师的学历、专业能力等外在条件对从事教学工作而言一般都是达标的,更需要关注的是他们对职业教育的敬业精神是否足够,潜力是否充分挖掘,对于教学、科研、实践等投入的时间、精力是否充分,对于职业教育思想、现代教育理念、教学方法等的学习、钻研是否用心，是否真正树立教育职业理想、立志投身职业教育事业、关心学生成长。否则，即使提供再多的培训机会和锻炼平台，能否真正促进人才培养质量的提升，都是有待商榷的。

因此，一方面，师资队伍建设需要把师德教育放在第一位，培养真正爱岗敬业、关爱学生、具有教师责任感和使命感的教师，不能仅对照上级主管部门的管理指标要求，单纯从学历学位、实践经历、双师素质等显性条件指引工作的开展，而要培养真正安心于职业教育、热心于人才培养、专注于教育教学、专心于科研实践的骨干教师，要以人才培养的成效来衡量师资队伍建设的成效；另一方面，还要提升教师育人意识和育人能力，教师不仅自己要具备教书育人的优秀内涵品质，以人格魅力于无形之中影响学生的成长成才，而且要有将思想政治教育融入专业教学的能力，在教学生做事的同时教学生做人，以正确的价值导向助推学生的品格发展和人格完善。

（四）从强加外在压力向激发内在动力建设思路的转变

当前各个院校与师资培养紧密关联的往往是一系列的考核与评价指标，如论文发表与课题参与主持的科研任务核定，参加培训与实践时间、项目数的学习规定，参与专业建设、课程建设的工作量要求，学生评价教师、教师评价教师的课堂教学质量测评，等等，都是通过给教师施加外在压力的方式，来推动教师的成长。很多教师因而也是被动地、消极地应付既定的任务指标，视工作为任务甚至差事，逐渐失去了对教师工作的兴趣与获得感，产生了职业倦怠。

人的应对性行为都出于一定的动机，心理学和管理学研究普遍认为，个体的行为受外在动机和内在动机共同作用的影响。内在动机可以使人们得到精神需要的满足，所引发的活动本身就是对活动者的一种激励，无须外力推动，因而其推动力量更大、维持的时间也更长。高职院校师资队伍建设时，应该更加重视激发教师的内在动机促进教师自发、自动、自觉、自愿地成长，而不是纯粹地以强加外在压力的方式来“逼迫”教师不断进步。马斯洛在研究由基本需要引起的内在动机时指出，“高级需要的满足能引起更合意的主观效果，即更深刻的幸福感、宁静感以及内心生活的丰富感”，“高级需要的追求与满足导致更伟大、更坚强以及更真实的个性”。[①]高职院校师资队伍建设需要更加重视以正确的价值观引领，培养教师正确的价值取向和目标追求，产生正确、高尚的动机，激活教师归属感与爱、尊重、自我实现等高级需要，引发教师从事教育这一光辉事业的伟大责任感与使命感，让教师

---

① [美]亚伯拉罕·马斯洛著，许金声等译：《动机与人格（第三版）》，中国人民大学出版社2012年版。

真正体会“燃烧自己、照亮别人”的价值感、“桃李满天下”的获得感和自我实现的满足感。

（五）从突出个体培训向加强团队学习培养方式的转变

1990年，美国学者彼得·圣吉《第五项修炼》的出版，标志着“学习型组织”概念的兴起。彼得·圣吉认为，在学习型组织中，“大家得以不断突破自己的能力上限，创造真心向往的结果，培养全新、前瞻而开阔的思考方式，全力实现共同的抱负，以及不断一起学习如何共同学习。”团队学习则是指组织成员形成整体合力，共同学习、提升、进步的合作模式。团队学习的优势不仅表现为整体纳入效果突出，而且团队成员进步成长的幅度也明显优于分散式学习。[①]高职院校的师资队伍建设，要通过组织专业建设团队、课程教学团队、科研合作团队等形式，将每一位教师纳入各个类型的团队之中进行培养。学校通过对团队的建设、管理、激励，营造团队学习的环境和氛围，促进教师在团队学习中获得更好的成长与发展。

对于高职院校师资队伍建设中团队建设的重要意义，周建松有一段全面、精辟的分析。他认为，从社会学意义上看，团队能够形成集体的力量，高等职业院校是一个由教师、学生等多方面要素组成的大集体，在大集体下又有其相应的中集体和小集体，它要通过管理，进行有计划、有目的、有组织的整合和培育，让集体成为团队，并提高团队的功能；从管理学意义上讲，团队能够产生结构协同效应，多人构建的行政或任务型集体并不等于团队，因而不一定能够产生结构效应，只有有计划、有目的地将一定数量的人构建为团队，并赋予其相应的职责分工，才会形成合作效应；从教育建设视角看，它需要团队文化，根据推进教育教学建设需要，为很好地完成工作任务，必须重视和加强团队建设；从职业教育特点看，它还需要专兼结合的团队，要构建“双师型”教师队伍，推进“双师”结构教学团队建设，这实际上就是要求通过专兼结合的教学团队建设，把开放办学、产教融合、校企合作、工学结合的工作落到实处，高等职业教育的团队建设尤为特殊，特别重要，必须加强。[②]

---

① [美]彼得·圣吉著，郭进隆译：《第五项修炼》，上海三联书店1998年版。

② 周建松：《现代高等职业教育创新发展研究》，浙江大学出版社2015年版。

第二节
订单模式下专兼结合的师资队伍建设

2006年发布的《教育部关于全面提高高等职业教育教学质量的若干意见》中就明确提出,“高等职业院校教师队伍建设要适应人才培养模式改革的需要,按照开放性和职业性的内在要求,根据国家人事分配制度改革的总体部署,改革人事分配和管理制度。要增加专业教师中具有企业工作经历的教师比例,安排专业教师到企业顶岗实践,积累实际工作经历,提高实践教学能力。同时要大量聘请行业企业的专业人才和能工巧匠到学校担任兼职教师,逐步加大兼职教师的比例,逐步形成实践技能课程主要由具有相应高技能水平的兼职教师讲授的机制。”在2017年发布的《国务院办公厅关于深化产教融合的若干意见》中进一步指出,要“加强产教融合师资队伍建设。支持企业技术和管理人才到学校任教,鼓励有条件的地方探索产业教师(导师)特设岗位计划。探索符合职业教育和应用型高校特点的教师资格标准和专业技术职务(职称)评聘办法。允许职业学校和高等学校依法依规自主聘请兼职教师和确定兼职报酬。推动职业学校、应用型本科高校与大中型企业合作建设‘双师型’教师培养培训基地。完善职业学校和高等学校教师实践假期制度,支持在职教师定期到企业实践锻炼”。建设素质优良、结构合理、专兼结合的师资队伍,培养高职院校教师的“双师”素质是提高高等职业教育人才培养质量的根本保证,已经成为政府、学校和学界的共识。

高职院校的师资队伍建设,既包括行业兼职教师和校内专职教师有机组合,形成结构合理、比例得当,实现资源共享、优势互补的教学队伍,也包括校内专职教师通过参与行业课题研究、参加行业培训和岗位实践提升“双师”素质,还应该包括帮助学生树立职业理想、培养职业意识、形成职业规范等职业素质的校内班主任、企业指导师傅的育人团队的建设,而这一点往往容易被忽略。

一、订单培养模式下专兼结合的教学队伍建设

（一）发挥学校教学能力培养优势，提高兼职教师教育教学能力

《高等职业教育创新发展行动计划（2015—2018年）》提出，“支持专科高等职业院校按照有关规定自主聘请兼职教师，学校在编制年度预算时应统筹考虑经费安排；加强兼职教师的职业教育教学规律与教学方法培训；支持兼职教师或合作企业牵头教学研究项目、组织实施教学改革；把指导学生顶岗实习的企业技术人员纳入兼职教师管理范围。将企事业单位兼职教师任教情况作为个人业绩考核的重要内容”。教育主管部门、学校对于聘请行业专家、业务能手、能工巧匠担任兼职教师都高度重视，并不断加大投入力度，但在实际操作的过程中，却存在诸多的现实困难。教育主管部门和学校对企业都没有事实上的强制约束力，在没有结成利益共同体的情况下，企业安排专家和骨干到学校授课仅仅是履行了社会责任，是体现道义上的支持，或是依靠情感上的维系。行业兼职教师到校授课，不管是企业安排还是个人行为，都首先要保证企业正常工作的需要，而他们在企业里往往也是在关键岗位上发挥重要作用，在企业本职岗位上的工作量都非常饱满，到学校兼职授课时出现缺课现象就在所难免。真正的业务专家、能工巧匠很难被邀请到学校兼课，更难对其进行制度性的约束。此外，由于缺乏教学能力的专项培训和具体实践，部分行业专家虽然自身工作能力很强，但对教学却不一定能够胜任，给学生上课的效果有的并不理想，但学校却很难像对待学校专职教师那样对其进行教育和管理。

在订单人才培养模式下，学校和订单企业结成了利益共同体。企业安排业务骨干和专家能手到学校给订单班的学生上课，既是学校教学的有机组成部分，也是企业培养自己“准员工”的职责所在。行业授课内容是学校和企业共同商定的，兼职教师的管理也是共同进行的。兼职教师到校授课，是由订单企业的人力资源部统一安排的，是他们本职工作的一部分，授课时间、教学质量都得到了有效保障。根据课程的需要，有企业高层领导亲自讲解企业文化、职能部门领导讲解规章制度，也有企业内训师讲授业务规范和具体操作流程。在行业兼职教师到校授课的过程中，学校可以充分利用教育教学上的专业优势，协助企业开展内训师的教学能力培训，通过听课、观摩、交流、研讨等形式，协助企业提升兼职教师的教育教学能力，实现优势互补、合作共赢，并建立更为紧密的合作关系，利用兼职教师团队服务更多的在校学生。

（二）利用校企合作优势，提高校内专任教师的实践动手能力

《高等职业教育创新发展行动计划（2015—2018年）》提出，高职院校师资队伍建设要“围绕提升专业教学能力和实践动手能力，健全专科高等职业院校专任教师的培养和继续教育制度。推进高水平大学和大中型企业共建‘双师型’教师培养培训基地，探索‘学历教育＋企业实训’的培养办法；完善以老带新的青年教师培养机制；建立教师轮训制度；专业教师每五年企业实践时间累计不少于六个月。增强职业技术师范院校的职教教师培养能力”。高等职业院校的专任年轻教师，大多数是硕士或博士毕业后就来到学校任教，专业理论功底扎实，但教育教学能力和实践动手能力相对欠缺，需要进行重点提升。在职培训、企业实习是提升专任教师双师素质的重要途径。在教育主管部门的评价指标和学校的制度规定里，一般都有专任教师去教师培训基地和企业实习或挂职锻炼的要求。但是在实际操作过程中，基于商业机密、责任划分、安全风险等各方面因素的考虑，教师以实习的身份很难深入一线的实践工作中进行真正的操作锻炼，部分敏感岗位的实习或挂职，锻炼通道也往往对实习教师关闭，从而难以接触到真正需要学习的完整业务流程。

在订单人才培养模式下，基于学校和订单企业的深度合作关系，学校可以安排专任教师以实习带队教师的身份到企业进行实习实践，在负责学生顶岗实习管理、指导的同时，有机会深入企业岗位一线，与企业的指导教师开展深入学习、交流，甚至直接参与具体的工作了解企业情况，把握企业需求，提高实际操作水平；学校也有更好的条件有针对性地安排专任教师到企业进行专题实习，或共同开展工作中的生产工艺革新、业务流程改进等应用性研究，解决实际问题，锻炼教师的实践动手能力，提升双师素质。

（三）组建专兼结合的教学团队，协同推进双师型教师队伍建设

《教育部关于全面提高高等教育质量的若干意见》中提出，要“加强高职学校专业教师双师素质和双师结构专业教学团队建设，鼓励和支持兼职教师申请教学系列专业技术职务”。组建专兼结合双师型教学团队，实现师资队伍多元化和校企协同创新路径研究，是提高人才培养质量和课堂教学创新行动的重要内容。专兼结合双师型教学团队建设，对于学校而言，能够优化高职师资队伍知识技能结构，帮助教学更加紧密贴近行业实际，促进专业建设和课程改革；对于教师而言，能有效增加与行业专家和能工巧匠接触、交流和学习的机会，增加到岗位一线实践体验的途径，从而更快更直接地提升自身的业务素质和实践动手能力；对于校企双方能

够更加深入交流合作，增进双方的了解和互信，通过优势互补实现互利共赢。

专兼结合教学团队建设，需要有明确的目标、具体的内容和恰当的项目载体。行业兼职教师需要聘请热爱教育事业、具有强烈社会责任感和精湛业务能力的业务专家和能工巧匠，与学校教师形成共同的人才培养愿景。团队建设的内容应包括但不局限于共同制订教学大纲、拟订授课计划、商定教学内容和开展教学实践，平时要通过现场教学观摩、座谈学习交流等教研活动的形式加深了解、互相学习、达成共识。更进一步地，教学团队要通过共同研发项目、开发课程、编写教材等项目载体，激发团队智慧，提高团队的凝聚力、战斗力、影响力，也帮助校外兼职教师更快地提高对人才培养质量目标的认识，更好地掌握教育教学规律，提高教育教学技能。

二、订单培养模式下校企融通的管理与育人团队建设

在订单人才培养模式下，订单班学生既是在校学生，又是订单企业的“准员工”。为了达成思想政治素质优良、职业技能精湛、专业知识扎实、业务素质精良的人才培养目标，校企双方不仅在专业教学方面需要齐心协力，在日常管理、活动开展和团队建设等方面也要精诚合作，通过共同建设的育人团队来全方位提升人才培养质量。

（一）明确育人职责，以共同的目标凝聚育人合力

订单育人团队由学校党总支、辅导员、班主任等学生工作一线人员，订单单位人力资源部、行业班主任、顶岗实习导师等企业的工作人员共同组成。学校人员主要负责学生的思想政治教育、日常纪律和行为规范管理、党建团建、帮困助学、活动组织、心理辅导等工作，既要保证学生学习、生活的安全安定、平稳有序，又要引导学生的思想素质提升、激发学生的学习热情、锻炼学生的综合能力，是订单学生工作的主体力量，担负订单育人的主要职责。企业人员配合学校工作，他们更加重视培养学生的敬业爱岗、诚实守信、团结合作等职业素质，更加重视培养学生对企业文化的认同、对订单单位及今后工作岗位的认可，更加重视培养学生的凝聚力、向心力、执行力。校企双方育人职责各有分担、目标各有侧重，其总体上是同向同行的，是从不同的着力点入手形成育人合力，使得订单学生毕业后就具备快速适应社会、适应岗位的能力，拥有普通毕业生无法具备的优势。

（二）加强信息沟通，协同开展学生思想动态研判

准确掌握学生的学习状态和行为动态，是有针对性开展育人工作的基本前提。学生在校学习期间，学校通过班主任与辅导员巡查、学生干部督查、任课教师反馈以及QQ群、微信朋友圈信息等，可以掌握各订单班级的班风学风，及时发现学生异常状况。银领学院借助学生职业素质量化考核系统，将学生迟到、早退、旷课等巡查过程中发现的违规违纪行为，日常活动参与、比赛获奖等信息数据，都以加减分奖惩的形式录入系统，并实现校内学生工作人员和订单单位管理人员的信息共享。对于量化考核分数低于警戒线的学生，系统会进行统计并提交相关工作人员。根据这些详细的过程记录和量化分数，校企双方育人团队就可以结合平时与学生的交往，QQ群、微信朋友圈的信息以及同学的反映等各方面信息，协同开展学生的思想动态研判，共同制订教育方案，有针对性地开展谈心谈话、思想引导等工作，提高育人成效。

（三）研讨培养方法，互相学习形成育人共识

订单班的学生既然具有“准员工”的身份，同时也就具有了和普通在校大学生不一样的心态。他们珍惜即将到来的工作机会，重视未来的工作单位，初步具有了企业员工的属性。在对在职员工的管理方面，企业人力资源部、行业班主任比学校教师更有经验、更有方法，对学生教育的影响力也更大。在对“95后”学生思想、心理的了解和把握方面，学校教师则更加准确、细腻，沟通交流的途径更通畅、效果更好。校企双方育人团队通过经常性地沟通交流、紧密合作，研讨工作方法，互相学习，对双方育人理念的更新、教育方法的改进、教育手段的优化都会有积极的帮助作用，对育人共识的形成和育人合力的彰显具有重要作用。

（四）组织项目实践，以活动载体锻炼育人能力

2012年1月10日发布的《教育部等部门关于进一步加强高校实践育人工作的若干意见》（以下简称《意见》）指出，“进一步加强高校实践育人工作，是全面落实党的教育方针，把社会主义核心价值体系贯穿于国民教育全过程，深入实施素质教育，大力提高高等教育质量的必然要求”。《意见》提出，“要切实改变重理论轻实践、重知识传授轻能力培养的观念，注重学思结合，注重知行统一，注重因材施教，以强化实践教学有关要求为重点，以创新实践育人方法途径为基础，以加强实践育

人基地建设为依托，以加大实践育人经费投入为保障，积极调动整合社会各方面资源，形成实践育人合力，着力构建长效机制，努力推动高校实践育人工作取得新成效、开创新局面”。

订单人才培养拥有校企合作的良好渠道，具备大力开展实践育人的天然优势。校企双方育人团队，通过共同策划、组织开展学生校内的演讲赛、交流会等活动，参加订单单位的运动会、社会服务、社区宣讲、顶岗实习等活动，着力构建实践育人的长效机制。这些活动不仅是提升订单人才培养质量的有效途径，而且对促进育人团队的深度融合、锻炼育人团队的工作能力、创新育人载体，都具有积极的意义。

（五）实施成效评价，在总结反思中不断提高培养水平

在学生毕业上岗前，企业和学校往往要对学生培养结果进行评价，这将用于学生评奖评优、岗位聘任甚至就业合同签订等。在订单人才培养的成效评价上，校企双方往往会由于视角不同而导致标准存在差异。这就需要双方育人团队开诚布公地共同研讨评价标准体系的构建，共同分析学生在校期间和顶岗实习阶段的表现数据，形成对学生的综合评价意见。校企双方就学生评价标准体系研讨、交流的过程，其实也是订单人才培养理念、目标、方法、路径进行思想碰撞形成创新火花的过程，是在总结反思中不断提高人才培养水平的过程，是双方育人团队更周密、更全面地对订单人才培养方案优化、完善的过程。

第三节
班主任队伍建设

班级，是学校最基本的单元；班级工作，是学校最基础的工作，是学校人才培养工作的基石。班级工作的成效，直接影响到每一个学生一生的成长成才，关系到学校的人才培养质量和社会声誉。可遗憾的是，大学的班级工作一直以来都没有受到足够的重视，很大一部分班主任工作被动、态度消极，没有充分履行育人职责，班主任的价值没有得到充分体现，也很少能够体验到班主任工作中的幸福。倡导以幸福教育理念来开展班级工作，不仅可以帮助学生幸福成长、感受真实的幸福、实现持续的幸福，而且也可以帮助班主任感受到作为教师的由衷的高品质幸福体验，成就自身价值。

一、幸福教育与大学生幸福成长

幸福教育，“就是一种将幸福视为最核心和最终极的价值理念的教育”[①]。幸福教育，一方面关注学生教育过程中的幸福体验，帮助学生树立正确的幸福观，在知识学习、能力提高、素质提升的成长、发展过程中，感知、体验幸福，享受在学习过程中激发潜能、创造幸福的情感体验，正确看待挫折，积极面对社会，从而热爱生活、热爱学习，实现个性心理品质的不断完善；另一方面结合人才培养目标和人生理想，指导学生通过幸福学习、幸福成长，不断提升实践能力和综合素质，掌握追求幸福、创造幸福的能力，为未来的发展和实现更高品质的幸福奠定基础。

大学阶段，是学校教育的最后一站，是学生人生观、世界观、价值观确立并定型的关键时期，也是进行专业知识准备、专业能力培养，为职业发展奠定基础的重要阶段，是学生成长成才环节中的最重要一环。这一阶段学生成长情况将影响学

① 孟建伟：《教育与幸福——关于幸福教育的哲学思考》，《教育研究》2010年第2期。

生一生的幸福。大学阶段幸福教育的具体体现就是实现学生的幸福成长，班主任在其中需要承担重要职责。大学生的幸福成长，就是学生心怀美好理想与远大志向，在具体而明确的目标指引下，内在动力得到充分激发、内在潜能得到充分释放、个性爱好得到充分舒展，在互相尊重、互相关爱、互相激励的和谐氛围中，感觉充实与满足，能享受到自己快速成长的快乐巅峰体验，并最终达成人才培养目标、实现个人充分发展的有内涵、有价值、身心愉悦的成长，是幸福教育在大学教育阶段的理想追求。[①]

二、以学生幸福成长为目标的班主任工作

用幸福教育理念指导工作，将学生幸福成长作为工作目标，是大学班主任取得突破性成就的重要途径，也是班主任享受幸福体验的重要方式。

（一）树立正确幸福观，理解真正的幸福

树立正确的幸福观是开展幸福教育、实现幸福成长的第一步。班主任要通过理念宣讲、事例剖析、观点讨论、实景体验等方式，帮助学生深入理解什么是真正的幸福，把它与享乐主义、拜金主义等区分开来，帮助学生学会区别物质的、感官的、表层的、暂时的快乐和精神的、内心的、高品质的、持久的幸福。班主任要把幸福观的树立与人生观、世界观、价值观教育结合起来，引导学生心怀美好理想、确立远大志向，帮助学生深刻理解幸福成长的内涵，追求有意义、有价值的大学生活。

（二）营造幸福成长氛围，感受真实的幸福

幸福是一种情感体验。学生要获得幸福的主观感受，需要具备积极的思维方式和感知幸福的能力。自信心的树立、阳光心态的拥有、乐观精神的培养、积极思维习惯的养成，都是提高学生幸福感的重要因素。班主任要重视指导个体学生掌握用积极的态度面对问题、从多角度分析问题、以正向方式处理问题的方法，帮助学生培养健康的个性心理品质、积极的思维模式，提升学生个体的幸福感受。班主任还要通过激活班级的正向能量，消除班级的负面情绪和不和谐音符，激发团结合作、互相鼓励、共同进步的团队活力与凝聚力，营建活泼、开放、积极、上进的班风，

① 王祝华：《大学生“幸福成长”的内涵及实现路径》，《职业教育》2013年第12期。

营造班级整体的幸福、和谐氛围。

（三）激发内在成长动力，引导学生追求幸福

学生要获得深刻、持久的幸福成长体验，需要激发其内在动力。班主任要有意识地引导学生将发展愿望和成长需要转化为内在动机，确立学生的教育主体地位，激发学生内在的成长动力，帮助学生认识到幸福存在于孜孜不倦的追求过程之中，做到自主、自觉、自信、自动、自发。

（四）充分运用活动载体，助推学生幸福成长

幸福感来源于日常学习、生活、工作的亲身经历与切身体验。班主任要充分运用各项活动载体，转变学生被动、消极参与活动的思想，帮助他们确立能力培养和素质提升目标，激励学生主动参加学校、系部组织的社区、社团、青年志愿者、专业实习等各项实践活动，引导学生用积极的思维对待活动过程中甜酸苦辣的经历，盘点、总结参与活动的体会、感想与收获，让学生切身感受到成长的满足感与成就感，帮助学生学会运用活动载体来促进成长并享受成长的幸福。

（五）培养幸福成长能力，实现可持续的幸福

幸福不是无源之水，它需要经过辛勤劳动、创新思维，获得突破性成就后才能拥有深刻体验，需要具有相应的能力支持。幸福成长能力，既是幸福成长的基本组成部分，也是幸福成长的重要目标。

学生享受幸福体验、实现幸福成长，一方面，需要培养幸福感知能力，学会享受当下的幸福；另一方面，需要拥有追求幸福的意识和创造幸福的能力，为今后更多、更丰富、可持续的幸福打下基础。班主任需要帮助学生区别真实的幸福和享乐主义，提升幸福认知与感知能力，并从人才培养的高度出发，培养学生知识的学习和应用能力，沟通协调、组织管理能力，人际交流能力，创新创造能力等，帮助学生提升实现目标、获得成就的能力。

（六）内化与分享幸福成长感悟，提升学生幸福品质

与同学好友分享自己的成长感悟，本身就是最美好的幸福情感体验。班主任要在班级里创造空间，让学生有机会定期分享学习专业、参加实践活动的喜怒哀

乐,交流心得体会与感想感悟。学生在理论知识学习时体会到顿悟的欣喜,在实践活动中实现自我突破从而感受破茧成蝶的惊喜,在社会活动中感受赠人玫瑰、手留余香的欢喜,在自我价值实现时的充实与满足……都是珍贵的幸福体验。班主任要帮助学生学会运用自我内省、好友分享等方式强化、升华幸福情感,让学生从享受幸福内化到热爱学习、热爱生活、热爱生命、乐于奉献,提升幸福品质,并在激励自己不断进步、积极成长的同时,激发班级正能量,激励其他同学积极参与活动、产生共鸣,形成幸福成长的班级氛围。

(七) 升华幸福成长体验,提升人生境界

与幸福境界直接相关的是人生境界。班主任通过帮助学生树立美好的理想和高远的志向,提升人生目标和生命意义的追求境界,是提高幸福品质、提升幸福境界的基本途径。在崇高精神境界的追寻过程中,学生的修养不断提高、内心不断充实、成就感不断增强,心灵得到舒展、理想逐步丰满,获得的幸福将更加强烈、更加持久、更加深刻。学生在班主任正确幸福观的引导下,结合其幸福体验开展的幸福教育,事实上是更加生动活泼的人生观、世界观、价值观教育与理想信念教育,是立德树人的具体实施。

三、幸福引领的银领学院班主任队伍建设

幸福教育,既是学生体验幸福、获得幸福能力的教育,也是教师实现自我价值、感受幸福的职业体验的教育;幸福成长,既是学生的幸福成长,也是班主任自身成长和人生境界升华的过程。银领学院以幸福理念为指导,建设了一支长期、稳定、快乐从事班主任工作的队伍,为订单人才培养质量的稳步提升提供了坚强保障。

(一) 感受教师的伟大,产生使命感

大学的班主任,不能仅仅是一名班级管理者,而应该成为学生的心灵导师和人生引路人。班主任承载的是育人的历史使命,一个班级几十名学生的思想能否转变得更加进步,能力能否实现更快提升,人生能否过得更加幸福、更加有价值,与班主任的工作息息相关。班主任也需要树立正确的幸福观,拥有育人的使命感,感受到作为教师、作为育人工作者的伟大之处和幸福之处,从而激励自己更加努力工作。银领学院订单班班主任,是连接学校、学生和订单单位的桥梁,是帮助学生快

速成长为行业业务骨干的重要力量，肩负打造订单培养品牌学生、赢得订单单位尊重和对订单培养模式肯定的双重任务，是订单人才培养模式改革的实践者与见证者，使命光荣、责任重大。

（二）感受教师的神圣，产生责任感

教师是“人类灵魂的工程师”，是一个神圣的职业。班主任站在人才培养工作的第一线，承担全面指导学生成长、促进学生成才的重任。开展幸福教育，班主任自身必须具备相应的教育理念和育人能力，培养追求幸福、创造幸福的能力，需要在工作的过程中拥有高度的事业心和责任感，讲究工作方法，掌握工作技巧，把学生的幸福成长作为自己孜孜不倦的幸福追求。银领学院订单班的学生，很大一部分来自农村，很多学生是外省生源，作为一名高职毕业生，只有依托学校与金融机构的订单合作培养平台，才有机会进入高准入门槛的银行、期货等金融单位就业。在强手林立、竞争激烈的金融行业，他们需要培养更多的核心竞争优势、培育更高的职业素养，在工作中需要更脚踏实地、更吃苦耐劳、更努力拼搏，才能获得更多的职业发展机会。在银领学院一年的订单培养工作中，班主任发挥着重要作用，他们的引导、管理、激励，将直接关系到学生的成长成才。以学生的职业发展和人生幸福为己任，这就是班主任的神圣与伟大之处，这就是激发班主任工作责任感、成就感的精神之源。

（三）感受教师的成就，产生幸福感

班主任也要培养感知幸福、享受幸福的能力，拥有幸福教育理念的班主任工作本身是一个充满幸福的过程。看到学生因自己的教育、引导而发生可喜的改变，看到学生获得成绩、实现理想，感受到学生进步、成长中的幸福，班主任的成就感和满足感就会油然而生。在帮助学生幸福成长的同时，班主任成就了学生也实现了自我价值，深刻体验到教育事业的幸福，是比物质上的享乐更加充实、更加持久的高品质幸福体验和更加高尚的人生境界。银领学院订单班班主任，看着一届一届的毕业生从基层一线岗位做起，一步一步成长为订单单位的业务骨干，甚至部门总经理、支行行长，从此改变命运走上职业发展的道路。当一份份喜报发回学校、一封封充满感情的回忆文章传到邮箱，当走访订单单位时历届毕业生闻讯而来当面欢迎，班主任的幸福感、获得感油然而生，也更加激发了班主任的工作热情。

第七章
订单培养中的文化育人

“文化育人”一词的来源，可以追溯到《周易·贲卦》：“刚柔交错，天文也；文明以止，人文也。观乎天文，以察时变；观乎人文，以化成天下。”这里的“文”指具有纹理表象的自然规律或社会关系；“化”，指教化、感化、化育。教育与文化的关系十分密切，在某种意义上说，教育即文化，教育的本质是人与文化之间的双向建构，文化直接影响着教育价值观、教育目的、教学内容、教育方法，影响着学生的成长成才。高等教育是优秀文化传承的重要载体和思想文化创新的重要源泉。2016年12月习近平总书记在全国高校思想政治工作会议上指出，“要更加注重以文化人以文育人，广泛开展文明校园创建，开展形式多样、健康向上、格调高雅的校园文化活动，广泛开展各类社会实践”。

第一节
学校文化育人的理念与实践

浙江金融职业学院一直高度重视文化建设，在全国示范性高职院校建设紧锣密鼓之际，率先提出高职教育文化建设与可持续发展的论题，于2008年11月发起并组织首届高职教育文化建设与可持续发展论坛。之后，论坛每两年举办一届，现已连续举办十年了，分别以"高职教育文化自觉""基于校企合作的高职文化建设""文化传播育人""中华优秀传统文化进校园""高职教育教学文化探索与实践"等为主题，在培育高职文化建设意识、提升文化建设自觉、丰富文化建设内涵、拓展文化建设思路等方面，起到了积极的引领作用。

文化育人，在浙江金融职业学院既是教育理念，贯穿于人才培养方案、教育教学思想、规章制度等角角落落，也是具体实践，落实到校园建设、课堂教学、实践活动的方方面面。作为专门负责金融行业订单人才培养的二级学院，银领学院在订单人才培养过程中开展文化育人，重点体现在校园文化育人、企业文化育人和校友文化育人三部分，三者交会融合、优势互补，成为学校育人文化的重要组成部分。

一、"一训三风"架构文化育人精神

"一训"是指校训。校训是广大师生共同遵守的基本行为准则与道德规范，它既是一所学校办学理念、治校精神的反映，也是校园文化建设的重要内容，是一所学校教风、学风、校风的集中表现，体现学校文化精神的核心内容。浙江金融职业学院的校训是：披沙拣金、融会贯通。"披沙拣金"，语出唐·刘知几《史通·直书》："然则历考前史，征诸直词，虽古人糟粕，真伪相乱，而披沙拣金，有时获宝。"意思是拨开沙子来挑选金子，比喻从大量的东西中选取精华，指代师生通过大量而艰辛的实践探索，获取真知。"融会贯通"，语出《朱子全书·学三》："举一而三反，闻一而知十，乃学者用功之深，穷理之熟，然后能融会贯通，以至于此。"即融合领会、贯穿前后，指把各方面的知识和道理融化汇合，得到全面透彻的理解与运用，强调学生在学好专业基础上由此及彼、举一反三、合理灵活处事的能力，同时意指金融业和金融从业人员本身所需的融通精神。“披沙拣金、融会贯通”一起使用时，“金”与“融”相连，紧扣学院的校名，又凸显了追求真理的使命感和学以致用的职业态度，高职院校的特征强烈、鲜明。

“三风”是指校风、教风、学风。

校风即学校的风气，良好的校风有一股巨大的同化力、促进力和约束力，是一种精神力量和优良传统。浙江金融职业学院的校风是“勤奋、严谨、求实、创新”，体现了全院师生奋发图强、锲而不舍、永不懈怠的思想态度，一丝不苟、认真负责、精益求精的工作作风，脚踏实地、求真务实、实事求是的处世原则和不拘成规、勇于开拓、锐意进取的事业追求。

教风是指学校在教学精神、教学态度和教学方法等方面形成的长期稳定的教育教学风气，是一个教育群体的德与才的统一性表现，是该教育群体整体素质的核心，是教师队伍在道德、才学、作风、素养、治教等方面的集中反映，它对学生可以起到熏陶、激励和潜移默化的教育作用。浙江金融职业学院的教风是“尚德、精业、爱生”，表达了教师对“德”的拥有与尊崇，对专业精湛、业务熟练、能力精深的追求，以及关爱学生、勇挑传道授业解惑责任的使命担当。

学风即学校的学习风气，是学校全体师生知、情、意、行在学习问题上的综合表现。学风是凝聚在教与学过程中的精神动力、态度作风、方法措施等，它依不同学校的不同特点表现出独有的特色和丰富的内涵，并通过学校全体成员的意志与行动，逐步地形成和固化，成为一种传统和风格。这些传统和风格对学生的成长起着重大的作用，对学校的发展和建设产生深远的影响。浙江金融职业学院的学风是“诚信、明理、笃行”，体现了经济金融行业的基本职业道德规范，从明德理、明事理、明学理、明情理四个方面对学生的基本人生素养进行引导，帮助他们养成踏踏实实、学以致用、知行合一的行为态度和做事风格。

二、“三维文化”构建文化育人体系

所谓“三维文化”育人体系，是指诚信文化、金融文化和校友文化在育人工作的三个维度上的交融。浙江金融职业学院从文化建设具体思路而言，从金融类高等职业教育特点和条件出发，积极构建以诚信文化、金融文化、校友文化为主要内容的文化建设体系，诚信文化重立人、金融文化重立业、校友文化重立世，从而推动了“金融黄埔、行长摇篮”良好声誉的产生和传播。[①]浙江金融职业学院的“三维文化”育人体系，在高度上致力于职业精神文化（诚信文化）的构建，在深度上致力于职业能力文化（金融文化）的构建，在广度上致力于职业生态文化（校友文化）的构建，使学生的人格走向、从业素养和求学环境在一个切实的育人目标下达到和谐统一。[②]

诚信文化，是育人的精神品质之旗。为使诚信教育活动扎实、有效开展，学校把诚信文化作为校园文化建设的重点，通过价值观念、行为规范、组织保障、诚信活动、环境营造等各方面提升学生的职业素养，实现文化的育人功效。学校在新校区环境建设中非常注重诚信文化因子的再融入，在学校正大门的左侧有一块两米多高、镌刻着古朴“诚”字的巨石，注有《孟子·离娄上》的“诚者，天之道也；诚之者，人之道也”。在正对学生公寓的三号门前嵌一块汉白玉，镌刻一“信”字，侧注为“民无信不立”。“诚”石（实）、“信”玉（誉）直观地阐发了“诚信”的本意，是对诚信理念的一次彻底宣扬。学校位于正门中心花园的主题雕塑“立”上有“不诚无物”大字，其侧面呈方鼎状，蕴含“一言九鼎”寓意，昭示着“诚信”的理念，引导学生立德、立言、立人品。纵贯南北的主干道命名为“诚信大道”，意味着走进浙江金融职业学院，就要在“诚信大道”上承担诚信之责。校园里的明理亭、笃行桥、精业馆、诚信讲学堂等建筑和场馆，都有对“诚信文化”的进一步演绎，使学生在漫步之间就会不经意地得出某种警醒或启迪，发挥着“润物细无声”的功效。

金融文化，是培育职业能力之根。浙江金融职业学院的前身是中国人民银行所属的浙江银行学校，毕业生大多数在金融行业工作，升格为高职院校后，学生毕业后也大多在经济金融行业就业。无论是社会各界对学院的认同度，还是学生对学院专业的选择倾向，“金融”无疑具有最大的证明力和感召力，金融文化是浙江金融职业学院校园文化的职业标志，是学院学生专业素质的综合显现。金融文化育人的过程，在某种程度上就是学生鲜明职业能力的锤炼过程。金融文化育人体现在校园环境上，一走进浙江金融职业学院的大门，都会强烈地感受到一种扑面而来的金融文化气息——1.80米高的主雕塑“立”，其正面看是古铲形币，镌有“汇通天下”四字；校园内所有主要建筑物都以金融机构的简称冠名：兴业行政楼、浦发图书信息中心、光大教学楼、华夏田径场、中信广场等等，学校西北角葱茏茂密的是“绍兴金融林”，图书馆东侧供学子们徜徉闲坐的是“嘉兴金融长廊”，在校园主干道上，有一组由桥、石、画组成的景观“金融之旅”：“由此而前，你将经历一次与金融

---

① 周建松：《高职教育的文化定位与建构路径》，《高教探索》2017年第12期。

② 陈云涛：《高职院校文化育人模式的创新与实践——浙江金融职业学院“三维文化”育人体系个案分析》，《高等职业教育》（天津职业大学学报）2007年第8期。

的亲切对话……”桥的两侧栏板上，镌刻着中央银行、国有银行和所有全国性商业银行的行标，以及诸多知名的证券公司、保险公司的徽标名称，桥北端一块巨石则刻有浙江省内几乎所有市级以上商业银行的行标。学校图书馆八楼的货币金融博览馆、票据博览馆是省内第一家在高校建立的货币博览馆和票据博览馆，它搜集了从先秦到现代的，以及国外的大量货币、票据，陈列了诸多交易现场和交易设备，形象生动地展示了人类的融通智慧和金融文化之美，给以前从未接触过金融的学生和外来受训人员以极强的文化冲击力。各类金融类学生社团“货币协会”“金融读书会”“808实践投资协会”等富有金融特色的学生组织是学校开展金融文化育人活动第二战场的主力军，金融知识讲座、股票擂台赛、银行职业技能大赛等都洋溢着浓浓的金融文化气息，生动的形式、专业的契合、增值的喜悦给了青年学子们以金融文化暗示，金融文化逐渐成为学生日常生活的重要元素。

校友文化，是广结合作办学之链。学校40多年的办学历史培育了近50000名毕业生，他们中多数已经成为浙江省乃至全国各家金融机构的领导与业务骨干，其中5000余人担任各家银行支行行长以上职务，他们是学院凝聚资源、传承文脉、扩大交流的重要力量。由于“浙江银行学校（浙江金融职业学院）校友会”这一法人社团的注册成立和良好运作，同时也由于金院人固有的校友情结，“校友”在浙江金融职业学院已不再是单个的历史名词，而是成为一种文化，成为学校和谐办学生态的有机组成部分。“每年5月的最后一个星期六是校友回访日，11月的第一个星期六是校友回校活动日”——从2007年起，浙江金融职业学院的校历上就有了这两个红色日子。以“千名学生访校友、千名校友回课堂、百名教师进企业、百名校友上讲坛、百名校友话人生”为主题的“2300”校友文化活动，通过校友与学生之间的亲密互动来传承文化、加深了解、引领发展，已经成为学校的育人载体和文化品牌。

三、“七彩金院”办学格局引导文化育人实践

浙江金融职业学院“十二五”发展规划中提出建成“七彩金院、交相辉映”的办学格局。“七彩金院”是一个形象比喻，是指学校的七个二级分院（金融管理学院、投资保险学院、会计学院、经营管理学院、国际商学院、信息与互联网金融学院、人文艺术学院）都是独立的个体，各专业群各自定位，具有鲜明特色、充满活力、开拓创新，又要在整体上“交相辉映”，互相支持、协同发展，形成丰富多彩、生动活泼的局面，共同彰显学校的办学特色和办学成效。“七彩金院、交相辉映”办学格局的功能，体现在倡导整体文化、强化内外协调，建立系统框架、整合分析层次，激发基层

活力、改进学校治理方法。①

在学校“七彩金院、交相辉映”办学格局的指引下，七个分院结合各自的人才培养目标、专业特色、学生特点组织开展多姿多彩、各具特色的文化育人实践活动。金融管理学院“学生朋辈互助”育人特色项目，推行“以身边人示范身边人，以同龄人影响同龄人”的管理理念，以新生入学教育为契机、以朋辈辅导员（班主任助理）为依托、以学生精英骨干为育人主体、以学生技能尖子培养为突破口、以学生第二课堂为综合培养窗口、以校友言传身教为榜样，开创了“他助—互助—自助”的学生成长模式，拓宽了思想政治教育新阵地，充分调动了学生成长的积极性和主动性，实现了“朋辈互助、共同成长”的发展目标。投资保险学院“以社团育人为载体”的“天生我才”实践育人项目，在人才培养顶层设计上坚持“实践育人导向”的理念，让行业引导专业实践，依托保险协会、808实践投资协会、理财协会、期货协会等专业学生社团，每个学生至少参加一个社团、每学年至少参加一次社团组织的专业竞赛和品牌沙龙活动，举办“天生我才”毕业主题晚会，营造“人人成才、天天进步”的育人氛围，促进了学生的优质成长。会计学院“基于职业发展教育的高职学生生涯规划工作‘金钥匙’工程”实践项目，开展“336”成长活动（第一个“3”为3赛，即专业技能大赛、生涯规划大赛、创新创业大赛；第二个“3”为3节，即素质拓展节、班级文化节、学子风采节；“6”为6个“千人”，即千人技能赛、千人实践团、千人礼仪班、千人演讲会、千人运动会、千人拓展营）。“336”成长活动全面提升了学生的专业能力与职业素质。经营管理学院“四个一”创新创业实践育人项目，围绕一个校友创业论坛、一门创业指导课程、一支创新创业指导队伍、一个人才实验班，营造“义商”文化，培养学生“义商”人格，实现提升学生综合素质的目标。国际商学院的育人机制建设项目，强化教师与学生间的连接、强化教法与学法的连接、强化教学管理与学生管理的连接，以“六大素能导师团队”为依托，以“千日成长工程”为主线，以第一、第二课堂的衔接为纽带，形成立体化、系统性的育人机制，为学生成长成才助力。信息与互联网金融学院“以学生社团为核心”的育人实践项目，依托“E帮帮”学生社团，发挥学生专业特长，通过开展服务学校、教师与学生等一系列第二课堂活动来营造专业氛围，提升学生专业实践能力，提高学生综合素质。人文艺术学院“以国学诵读为主要载体推进多样化国学经典教育”育人项目，努力将课堂教学与课外阅读相结合，提升学生的知识内涵和文化修养，积极创造以良好的校园文化环境为载体，让学生时时处处受国学经典的熏陶，使学生文学修养、职业素养和文明

① 周建松、郑亚莉：《浙江金融职业学院办学理念与实践》，浙江工商大学出版社2017年版。

素质得到显著加强。[①]

四、学生"千日成长工程"铸就文化育人品质

学生"千日成长工程",是学校提出的一项贯彻"三全育人"理念、体现"三全育人"机制的系统工程。全员育人,该工程既注重校内师资队伍建设和管理队伍建设,又注重校外兼职教师建设;全过程育人,该工程科学设计学生在校一千天时间,贯穿学生入学至毕业的全过程;全方位育人,该工程既有机协调第一、二、三课堂,创新载体做好明理学院、银领学院、淑女学院各具特色的育人工作,又注重诚信文化、金融文化、校友文化育人,初步形成了多维度、立体式融会贯通的素质教育体系。[②]

"千日成长工程"是对学生在校三年一千天成长过程进行全方位指导的一项系统工程,它以培养适应经济社会发展需要的高素质技能型专门人才和支持社会发展的中坚力量为目标,以开展有利于学生专业深化、品德优化、能力强化、形象美化的活动为载体,为学生在校全面发展和未来可持续发展奠定坚实的基础。"千日成长工程"的实施根据学生年级特点分阶段开展。在一年级学生中开展"千日成长工程",结合"明理学院"工作安排系统设计工作项目和工作载体,以培养"金院学子"为阶段目标,突出学生学业生涯规划,面向全院学生开展明理教育活动,让学生明德理学会做人,明事理学会做事,明学理学会学习,明情理学会感恩。由"明理学院"负责对各分院(专业)开展"千日成长工程"进行相应的指导。在二年级学生中开展"千日成长工程",结合所在分院的专业教育系统设计项目和工作载体,以培养"系部学友"为阶段目标,体现育人的职业性和开放性,突出学生的职业能力和学生职业生涯设计,提高学生的职业技能。由各分院主要领导负责对各专业开展"千日成长工程"进行相应的指导。在三年级学生中开展"千日成长工程",结合"银领学院"工作安排系统设计工作项目和工作载体,以培养"行业学徒"为阶段目标,注重学生实践能力、创业意识的培养,提高学生的就业能力和创业能力,同时也注重对非订单班学生进行分类引导,突出育人的普遍性。[③]

学生"千日成长工程"活动载体包括以下几方面。①一条主线:以学生职业素

---

① 方华主:《品牌金院,品质学生——学生"千日成长工程"品牌项目汇编》,浙江工商大学出版社2015年版。

② 周建松、郑亚莉:《浙江金融职业学院办学理念与实践》,浙江工商大学出版社2017年版。

③《浙江金融职业学院关于全面实施"千日成长工程",切实提升人才培养质量的若干意见》(浙金院〔2010〕52号)。

质提升为主线，即以“品德优化、专业深化、能力强化、形象美化”为主要内容的学生职业素质提升工程为统领，培育学生职业道德、职业能力、职业素质，要在已有活动和经验的基础上，加大在专业教师指导、在项目实施后的考核评价，在项目实施后对学生成长作用的评估上下功夫，努力使“四化”活动更扎实有效。②两个文化节：科学文化艺术节和学生社团文化节。③三维文化：以“诚信文化、金融文化、校友文化”为内容的三维文化育人体系，作为学院整体文化系统，在第二课堂活动设计和组织中要进行进一步创新，重点是培养学生对诚信文化的敬畏意识、对金融文化的专业意识、对校友文化的情感意识。④四类竞赛：加大开展以专业学科类、职业技能类、创新创业类、文艺体育类等四大类竞赛活动，重点通过四大类赛事激发学生的参与意识和竞争意识，培育和促进学生的特长，提升学生竞争能力和创新能力。⑤五百个榜样：重点培养和培育百名理论骨干、百名学习标兵、百名学生骨干、百名技能尖子、百名文体之星。示范院校发展的关键是要有示范的学生，“千日成长工程”更要发挥榜样示范的作用，要创造平台，搭建舞台，让优秀学生脱颖而出，成为学院学生的杰出代表，激励后进，培养未来的杰出校友。⑥六个千万活动：积极开展以“千名学生写万封书信”“千名学生评万象风云”“千名学生读万卷书”“千名学生传万句箴言”“千名学生行万里路”“千名学生访万名校友”为主要内容的六个千万活动。[①]

浙江金融职业学院学生“千日成长工程”，实现了机制创新，面向学生发展需求，以学生在校一千天左右的学习、生活为主线，凝聚学校育人力量，确立了全校统筹、分院主体、部门协调的全新素质教育机制；实现了平台创新，根据学校财经类高职院校的专业和学生性别结构特点，建设了明理学院、银领学院、淑女学院、创业学院、公民素质教育学院等教育实施平台，将思想教育、职业素质培训、女性教育、创业教育和公民素质教育有机融合，调动全体教师参与，整合了素质教育资源；实行了模式创新，强化学生自我规划、自我探究、自我发展、自我实现等自我管理能力的培养，结合学校的课程教学改革，创设实践项目，打通第一、第二课堂，充分利用各类活动载体、网络媒介，改变传统被动式、灌输式的素质教育模式，促进学生自主学习。[②]学生“千日成长工程”，构建了全方位、系统性、立体化的育人体系，为文化育人品质的提升创造了良好的基础条件。

①《浙江金融职业学院学生“千日成长工程”课外教育实施方案》(浙金院学〔2010〕9号)。

② 张鹏超：《高职院校发展服务型学生工作体系研究》，浙江大学出版社2014年版。

第二节
健康校园文化孕育优秀学子

校园文化能够潜移默化地熏陶、感染学生，在塑造思想、陶冶情操、净化心灵、发展个性、促进发展等方面起着重要作用。《中共中央国务院关于进一步加强和改进大学生思想政治教育的意见》指出，“校园文化具有重要的育人功能，要建设体现社会主义特点、时代特征和学校特色的校园文化，形成优良的校风、教风和学风。大力加强大学生文化素质教育，开展丰富多彩、积极向上的学术、科技、体育、艺术和娱乐活动，把德育与智育、体育、美育有机结合起来，寓教育于文化活动之中。要善于结合传统节庆日、重大事件和开学典礼、毕业典礼等，开展特色鲜明、吸引力强的主题教育活动。重视校园人文环境和自然环境建设，完善校园文化活动设施，建设好大学生活动中心”。重视和开展校园文化育人，既是发展和繁荣校园文化的需要，也是发挥它在人才培养中更大作用的现实需求，更是实现大学生健康成长成才的有效路径。

一、大学校园文化育人的内涵

大学校园文化是以大学校园为主要空间，以大学生为主体，以课外活动为主要载体，以校园精神为主要特征，以育人为根本宗旨的一种群体文化。大学校园文化是大学校园内所呈现出的一种特定的文化氛围，是大学文化的重要组成部分。从文化现象的存在形态来看，大学校园文化包括精神文化、制度文化、物质文化和行为文化。其中，精神文化主要包括大学的信念追求、价值取向、办学理念等，它是大学校园文化中最核心的要素。制度文化为校园文化的发展提供保障，物质文化是其发展的基础，行为文化主要包括校风学风、校园生活、人际关系、精神风貌、社团组织、学校管理等行为方式，它是大学校园文化中最活跃的因子。

校园文化的质的规定性是精神文化，是社会亚文化。它是以特定高校长期积淀而形成的大学精神和文化传统为核心，以社会主流精神文化为主导，以文化活动和文化交往为纽带，以师生广泛认同的人文精神、价值规范、道德体系、行为准则、思维方式、心理预期、校园作风、校园形象等为主要内容的精神文化系统。[①]

《教育部、共青团中央关于加强和改进高等学校校园文化建设的意见》指出，“高等学校校园文化是社会主义先进文化的重要组成部分。加强校园文化建设对于推进高等教育改革发展、加强和改进大学生思想政治教育、全面提高大学生综合素质，具有十分重要的意义”。并提出高等学校校园文化建设的主要任务：①以理想信念教育为核心，深入进行树立正确的世界观、人生观和价值观教育；以爱国主义教育为重点，深入进行弘扬和培育民族精神教育；以基本道德规范为基础，深入进行公民道德教育；以大学生全面发展为目标，深入进行素质教育。②重视和加强校风建设，培育良好的教风和学风，形成对教职工具有凝聚作用、对学生具有陶冶作用、对社会具有示范作用的优良校风。③积极开展校园文化活动，把德育与智育、体育、美育有机结合起来，寓教育于文化活动之中，促进大学生思想道德素质、科学文化素质和健康素质协调发展。④加强校园人文环境和自然环境建设，建造精神内涵丰富的物质文化环境，努力营造良好的育人氛围。

大学校园文化的核心功能是育人。大学校园文化是在各类积极意义的文化基础之上融汇而成的，能够根据社会的发展要求，顺应时代发展的主旋律，依据人的发展方向，按照整体的教育目标，确立一定的价值目标体系和行为方式，形成一定的文化氛围，对生活在校园之中的大学生个体起到一定的指引和熏陶作用。大学生可以在这样的条件下，选择适合自己的价值目标、生活方式，并且塑造自身的人格。同时，大学生个体是大学校园文化的创造者、参与者和享受者，他们能够根据自己的兴趣、特长和需求，通过参加各类丰富多彩的校园文化活动，发现自己，证明自己，塑造自己，完善和发展自己。大学为学生的全面发展提供了一个巨大的舞台。

二、订单培养视域下校园文化育人的工作重心

高等职业教育培养生产与服务第一线需要的高素质、高技能应用型人才，既属于职业技术教育，同时又是高等教育的重要组成部分，决定了高职校园文化区别于其他社会文化有着自身鲜明的特色。订单人才培养模式下学生就业行业与工作岗位确定、培养目标与职业素质要求明确、培养规格与职业资格要求清晰，也决定了

① 张澍军、王占仁：《校园文化建设的基本原理与实践操作系统研究》，吉林人民出版社2013年版。

校园文化育人工作的重点内容。

（一）注重思想性，培养政治合格、品德高尚、作风优良的建设者和接班人

在全国高校思想政治工作会议上，习近平总书记强调，我们的高校是党领导下的高校，是中国特色社会主义高校。办好我们的高校，必须坚持以马克思主义为指导，全面贯彻党的教育方针。要坚持不懈传播马克思主义科学理论，抓好马克思主义理论教育，为学生一生成长奠定科学的思想基础。要坚持不懈培育和弘扬社会主义核心价值观，引导广大师生做社会主义核心价值观的坚定信仰者、积极传播者、模范践行者。要坚持不懈促进高校和谐稳定，培育理性平和的健康心态，加强人文关怀和心理疏导，把高校建设成为安定团结的模范之地。要坚持不懈培育优良校风和学风，使高校发展做到治理有方、管理到位、风清气正。校园文化育人工作，也要把学生的思想政治教育放在首位，必须围绕学生、关照学生、服务学生，不断提高学生思想水平、政治觉悟、道德品质、文化素养，让学生成为德才兼备、全面发展的人才。

校园文化育人要坚定立德树人的目标，始终把思想政治教育放在首位，注重育人文化的思想性，通过氛围的营造、载体的设计、活动的安排、情境的构建在"润物细无声"中完成对学生人生观、世界观、价值观的教育，为学生走向社会后成为政治合格、品德高尚、作风优良的社会主义建设者和可靠接班人奠定思想基础，为学生的职业发展和人生幸福提供思想保障。

（二）突出职业性，培养职业技能精湛、业务能力精深、职业素质精良的应用型人才

相比于普通高等教育，高职学生的培养更加注重明确的职业定位、良好的职业道德和职业素质，其所体现的高职院校文化也具有浓厚的职业性特征；尤其是订单人才培养模式下的高职学生，今后所从事的行业、岗位都已经基本确定，上岗的标准和从业要求也十分明确。除了基本的专业知识、业务能力外，用人单位对学生职业价值观、职业道德和素质素养也越来越看重，甚至超过知识与能力。

因而，高职校园文化育人要充分突出职业性的特点。首先，在教学场景设计和教学内容安排上，要通过建立校内仿真实训基地营造职业氛围，教学内容与职业训练要体现"真刀真枪"，帮助学生在校园的教学活动中感受职业文化，培养敬业爱岗的职业态度。其次，在实践活动安排上，要增加与行业、企业的交流互动，以邀请著名企业家、行业专家能手来校开设讲座的方式，通过企业精神的宣讲、优秀企业文

化的传播，从思想上帮助学生塑造职业理念，使学生坚定职业信念和职业目标，完善学生职业品格。再次，在日常制度文化规范上，订单班的学生可以参照真实企业的标准来实施，包括企业的管理制度、生产标准、着装规范、奖惩机制等，用企业对员工的标准来要求学生在学校的行为规范，开展组织纪律性教育，严肃质量要求，严明时间观念，严格生产流程，通过校内职业规范教育与企业文化熏陶，了解、认知企业的价值取向、经营目标、管理制度、工作标准等，从而使学生逐渐成长为具有专业素养的职业人。最后，发挥重要仪式的文化育人功能。重要仪式和庆祝活动都蕴含着一定的文化意义和象征意义，渗透着人文精神，是一种直观生动、可供观察的教育活动。美国人类学家马文·哈里斯指出："仪式是文化的一个组成部分，它的过程表达着丰富的文化内涵，同时，也是某种文化内容的浓缩。"订单班要通过有订单单位领导参加的开班典礼、结业典礼等重要仪式，开展行业领导参与的运动会、文艺会演等文化活动，将学生置于特定的文化情境中，在亲身参与中体验和感受仪式活动所传递的文化信息，接受教育、陶冶情操，帮助学生完成从学生向职业人的角色转变。

（三）强调实践性，培养动手能力强、技能水平高、上岗适应快的职场新人

实践能力强、技能水平高，既是高职学生的特点，也是他们的核心竞争优势。高职校园文化育人，要助力学生实践能力的培养和技能水平的提升，让学生在实践活动中提升职业素养。首先是扎实开展课堂实践，根据高职教育的要求和高职学生的特点，推进基于问题、基于项目、基于案例的课堂教学方法改革与创新，开展"做中学、学中做"的教学模式改革，让学生在观察、提问、设想、动手实践、相互交流评价的过程中愉快学习，让学生在课内的实验实训教学过程中深入理解"工匠精神"、锻炼实践能力、提升职业素养。其次是创新开展课外实践，结合今后工作的职业要求和岗位标准，组织丰富多彩、具有行业特色的实践活动，充分利用第二课堂组织社团活动，开展职业理想演讲比赛、职业技能竞赛、职业礼仪大赛等活动。再次是充分开展社会实践，特别是与社区、企业深入合作与开展专业相关的志愿服务活动，用自己所学知识服务社会、奉献爱心、锻炼能力，如电子类专业学生到社区为居民义务维修家电、金融类专业学生开展反假币宣传等等，通过与企业的合作关系，利用寒假、暑假时间有计划、有目标地组织学生到企业跟岗实习和顶岗实习，让学生在具体的工作岗位上进行实践锻炼，亲身感受企业的工作规程，接受企业文化的熏陶。

（四）关注社会性，培养有担当、善交流、懂感恩的新时代青年

对于大多数高职学生而言，学校教育是步入社会的最后阶段，学校不仅需要帮助他们在专业知识、职业能力等方面为即将到来的职业生涯做好准备，而且要帮助学生熟知社会规范与法则，学会如何为人处世、沟通交流、团队合作、包容感恩等，完成从学生向社会人角色的顺利转变。学校要通过各种文化实践活动，发挥学生的主体作用，成为校园文化活动的组织者和参与者，通过多姿多彩的校园文化活动激发学生的兴趣、特长和创新能力，磨炼他们的意志，提升他们的组织管理能力，帮助学生学会自我管理，提高自律意识、规矩意识、责任意识、合作意识，增强适应社会的能力，在校园文化活动中逐渐认同接受社会角色的行为规范和价值理念，把个性发展和时代使命联系起来，为今后走向社会奠定坚实的基础。

三、银领学院开展校园文化育人的实践

银领学院在浙江金融职业学院校园文化育人的大环境下，结合订单人才培养的特点，通过思想引领、制度规范、行为管理、活动锻炼、环境熏陶等各种途径，深入开展文化育人工作。

（一）思想引领，引导学生向着正确方向跨步前行

思想决定行动，思想是行动的先导和动力。思之所及、行之所致，有了正确的思想，才会有正确的行动；有了积极的思想，才会有积极的行动。改变学生的行为习惯，需要从改变思想开始；而思想的教育，又需要融入具体的学习实践活动之中才能获得明显的成效。

1. 开学典礼，在新的起点确立新阶段的发展愿景

开学典礼既是一项仪式，帮助银领学子树立开启从学生时代向职业时代转换的意识，也是一次动员，吹响了全面提升职业素质的冲锋号，更是一次教育，引导学生进行思想观念转变、思维模式提升、良好行为习惯养成的教育。银领学院的创立者、浙江金融职业学院党委书记、银领学院院务委员会主任周建松教授每年都会亲临大会，向同学们阐述银领学院“以订单培养为始点，以开放办学为特征，以校企合作为平台，以工学结合为载体，以双师团队为依托，以优质银领为目标”的总体运行理念，以及“开放办学、产学合作、工学结合”开展高品质应用型金融人才培养的思

路，勉励同学们以积极的态度、踏实的行动，懂珍惜、讲诚信、会感恩，实现90%以上满足订单单位用人需求、90%以上顺利走上工作岗位、90%以上毕业生获得用人单位好评的培养目标，成为“下得去、用得上、干得好、留得住”的高素质应用型金融人才。

2. 开班仪式，以准员工角色树立职业成长目标

开学之初，与订单单位共同举办订单班开班仪式，是银领学院思想政治教育的特色项目。订单单位人力资源部领导亲临现场，从企业用人要求、职业岗位标准入手，讲解企业的用人之道、员工发展之路，帮助学生以准员工的角色树立职业成长目标，激励学生在校学习和顶岗实习期间严格要求自己，刻苦学习专业知识、考取职业资格证书，勤奋练习职业技能、培养自己的核心竞争优势，锻炼职业综合能力、尽快适应就业岗位，努力提升职业素养、实现可持续发展。订单单位通过举办开班仪式，以情真意切的发言把订单学生当作“准员工”看待，不仅拉近了与学生的距离，促进订单班级凝聚力和向心力的快速形成，而且以现实的从业资格要求和岗位发展需求为出发点，能有效转变思想观念和行动理念，激发学生的学习动力和发展激情，为今后的成长成才注入新的能量。

3. 专题讲座，依托订单培养规划职业成长路径

“为什么来到银领学院？到银领学院学什么？在银领学院如何学？”在始业教育暨暑期社会实践动员大会上，银领学院党总支都要重点引导学生对学习目标、学习计划和发展方向进行思考。学生经过两年的专业学习准备，通过用人单位的层层选拔，成为金融行业订单班的一员进入银领学院学习，原以为可以松一口气。通过专题讲座，他们正确认识到，进入订单班不仅仅是找到一个工作岗位、实现了理想的就业，还要把它视作新阶段学习的开始，在有了明确的行业从业目标和职业发展方向的情况下，如何更加有针对性地培养自己、提升自己，让自己更加快速地增值。金融行业是人才密集型的行业，对从业人员的能力素质要求相当高，金融机构通过常规校园招聘录用的学生大多是一本以上的优秀毕业生，作为高职毕业生只有清醒地认识到自己目前所具备的水平与行业标准和单位要求之间的差距，才能奋发图强迎头赶上，才能有的放矢提升自己。要奠定好职业发展基础，就要在银领学院学习期间培养自己核心优势。与今后一起进单位的本科院校的优秀毕业生相比，银领学院的学生在学历、专业知识、理论水平等方面劣势可能比较明显，那我们就要在职业技能、职业形象、实践动手能力和职业素质等方面超过他们，形成自己的职业发展优势，树立自信。因此，在银领学院学习期间，银领学子们就要有本领恐慌的危机感、时不我待的紧迫感、发扬银领学院品牌舍我其谁的使命感，刻苦学习专业理论知识、提升学识水平，获得会计从业、银行从业、证券从业等职业资格证书；勤奋训练技能，成为今后工作单位的技能尖子选手；积极开展实践活动，训练自

己的语言表达、沟通交流、组织协调等方面的能力；积极加强自我修养，树立正确的人生观、世界观、价值观，提升思想素质和心理品质，提高职业素养。

4. 课堂思政，各门课程合力注入学生发展的内在动力

“95后”的学生，有“95后”的思想特点、思维模式和社会交往及生活学习方式，特别是处于日新月异的“互联网＋”时代，需要运用更多“互联网＋”的思维和信息化、网络化手段，深度融合第一课堂与第二、第三课堂的教育教学活动，有效融通专业教学与思想政治教育，有机整合理论传授与实践体验，高度整合学校课程与企业资源，实现线上学习与线下活动充分互动，才能乐于被学生所接受，并取得事半功倍的育人成效。银领学院针对订单班学生的“准职业人”特点，开设“职业素质与能力提升”课程，在第一课堂依据高素质技术技能型人才所需具备的职业素质为线索，设计“以职业人的方式来对待工作”“高效工作的能力”“在职业发展中提升自己”“在职场与人相处的方法”等学习单元，重点开展树立职业化理念、塑造职业化精神、培养职业化心态、提升职业化技能、打造职业化形象、完善职业化素养等六方面的职业素质理论引导和案例体验。课程组从学生学习方式入手，整合行业的师资、文化、案例等教学资源，采用体验式教学来完成职业素质与能力提升的课程设计、课堂组织、课程资源建设，积极转变当前高职院校学生不愿意学习、不爱学习、不善学习、不会学习等学习问题，实现让学生动起来、做起来、学起来的目标，开展走向职场的意识理念、工作态度、心理调适等方面的模拟体验，着重突出三“多”的教学特色，即多提问、多演练和多体验，增强学生职场适应能力。

职业形象是职业人士在职业场合由外在的整体形象和由内而外表现出来的言谈举止及礼仪礼貌所传递给对方的信息所形成的印象。作为现代服务业的金融行业，要求从业人员塑造专业、诚信、亲和的职业形象。银领学院订单班的学生毕业后，都将在金融行业一线岗位工作，直接与客户面对面接触，因而塑造职业形象非常重要。学院专门开设金融服务礼仪课程，不仅重视外在形象的塑造，训练学生标准的外表修饰和外在行为，而且在教学与训练的过程中，融合开展思想引导和价值观教育，强调工作过程中培养对顾客、岗位、职业的尊重与热爱，强调宽容心态、宽厚心境、宽广胸襟的培养，强调积极人生观、世界观的培育。

职业技能是职业院校学生的特殊能力，对于高职学生来说，既是就业核心竞争力，也是实现职业发展的基础保证，要刻苦训练并形成竞争优势不容置疑。但职业技能由于其自身的特点，职业院校技能教学与训练存在教学目标的单一工具性、训练目的的过度功利性、激励方法的外在驱动性、训练方式的机械单调性、评价标准的低层次性、训练行为缺乏稳定性和持久性等问题，从而导致学生训练态度消极、过程被动、成效差。银领学院将职业技能分解成三层境界：最低层是出于功利的目的，是为了技能成绩本身而练，为了及格可以毕业，为了优秀可以拿奖学金，为了尖

子可以去银行就业；次高的境界，是把技能训练作为磨炼意志、培养刻苦精神的载体，练技能可以让自己心静下来、注意力集中起来、做事情专注起来，这些品格的培养比技能成绩本身更重要、更有意义；最高的境界是为自我实现而练，达到马斯洛需求层次理论的最高层需求，在技能训练中找到获得感与成就感，感觉到自己是在不断地战胜自己、超越自己。三层境界清晰直观，将学生的技能训练与思想素质教育和心理品质教育有机结合起来，不仅训练技能，而且磨炼意志、提升品质。技能训练思想观念的转变，再加上银领学院新开发的仿游戏形式的职业技能训练系统，帮助部分学生从原来的电子游戏中解脱出来，既获得原来在电子游戏中才能体会到的过关斩将的快感和不断“超越”对手、“超越”自我的成就感，而且培养了职业技能的核心优势，收获了真真切切的幸福。

（二）制度规范，构建校园文化的内部保障机制

校园制度文化是一所高校各项规章制度的总和，是高校培养目标的规范化标本，是使高校管理步入制度化、法制化的必经轨道，集中体现了一所高校的办学水平、文化品位和价值取向，是高校有意识地在校园范围内强制执行和严格遵守的一种文化类型。在学校各项规章制度的大框架下，银领学院根据订单人才培养模式的特点和要求，按照金融行业的基本职业操守和道德规范，结合订单培养工作的实际需要，制定了《银领学院订单人才培养录取管理办法》《银领学院学生管理规定》《银领学院订单班学生退班管理办法》《银领学院学生职业化素质量化管理实施细则》等系列文件，涵盖订单选拔、学生管理、教学规范、实习管理等方方面面，形成了完整的订单人才培养制度。在订单班组建完成之后，银领学院会向每一个学生发放《银领手册》，手册包括了《银领学院学生管理制度》《各银行订单班技能行业标准及月度考核标准》《学生礼仪规范》等规章制度，将价值理念、思想道德、行为标准、素质要求等内容融入其中，用制度指导、规范、激励学生把自己培养成德才兼备的应用型金融人才。

（三）规范行为，从细节开始培养良好习惯

培根在《谈习惯和教育》中说：“人的思维多取决于性格上的倾向，其言论多取决于被灌输的知识和主张，但其行为却多取决于他们长期养成的习惯。”王阳明《传习录》曰：“知者行之始，行者知之成。”思想观念的转变还需要行为实践的统一。在现实生活中，又往往遭遇“知易行难”的窘境，没有一定的纪律规范的约束，要自觉养成良好的行为习惯还是存在一定的难度的。银领学院“职业化教育，员工化管

理”的学生管理模式，就是将思想引导和行为规范相结合，互相影响、同步推进，帮助学生努力做到“知行合一”。

大学的课堂常常成为学生放松的天堂，迟到、早退、旷课、课堂玩手机、趴桌上睡觉等不遵守纪律的行为，似乎并不是什么大惊小怪的事情。但是把这些行为放到工作单位，司空见惯的“小事”瞬间就成了“大忌”。银领学院以金融系统准员工的要求规范学生行为，坚决杜绝这些平时容易被忽视、看似微不足道的违规行为，帮助学生从意识上树立纪律观念，并在量化考核上采取行为屡犯扣分加倍的措施，加重处罚屡教不改的学生。

化着职业淡妆、穿着职业套装、挂着订单单位工号牌走在校园里的银领学子，不是为了展示自己的外在职业形象，而是在开展日常形象训练，按照职业礼仪课程教学要求和金融从业人员的标准，让自己的行为更加大方得体，举止更加优雅从容，从而让自己变得更加自信、阳光，气度不凡。

细节体现素养。银领学院平时从细节要求着手，通过帮助学生培养下课后自觉关灯、放好凳子，离开时带走垃圾，开会带上笔记本，遇到师长主动问候等意识和良好行为习惯，引导学生在点点滴滴的“微善行”中一步步内化为素质素养，形成内在的自觉性、主动性，最终实现以行为操作层面为主的规范，进入思想素养层面内化为主的培养，再转化成上岗前的职业行为、职业习惯等外显层面的表现。

对于少数同学来说，要改掉一些长期养成的不良习惯总是困难和痛苦的，有时依靠自己的力量还是很难实现的，需要有外在的压力和老师的鞭策，银领学院于是应运而生被同学们戏称为“喝茶谈心”的制度。当某个学生的职业素质量化考核分数低于60分时，班主任就会主动约谈，帮助学生分析原因、制订改进计划；考核分低于40分时，学工办的辅导员老师就会面对面提出警示；考核分低于20分时，主管学生工作的党总支书记就会“邀请喝茶”，一对一地谈理想人生，深入剖析问题产生的思想根源，解读行为规范，提供最后的改正机会。一次次的谈话，一次次的帮扶，晓之以理、动之以情，总是希望学生在成长的道路上能够把握住每次机会，在每次跌倒后能吸取教训，重整旗鼓再出发，教育、引导学生是教师的责任、也是学院的关爱。留下，还是淘汰出局回原班级，不仅是就业岗位问题，还是进取态度、成长意识问题，也算是学生走向社会前的一次实战考验。

（四）活动锻炼，在实践中砥砺品质

知道更要做到，学生思想品质的提升需要在实践中不断砥砺。银领学院通过实施“职业素质提升”行动计划，每个学期分思想素质、意志品格、职业素养三个板块设计了十多项活动，全面锻炼学生的综合能力、提升学生的综合素养。

1. “我的职业·我的梦想”演讲比赛

在高考填志愿的时候，部分学生就因为听说了银领学院金融行业订单班而选择了浙江金融职业学院，一进校他们就把进入银领学院作为大学努力的目标而认真准备；大部分学生是入学后才知道银领学院的订单人才培养项目，看到校园里一群群身穿职业装、胸佩工号牌优雅走过的银领学哥学姐，心里暗暗下定决心，一定要成为他们的一分子。而今当初的梦想已经成为现实，经过笔试、面试一次次过关斩将，终于收到了向往已久的订单单位的录用通知，成为银领学院的一员。站在“我的职业·我的梦想”演讲比赛的讲台上，他们一个个踌躇满志、意气风发。围绕“我的职业·我的梦想”的主题，有的深情回忆大学两年来练技能、考证书、练能力，为了梦想而拼搏的点点滴滴难忘经历；有的深入剖析现实，侃侃而谈暑假实习期间的经历，从能力素质上寻找自己的水平与实际工作间的差距，激发学习的斗志和拼搏的决心；有的胸有成竹放眼未来，谈自己今后的工作规划，谈自己未来的职业憧憬，决心用自己的努力做出一番成绩来回报父母、老师和母校。生动优美的语言、铿锵有力的语调，情真意切的阐述，不时引发台下学生的思想共鸣，赢得掌声阵阵。

“梦想是要有的，万一实现了呢？”但仅仅有梦想是远远不够的，还需要一丝不苟地去谋划，确立实现梦想的分阶段目标，需要计划实现目标的具体路径，更需要脚踏实地一步步去付诸行动，才不会让梦想变为空想。银领学院每年通过组织“我的职业·我的梦想”主题演讲比赛，提醒志得意满进入新一届订单班的学生不要陶醉于眼前进入银领学院学习的小小梦想，而要聚焦职业发展、展望更加长远的未来，构筑更大的自我发展、自我实现的梦想，“长风破浪会有时，直挂云帆济沧海”，向着更加美好的未来，出发！

2. “磨炼意志，锻造品格”毅行活动

从浙江金融职业学院出发，沿学源街行至之江东路口上钱塘江坝，顺堤坝前进，直至钱江公寓位置堤坝，全程25公里，这是银领学院每年举行“磨炼意志，锻造品格”毅行活动的常规路线。远距离的徒步对学生来说是一个不小的挑战，不少同学的体力消耗较大，有了不同程度的疲劳，同学中不时地出现抽筋、体力透支等状况，但大家坚持中途不放弃，团队不抛弃的精神，相互扶持，彼此鼓励，绝大部分学生能够坚持走完全程。“满怀期待的20多公里毅行有了一个happy ending，感谢银领学院给予的这次机会，感谢路上相伴的朋友，越发喜欢这种向上的充满正能量的生活。”“徒步行走20多公里，历时6小时，顺利到达终点，是终点也是起点，未来的路还很长，需要我一步一步走下去，人生的旅途没有终点。”刚到达终点，学生们就激动地在微信朋友圈里发布自己的感受、体会。

没有最后，只有走到最后。“我是第一次参加这种长距离的徒步，一看那么多人参加了就特别兴奋，我对自己有信心，我相信自己能走到终点。”走到距离学校

10公里的第一个站——下沙大桥时，学生们已经很累了，10公里的路程加之高温天气，感觉脚底板血管在沸腾，双脚全是水疱。“疼痛是有的，但我从迈出第一步就下定决定不放弃，坚持走完全程。”一路上，有学生拿着单反相机边走边拍，激情飞扬：“这是我参加过的最有意义的行走，看着这江景，我也醉了。”“人的潜力是被自己激发出来的，我们真正在银领学院校内学习的时间只有一个学期，参加了毅行活动，就是想给自己的银领生活留下美好的回忆。”学生们边跟队友合影边说。很多学生到了第二站似乎很累了，一起走的队友们总是相互鼓励一起前行，毅行追求的就是这种团队合作，锻炼的是互助精神，只有齐心协力，才能走完全程。毅行不是竞技，更不是比赛，而是对每个参与者身心的一种考验，你能在规定的时间内走到终点，你就挑战了自我，就是胜利者。

3.“强化职业礼仪 提升职业素质”金融职业礼仪大赛

为了推动学院的职业礼仪教育，提升学生的职业形象，强化职业礼仪的实际运用，提高银领学院学生的职业素质，展现银领学子良好的精神风貌，一年一度的银领学院金融职业礼仪大赛都放在明理报告厅举行。

《左传》有云：礼者，天之经也、民之行也。每个学生对于礼的理解都是不一样的。“礼仪就是让人舒服的行为，而职场礼仪是指在工作过程中让客户满意的行为。中国是礼仪之邦，我们通过学习礼仪，也是对文化的一种传承。”通过大赛，学生认识到“礼仪就是我们生活的一部分，礼仪可以帮助我们更加友好地交流。我们每一个人都应该懂礼仪，讲礼仪，知礼仪”。

比赛开场，各参赛队既要别出心裁向大家展示礼仪操，其内容丰富，配有引导语和解说词，内容又涵盖了仪表整理、仪态礼仪和语言表达等多方面。“每个班的礼仪操都各有特色，想不到我们平常的动作也是有着那么多的讲究，在以后的生活工作中，我也一定会更加注意。”现场观看的学生深有体会地说道。在第二个环节，各参赛队要以情景模拟的方式，向观众展现职业礼仪的综合运用。在表演过程中，体现了选手们良好的礼仪知识储备，举手投足间尽显儒雅之气，优雅的表演给观众们带来了彬彬有礼的视觉享受。

银领学院一直非常重视职业礼仪教育，学院在课程上也设置了金融职业礼仪课程，开展礼仪早训，通过多种形式来加深学生对礼仪的理解并学会将之运用于工作实践当中。作为一名参赛选手，通过自己的认真编排，对职场礼仪有了更进一步的认识，并且在活动中相互帮助，为了成为更好的职场人而一起努力。“我真的是非常感激银领学院给我这个机会，我以后工作是客户经理，肯定是要与客户打交道的，而学院特地开设了这样的课程，给我们强调了职业礼仪的重要性，并通过比赛、培训等多种形式让我们进行强化。”银领学院的教师在注重平常课程教学的同时也特别关注学生的礼仪，课后经常会与学生们交流。“各个职业都是有各自的特点，像我们学院的大部分学生都在金融行业工作，对于服务行业的人来说，一定要具有服务意识。”

4.“提升职业素质、展示企业文化”文艺比赛与“银领之光”文艺会演

银领学院的生活，不仅仅是枯燥机械而高度紧张的技能训练、理论与实践深度融会贯通的资格考证，还有丰富精彩的文艺活动。清脆婉转的茶艺表演，轻松搞笑的情景剧，幽默诙谐的小品，激情澎湃的诗朗诵，热情飞扬的歌曲串烧，气势恢宏的大合唱……每年的11月，银领学院都会举行“提升职业素质、展示企业文化、展现银领风采”文艺比赛。在专业学习与技能训练之余，各个订单班级全面发动起来，从初赛、复赛到决赛，班班有节目、人人出主意，在金院的舞台上尽情地挥洒青春的蓬勃活力，展示年轻的风采，冬日的严寒抵挡不住激扬的青春活力。作为未来金融行业的准员工，同学们还常常将金融文化融入节目表演之中，如体现银行工作的幽默小品《智能提款机》《反假币风波》《存款奇遇》等，展示银行员工素质的金融服务礼仪展示、茶艺展示等，以艺术形式呈现金融元素的劲爆舞蹈表演《疯狂的资本》等，反映银领学院学习生活的相声《我的银领生活》《杭银班的故事》等，向母校、老师表达感激之情的情景剧《感恩金院，情满华夏》《青春三部曲——致金院》等等。在大学的最后一年，借助文艺表演的形式，学生们积极主动参加比赛，既是一次锻炼，积累表演的宝贵经验，在舞台上培养自己的胆量、提升自己的表演才能，也是一次展示，将自己的才智、憧憬和对未来美好生活的向往用语言、动作在舞台上诉说，更是一次美好经历，在大学期间尽情展示自己的风采，留下值得今后反复回忆的青春记忆。

在1月份学期结束后，银领学院会在金葵花艺术中心举行“银领之光”文艺会演，展示订单人才培养成果，展现银领学子青春风采。银领学院还会邀请订单单位领导、学校领导、银领学院全体老师、订单班班主任与全体学生欢聚一堂，共同欢庆订单人才培养成果，共同品味幸福成长的美好记忆。学生们将对学校对订单单位的感恩、对老师对同学的感谢、对大学生活的感怀、对在银领学院5个月来快速成长的感受，以及对行业文化和职业精神的理解与感悟，通过艺术的灵感和表演的才华用歌曲、舞蹈、小品、诗朗诵等形式，充分表达学生们在学校与行业、订单单位精诚合作、共同培养优质银领人才的育人平台下，快乐生活、幸福成长的美好体验。整台会演将校园文化、行业文化、企业精神完美融合，展现了同学们积极向上的精神风貌和优良的职业素质。演出开始前，全体学生还通过舞台大屏幕播放的班级视频和PPT，共同回顾在银领学院期间生活、学习的点点滴滴。演出过程中，开通了现场微博、微信，同学们将感想、感悟、感动、感恩纷纷发送到微博、微信平台，表示要珍惜大学生活、同学友情，感恩母校培养，表达走上工作岗位后将踏实工作、为母校争光的信心和决心。

（五）环境熏陶，于无声处提升素养

身着金融行业的标准职业装，胸前挂着各家订单单位的工号牌，举手投足之间尽显职业人的风范，银领学院订单班的学生或三三两两，或成群结队，穿梭在色彩缤纷的大学校园，俨然是一道独特而亮丽的风景线，在学习的环境中增添了“职业”的工作氛围和金融文化元素。兴业行政楼、光大教学楼、汇丰大厦、华夏运动场、广发文体中心……校园内一幢幢以金融机构命名的建筑，以各订单单位工作场景布置的、挂有银行LOGO的教室、实验实训室，再加上一群群身着金融行业职业装的银领学子，共同营造了学校文化育人氛围，让学生在“润物细无声”处不知不觉提升职业素养。

第三节 优秀企业文化塑造学生职业素养

企业深度参与人才培养过程，能够做到更有针对性、更加高效地培养符合社会需要、满足企业要求的高素质应用型人才，这是订单人才培养模式的突出特点和最大优势。学校借助订单企业的力量，优化人才培养目标、完善教学内容、充实师资力量、扩充实习实践基地等都是实现校企紧密合作、产教深度融合的积极成果，利用订单单位优秀的企业文化的精神力量，提升人才培养质量，也是订单人才培养模式优势彰显的重要内容。

一、企业文化的内涵及功能

企业文化是企业在长期管理发展过程中、在特定的生产经营活动中所形成的，被企业员工普遍遵从和认同的、体现本企业特点的最高目标、经营理念、价值标准和行为规范，是企业员工共同的信念和凝聚力。企业文化一般由经营哲学、价值观念、企业精神、企业道德、团体意识等组成。其中，企业文化的核心是企业的价值观念，它强调企业在经营管理活动中，要以人为中心，着力于对职工的情感、精神的激励和引导，让职工的心真正贴近企业，与企业同舟共济。优秀的企业文化作为企业内部的精神力量，像一只无形的手，可以激发员工的自律意识，它能把员工的思想引到实现企业的目标上来，激发他们的积极性和创造性，把良好的管理实践和氛围凝聚成向心力，从而变成工作的动力，使企业得以生存和发展。

企业文化的结构分为四层，分别是理念文化、制度文化、物质文化和行为文化。理念文化是企业文化的核心，反映了企业的信仰和追求，是企业的灵魂，是其他文化层的思想基础；制度文化是企业文化的中间层次，是具体物化的、对企业组织和企业员工的行为进行约束和规范的行为准则体系，主要包括企业组织机构、企业领导体制和企业管理制度三个方面；处于浅表层的行为文化是制度文化规范下，企业的精神面貌、经营作风、人际关系的动态体现,也是企业精神、企业价值观的根本折射,主要分为企业家的行为、企业模范人物行为、企业员工行为;物质文化,通俗讲就是与企业的生产活动有关的产品、物质等形成的文化,它是企业文化的最表层,是以固有的物质形态存在的,包括企业广告、产品包装与设计等。

优秀企业文化的功能包括:①导向功能。它对企业行为方向所起的显示、诱导和坚定作用。②激励功能。它对强化员工工作动机和激发员工工作主动性、积极性和创造性能发挥巨大作用。③凝聚功能。企业文化赋予人们以共同的目标、理想、志向和期望,使人们心往一处想、劲往一处使,成为具有共识、同感的人群结合体;企业文化为人们提供了一套价值评价和判断的标准,使人们知道怎样做是正确的,怎样做是错误的,不仅能避免大量矛盾的发生,而且即使出现某些矛盾和冲突,也会积极、主动地设法解决;企业文化提供给员工多方面的心理满足的条件,企业对员工有很强的吸引力,员工对企业有很大的向心力。④约束功能。企业文化的内容不仅包括企业规章制度,而且包括企业的思想作风、企业的伦理道德、企业的价值观念、企业的行为方式等诸多方面,这就使企业文化具有两个方面的约束功能:一种是硬性的约束,即企业成文的规章制度对员工的约束力,另一种是软性的约束,即一种无形的约束,企业文化的约束功能主要是从价值观念、道德规范上对员工进行软性的约束。⑤调适功能。它是企业文化的一个重要组成部分,就是活跃企业员工的文化生活,进行与其相适应的福利设施和文化生活环境的建设,企业员工良好的生活环境和丰富多彩的业余文化生活,不仅能极大地调动员工的生产积极性,而且也是扩大再生产的重要保证。⑥教化功能。员工的素质是企业素质的核心,员工素质能否提高,在很大程度上取决于他所处的环境和条件,优秀的企业文化体现卓越、成效和创新,具有优秀文化的集体是一所"学校",为人们积极进取创造良好的学习、实践环境和条件,具有提高人员素质的教化功能,它可以使人树立崇高理想,培养人的高尚道德、锻炼人的意志、净化人的心灵,使人学到为人处世的艺术,有助于人的全面发展。⑦维系功能。企业发展需要两种纽带,一种是物质、利益、产权的纽带,另一种是文化、精神、道德的纽带,企业如果只有前一种纽带,而没有后一种纽带,是不会得到健康、持续的发展的,企业文化建设的重要功能之一就在于形成企业发展所不可缺少的精神纽带、道德纽带。⑧辐射功能。企业文化不仅对本企业产生作用,还会不断地向周围传播和辐射,这种辐射的途径,是企业的对外横向联系及人员交往,它的作用机制则是依靠企业文化交往实现的。[①]

① 黎群:《企业文化》,清华大学出版社、北京交通大学出版社2008年版。

二、订单培养应用优秀企业文化育人的理念与实践

在订单人才培养模式下，订单学生已经具有订单企业准员工的身份，毕业之后一般情况就要到培养协议所确定的岗位上班。早日帮助学生融入订单企业，通过接受企业文化的教育，理解并认可企业的价值理念、目标使命，培养职业理想、职业精神，产生责任感、荣誉感与归属感，是校企双方的共同目标。在校学习期间就引入企业的优秀文化来推进人才培养工作，从企业文化的四个层面切入，发挥好优秀企业文化的各项育人功能，是订单人才培养模式的天然优势，也是提高人才培养质量的必然选择。

（一）企业文化融入订单培养的基本理念

引入订单企业优秀文化，实现与校园文化的有机融合，提升订单人才培养成效，是订单人才培养模式的重要内容。由于企业文化与校园文化、企业培养员工理念与学校人才培养理念、企业的管理方法和学校的教育方法等都存在着一定的差距，需要在具体的实践工作中妥善处理，形成自己的工作理念与思路，才能取得满意的效果。

1. 学校主导，育人为本

企业文化的导向、激励、约束、教化等功能，对高职院校的学生、特别是具有准员工身份的订单班学生，具有非常显著的育人成效。但我们同时也要注意到，少数企业文化存在功利性过强、社会责任担当不够等问题，需要在育人实践中加以甄别和正确引导；企业文化较多偏向于“做事”的文化，学校在开展企业文化育人的过程中需要有意识加强“做人”的指导，以弥补企业文化的不足。在订单人才培养这个学校、学生和企业共生共长的系统里，学校要主导教育资源的整合，选择性吸收企业健康、积极的优秀文化资源，形成优势互补、相得益彰的育人氛围。

2. 内容优化，素养为要

在订单人才培养过程中，企业不仅要求高职院校毕业的学生能够很快适应工作岗位，具备一定的业务知识、实践动手能力、组织管理能力、团队合作能力、沟通协调能力，而且要有吃苦耐劳的优良品质、诚实守信的职业道德、爱岗敬业的职业精神，这些都是“职业人”所需要具备的能力和素养。企业具有严格的规章制度、工作规范、质量标准，需要学生具备更强的纪律、质量、安全等思想意识。因而学校在开展企业文化育人过程中，要综合学校教育目标和企业用人要求，丰富、充实教育

教学内容，着眼于学生的可持续发展，以职业素质养成为核心要点，优化文化育人内容。

3. 企业参与，优势彰显

成为企业订单班成员后，学生名义上有了归属，但真正要让学生认可、融入企业，形成凝聚力和归属感，还需要企业的积极参与，特别是企业文化的渗透与教化。在校期间，安排企业领导、内训师、优秀员工到班级开展企业文化宣讲、企业规章制度解读、工作真实案例讨论、先进事迹分享等活动，可以帮助学生更加直观、生动、形象地了解企业、亲近企业、融入企业，帮助学生确立责任感、荣誉感和归属感。企业以文化的形式深度参与到学生育人的过程之中，也正是彰显订单人才培养优势的重要方面。

4. 实践载体，成效为重

育人成效是订单人才培养能否成功的重要衡量指标，也是日常教育教学设计的主要目标。除了理论讲解外，利用订单合作的便利条件，通过学校与企业联合开展实践活动，让订单班的学生直接参与到企业的运动会、周年庆、技能比赛、社区服务等活动中，与企业的正式员工一起，在现场亲身感受企业文化氛围，是行之有效的育人形式。

（二）企业文化融入订单培养的具体内容与实践

根据结构将企业文化划分为理念文化、制度文化、物质文化和行为文化，学校在订单培养中融入企业文化的具体内容与方式也可以相对应地进行分层论述。

1. 理念文化

企业理念文化是指企业在长期的生产经营过程中形成的文化观念和精神成果，是一种深层次的文化现象。在整个企业文化系统中，它处于核心的地位。企业理念文化通常包括企业使命、企业愿景、企业价值观、企业精神等核心理念，以及与经营管理紧密相关的系列专项理念，代表企业意识形态的总和。企业理念文化，是导向和激励功能的重要基础，运用优秀的企业理念文化，引导学生培养正确的价值理念和企业精神，激励学生产生进取动力和社会使命，是开展企业文化育人的重要内容。例如，中国工商银行的企业使命是“提供卓越金融服务，服务客户、回报股东、成就员工、奉献社会”，企业愿景是“打造‘价值卓越、坚守本源、客户首选、创新领跑、安全稳健、以人为本’的具有全球竞争力的世界一流现代金融企业”，企业价值观是“工于至诚，行以致远——诚信、人本、稳健、创新、卓越”。在日常订单教育过程中，将服务、奉献、诚信、创新、卓越等理念融入其中，就能起到对学生的引导和激励作用。

2. 制度文化

制度文化是具体物化的、对企业组织和企业员工的行为进行约束和规范的行为准则体系。相对而言,学校对学生的制度约束与纪律管理是比较宽松和柔性的,尤其是在大学,学生迟到早退旷课、上课玩手机、作业抄袭等问题,大多是教师无关痛痒的批评教育,很少采取实质性的纪律处分行动,使得部分学生纪律观念淡薄,个别学生甚至对学校三令五申的考试作弊、论文抄袭等严重的违纪行为也熟视无睹。但企业对于规章制度的执行比学校刚性更强、要求更严格,职工违反的成本更高、后果更严重。很多学生大学毕业走向工作岗位后,纪律意识不够,对规章制度缺乏起码的敬畏之心,不适应企业的纪律要求,常常发生学生因为违规违纪被处理甚至辞退的情况。因而,在订单培养期间,通过融合开展企业制度文化教育,适当引入部分企业的相关规章制度及处理办法,制定更加严格的订单学生行为守则和管理制度,并在执行的过程中类比企业的做法严肃处理违规违纪的学生,让学生感受规章制度的权威,从而牢固树立纪律意识和遵纪守法观念;同时,在日常教育中配合开展违规违纪真实案例的讲解、分析,帮助学生认识制度文化对于团队建设和企业发展的重要性,养成自觉遵守、主动执行的习惯。

在银领学院,专门针对订单班学生制定的《银领学院学生管理规定》《银领学院订单班学生退班管理办法》《银领学院学生职业素质量化管理实施细则》《学生礼仪规范》等规章制度,就融入了金融行业对员工的规则遵守、文明礼仪、行为规范等方面的要求,形成了学校要求与行业规范相融合的制度文化,并定期邀请订单单位的人力资源部领导、基层部门管理人员对学生进行企业制度解读、典型案例分析等交流活动,从思想、意识、态度、行为等各个层面对学生进行教育引导,共同开展制度文化育人。

3. 物质文化

物质文化是企业文化的外在表现,它通过制度文化规范下的行为模式、标志特征等将理念形态文化展现出来,包括企业的环境布置、文化标志、员工服饰、网站与公众号、产品和服务等,是企业文化的外在表现和物质载体。学校在订单人才培养中引入订单企业的物质文化元素,在班级标志、教室环境布置、实验实训场所仿真化训练、学生服饰打扮等方面,可以营造直观形象的企业文化氛围。如银领学院所有的订单班级都以订单企业命名,每个学生着职业装、挂工号牌,工号牌上有订单企业的LOGO及自己的工号,各班级的自习教室布置采用相对应订单企业的形象识别系统,墙上写有企业使命、价值观、愿景等内容,各班级建立的微信公众号、推送的微信宣传文章,都采用企业的形象标志,这样就可以让学生在日常的学习、生活中感受企业文化氛围、接受企业文化熏陶,产生对企业更多的亲近感、认同感和荣誉感。

4. 行为文化

行为文化是指企业员工在生产经营和学习娱乐中产生的活动文化,包括企业整体行为、企业家的行为、企业精英人物的行为和企业员工的行为。企业行为文化是企业受其哲学、价值观、精神等影响,由企业组织制度支配而表现出的外在活力,是企业文化的动态体现。订单班是一个印有订单企业文化烙印的特殊群体,其班风班貌是展示企业行为文化的重要窗口。在学校的运动会上,银领学院用运动员方阵向全校师生展示订单企业文化,每个订单班级组建一个方阵在校运会开幕式入场时,以标牌、队形、口号、着装等各种形式将企业愿景、使命、价值观等企业文化进行生动的展示。在日常规则遵守、行为举止、文明礼仪等各个方面,银领学院都重视每个学生作为一名“准职业人”在校园内的职业形象,塑造订单班学生的整体精神风貌,为低年级的学生树立榜样。银领学院还和各分院合作开展活动,安排优秀订单班学生到原分院与大一、大二学生进行演讲和交流,用言行引领低年级学生的成长与发展。

三、银领学院企业文化育人的典型案例

思想的积淀、制度的延续、行为的规范伴随着企业的成长发展,一点点积累形成了企业的特色和个性,也孕育形成了一个企业的文化,从经营理念、经营方针、价值观念、行为规范、社会责任、企业形象等方方面面向社会、向自己的员工展示着自己的气质。优秀的企业文化持续不断地激发着员工的使命感、归属感、责任感、荣誉感、成就感,引领着企业向着高远的目标执着前行。银领学院主动引入订单单位优秀的企业文化,激励订单班学生成长进步,成为滋养他们发展成才的得天独厚的营养液。

(一)文化吸引:金风玉露一相逢,便胜却人间无数

一种文化,滋润一家企业;一份愿景,吸引一批英才;一次选择,孕育一个梦想。每年的四五月份,正是杭州的春夏之交,学校开始步入订单人才培养的招聘季节,各家金融机构按期到校召开订单招聘宣讲会,用先进的经营理念和优秀的企业文化,吸引学生踊跃报名参加订单人才选拔。国有商业银行、股份制商业银行、城市商业银行、农村金融机构、非银行金融机构等各家单位,发展模式不同、服务定位各异,优势互补、错位竞争,共同构成完整的金融生态系统,也向学生展示了一幅金融行业生动活泼的全景画卷。浙商银行“让每个客户从我们的金融服务中得到更

多价值”的企业使命，“创造价值，追求更好”的企业价值观，“负责、勤奋、务实、大气”的企业精神；杭州银行“诚信、创新、效率、尊重、责任”的企业核心价值观，“致力于为中小企业与城乡家庭提供专业、便捷、亲和的金融服务，成为中国价值领先银行”的企业愿景和“市民银行、中小企业主办银行”的市场定位；浙江泰隆商业银行“德润其身、泰和共隆”的企业核心价值观；“服务小微、服务未来”的企业使命；“最重要的是让您满意”的企业服务理念；“小企业成长伙伴”的市场定位；“居安思危、与时俱进”的企业精神；信达期货公司“诚信、规范、专业、创新”的企业经营思想；“客户至上”的企业经营原则；“专业创造价值”的企业核心理念，等等，都带给在“象牙塔”中学习、思考的学生强烈的思想冲击和别样的文化体验。

宣讲会场场座无虚席，学生们也纷纷借此机会，了解行业的发展动态、经营策略、企业愿景和岗位要求，初步接触色彩缤纷的企业文化。文化所指，愿景所向，学生以此为依据，将应聘简历投向符合自己志趣、适合自己性格和能够发挥自己才能的单位和岗位，并开始勾勒自己职业发展的美好愿景。

（二）文化感召：古人已用三冬足，年少今开万卷余

一个选择，决定一条道路；一条道路，到达一方土地；一方土地，开始一种生活。缤纷九月，是学校最繁忙的“开学季”，又一届新生满怀对大学生活的憧憬和未来生活的期盼来到大学的校园。而对于银领学院的学生来说，也是一个新阶段的开始，是他们从学生转向“准职业人”的开端。经历了简历投递、笔试、面试各个环节，得以被订单单位录用，从原来的系部进入银领学院新组建的订单班级，既怀着一份激动与自豪，也存在一份压力与期盼。开学之初举行的订单班开班仪式，是各家订单单位宣扬企业文化、明确学员学习目标、提出发展要求的重要平台，也是形成班级建设目标和共同价值观的重要形式，订单单位人力资源部门领导甚至高层领导都会亲自到场，与学生进行面对面交流。

2013年11月4日，为期四周的宁波银行订单班行业课程开始授课，总行人力资源部总经理亲自来到学校，给学生讲授的第一课就是宁波银行的企业文化。从企业LOGO标志的含义到企业精神的释义，从企业的发展历程到发展愿景，全面解读“诚信敬业、合规高效、融合创新”的企业文化，提出诚信敬业是维护信誉、确保合规高效经营的基础，合规高效是对各项经营活动的要求，融合创新是寻求更快更好发展的动力。

杭州联合银行、联合村镇银行，每年都将开班仪式安排在总部大楼，带领学生现场参观办公机构设置、工作场景布置、企业文化展示，观看微电影比赛获奖视频、职工业余文化生活的录像资料等等，让学生对订单单位有更加直接的接触和更加

直观的了解。人力资源部总经理、股权投资部总经理都会亲自参加订单班的开班活动,向学生介绍“人为本、和为贵”的企业核心价值观,“心至诚、事至上、业至远”的企业精神,“专业、便捷、亲和、细致”的服务精神,“为个人和企业提供最适合的金融服务,实现共同成长”的企业使命和“打造全国最好的区域性农村商业银行”的企业愿景,来激发学生的积极进取、顽强拼搏的精神,规范平时遵章守纪、精专业、懂做人的学习行动。

浙江泰隆商业银行、台州银行、稠州商业银行等订单单位,则将企业文化熏陶与专业教育有机结合起来,每年都安排1个多月的时间在泰隆学院、台州银座金融学院、稠州银行培训学院等企业培训基地进行全封闭的集中学习,开展团队文化建设、规章制度学习、职业技能训练和业务知识教学等。泰隆学院的行业培训,从艰苦、高强度的军训开始,在学员顶风雨、流汗水的摸爬滚打中植入企业拼搏、进取、团结、坚持的文化基因,打造鹰一样的个体、狼一样的团体。培训中通过学习泰隆银行的发展史,让学生感受到正是凭借着艰苦奋斗、不屈不挠的精神,泰隆银行才能一直走到现在;泰隆银行服务的对象是小微企业,正因为选对了目标,认识了自身的特点,埋头苦干,才有了今天的发展。浙江泰隆商业银行富有特色的“家文化”,强调“对外人性化服务,对内人性化管理”,在工作、学习场景营造家的氛围,每月给员工的父母发工资等做法,也通过培训学习和支行网点的实习,让学生有了深刻的体会,从而产生更强的凝聚力与向心力。

(三) 文化传承:玉经琢磨多成器,剑拔沉埋便倚天

一种生活,开始一次新的成长;一次活动,激发一股新的动力;一场报告,引发一份新的希冀。银领学院就是学子们磨炼、成长为高素质应用型金融人才的地方。

2012年11月29日下午1:30,银领学院2013届金华银行订单班在光大教学楼9120会议室举行行业交流会,金华银行人力资源部总经理盛国昌带领4名金华银行优秀员工与订单班的学生进行经验交流。交流会上,4名优秀员工与订单班学生进行了深入而又真挚的经验分享。金华银行开发区支行行长徐晋分享了他从临柜柜员到行长的成长经历,激励学生要“天行健,君子以自强不息;地势坤,君子以厚德载物”。韦丽萍分享了技能训练心得,希望学生端正自己的态度,注重动作的标准化,并现场就点钞技术进行了手把手的演示。特别值得一提的是,毕业不久的银领学院金华银行订单班2011届毕业生金兵需、林雯俊也专程来到现场,用工作一年半来的亲身体会,鼓励学生要敢想敢行动,要学会转换自己的心态,在工作中多积累一分,也就比别人多一次成功的机会,引起了在座学生的强烈共鸣,让学弟学妹们收获了优秀员工的工作理念、学习态度、工作经验、工作方法以及敬业精神。

交流会有效激发了学生的成长动力，使得他们的发展目标更加明确，帮助学生更加有激情地投入下一阶段的学习、工作之中。

2016年1月6日，银领学院学生微信朋友圈里的一则消息在快速传播：一个毕业才两年、每月业绩排行杭州市前三、月收入2.8万元，并刚刚被提拔为支行领导的校友将回校交流，与学弟学妹畅谈工作经验、交流工作体会和人生感悟。晚上6点，学院明理报告厅座无虚席，2014届校友、杭州市邮政分公司凯旋路支行理财经理兼行长助理廖林峰校友如约参加"学习成功经验，实现倍速成长——银领学子成长交流会"，他用幽默诙谐的语言与大家分享了他不一样的工作经历，告诉大家他是如何从1063元实习工资做到如今的月薪28000元，讲述了何谓认真、何谓踏实做事灵活做人。一开始，他就满怀感情地说"浙江金融职业学院是我一辈子感恩的对象"，并总结指出，踏实做事态度、低调做人方法、积极面对问题、把握机会成长很重要，只有越努力的人才会越幸运。

像这类邀请已经毕业的银领学子回校交流成长经验，是银领学院的传统做法，每年都要举办十多场，有时以订单班级为单位，邀请往届毕业的学长回校进行针对本订单单位企业文化、工作环境、工作经验等的个性化交流；有时以银领学院的名义，邀请在某方面发展得比较好的毕业生回来与全体学生进行工作体会的交流。朋辈的经验传授，更加接近工作的实际、更加贴近学生的心灵，可以更好地帮助他们立足岗位、茁壮成长，发挥优势、拓展事业，规划未来、实现职业发展，传承优秀的企业文化和往届银领学子的优良作风。

（四）文化浸染：马思边草拳毛动，雕盼青云睡眼开

一份情感，凝聚成一股新的力量；一次熏陶，培养了一种新的精神；一个岗位，意味着一份新的责任。与订单单位的深度融合、频繁互动，使得银领学子充分接受优秀企业文化浸染，加快了他们融入行业、融入企业的速度。

1. 与企业零距离互动，蓄职业情感

2011年10月18日上午，2012届邮政金融、邮政保险、邮政综合订单班的170多名学生应邀前往浙江省邮政公司参加"世界邮政日"主题活动。浙江省邮政公司通过视频展示和PPT讲解的形式向大家全面介绍了邮政行业和浙江省邮政公司的发展情况。活动过程中，学生们兴致勃勃地参观了"世界邮政日"展览。在"商务投递""智能便民柜""爱心包裹捐赠""DIY明信片""电子地图""多媒体邮品""集邮文化产品""村邮站""中邮人寿"等展台前，邮政公司的工作人员与学生面对面地进行了交流沟通，耐心解答学生的各种问题。通过参加本次主题活动，学生深刻体会到浙江邮政的发展正在由草本向木本转型，一体两翼的发展格局已经初步形成，各

种平台化的服务如公共服务、商业服务、电子商务服务正在不断优化与创新。“世界邮政日”展览让大家对邮政业务的发展有了直观的感受，培养了订单班学生的职业情感。

2. 与企业员工共同拼搏，聚职业精神

2011年10月30日，华夏银行杭州分行第五届职工运动会在金院运动场举行，作为第一批华夏银行订单班的学生，全班25名学生参加了运动会的开幕式，29名学生做了运动会的志愿者。在运动会开幕式中，学生们排着整齐的方阵步入运动场，展现出华夏订单班积极向上的精神风貌，给参加运动会的华夏银行领导和运动员留下了深刻的印象。29名志愿者都以自己的最佳状态服务于各自负责的分支行，展现了银领学子的良好风采。通过参加本次运动会，华夏银行订单班的学生接受了行业文化的熏陶，进一步加深了对订单单位的了解，提高了班级的凝聚力和向心力，为今后尽快融入行业、适应岗位打下坚实基础。

3. 参与企业的社会活动，展职业风采

2015年11月1日清晨，国瀚金控订单班的全体学生冒着绵绵细雨来到黄龙体育中心，参加由订单单位国瀚金控集团赞助的杭州国际马拉松活动。他们身穿黄色运动衫，背上印着国瀚金控的方形LOGO和“瀚动青春，let's go high”的口号，与国瀚金控的员工们共同组成了350人的国瀚跑团方阵，加入促进运动美学、生活方式、金融文明的深度融合，唤醒社会重新审视发展与环境关系的活动当中。

参加订单单位的运动会、周年庆及社会公益活动，与订单单位的员工一起体验、感受企业文化氛围，提前融入单位、融入行业，让学生在文化浸染中实现职业素质潜移默化的提升，是银领学院紧密联系企业共同培育优质人才的经常性做法，并取得意想不到的效果。

4. 与行业能手同台竞技，精职业技能

2016年6月22日下午，第三届“江苏银行杯业务技能联谊赛”在金通实验楼银行职业技能鉴定中心举行。本次比赛为单字输入和单指单张点钞全能赛，完全采用江苏银行的业务技能竞赛规则，由浙江金融职业学院和江苏银行杭州分行各派出10名选手参赛，双方选手在交流中互相学习、共同提升竞技水平。

与江苏银行杭州分行、恒丰银行杭州分行等以技能联谊赛的形式开展学生与行业技术能手的交流，互相学习、共同提高，是银领学院发挥自身优势，紧跟行业发展，通过与各家银行共同组织开展职业技能联谊赛的方式加强与用人单位联系的重要内容，准确把握行业发展与用人单位人才需求、不断改进应用型金融人才培养工作，培养出更职业化、专业化、高素质的学生。

第四节
积极校友文化引领订单学子职业发展

校友是高校人才培养的主要成果，也是高校开放办学的重要资源。凝聚校友力量、培育校友文化、开发校友资源，充分发挥校友在学校办学、发展中的作用，已经成为共识。越来越多的高校开始建立自己的校友会，用来联系校友、交流师生感情、深化母校情结，通过意见征询、资金募集、资源帮扶等形式来促进学校发展。浙江金融职业学院非常重视校友工作，早在1995年就在浙江省民政厅注册成立校友总会，明确工作目标、规范运作模式、科学设计抓手、完善运行机制、培育校友文化，取得了显著成效。银领学院开展校友文化育人是学校校友工作的重要组成部分。

一、校友工作、校友文化及其特征

学校党委书记周建松认为，校友工作是浙江金融职业学院事业发展的重要组成部分，也是学校构建诚信、金融、校友文化育人体系的重要组成部分，校友文化建设也是浙江金融职业学院文化建设的重要标志。他认为，校友是力量、是资源、是人心、是桥梁、是平台、是渠道、是纽带、是品牌、是财富、是声誉、是文化、是事业，要把打造教师、学生、校友共同体作为学校发展的任务来抓。[①]

大学校友文化是指由曾经在高校共同生活、学习过的大学校友和母校在相互联系、交往过程中共同培育与发展的，以社会文化为背景、以校园文化为依托、以高校自身的精神内涵为宗旨的，存在于校友与母校、校友与校友、校友与教师之间的一种情感文化。校友文化是校园文化的延伸和拓展，是联结校友、母校与社会的一种文化形式，以母校和校友永恒不变的历史关系和源远流长的亲情关系为基础，对

---

① 盖晓芬、袁国、王东升：《高职院校校友工作研究与实践》，中国社会出版社2017年版。

高校的发展、校友情谊的继续具有重要影响。校友文化是一种以学缘关系为基础的共同体文化，是由校友和母校共同创造的，由校友成长的文化背景和成长环境、校友的爱校情怀和自强不息的成才精神、学校优良的传统文化和人文精神、学校相关的校友工作等要素构成的思想和物质的产品总和。①

校友文化是一种群体文化，从同一个学校走出的校友，相互之间不一定认识、所学的不一定是同一个专业，甚至都不一定处于同一个年龄段，只是与同一所母校的天然学缘关系这一共同特征把他们连接为一个共同群体，形成具有同一学校精神、学校品牌的文化品格和文化情感。校友们通过在各种群体活动中，与不同校友的相互交往过程中，以及与母校各种联系过程中产生了特殊的情感。同样，母校通过有组织的校友工作，与校友这个特别群体建立长期稳定的联络，久而久之就形成了具有其特定内涵的校友文化。

校友文化是一种情感文化，其中囊括了友情、爱情、师生情、同学情、母校情等真挚美好的感情。从踏入校园的第一天到挥手告别母校的那一刻，是一切从陌生到熟悉到眷恋的过程，这中间沉淀了太多的感情，有朝夕相处的寝室好友、有魂牵梦绕的大学恋人、有并肩奋斗的同班同学、有一起活动一起实践的学长学弟、有谆谆教导的老师领导……这些简单而复杂的感情是纯粹的、真挚的，会伴随一个人的一生，通过各式各样的校友文化活动可以随时被唤起被激发。校友文化的形成源自校友对母校的感情，而校友文化的培育更加需要学校加强对校友的感情投入，以真诚的服务、沟通、交流，触发校友心底最真挚的情怀。

校友文化是一种感恩文化，随着校友离开母校步入社会，环境的改变也使校友完成了自身角色的转变，对母校的那份情感转化为对母校的关注与牵挂。当校友在社会上成长、发展的过程中，更加能深刻地感受到在校期间学校的教育、同学的帮助、老师的教导对自己命运的改变、人生的发展所起到的重要作用，也促进了校友报答母校的心愿，愿意通过捐资助学、建言献策、合作发展等多种方式为母校贡献自己的力量，实现与母校的合作共赢。

校友文化是一种传承文化，源于校友对母校的学校文化、精神价值、办学内涵等的认同，在成长发展过程中深受母校文化的滋养与影响，并自然地继承了母校的文化基因和文化属性，延续了母校的精神气质与文化价值。校友文化是不同类型校友群体间的一种文化传承，经由各届校友传递着学校的历史与传统，延续着一届届校友所共同缔造的价值认同与精神内涵。②

① 袁国、贾丽彬：《浅谈校友文化对大学生思想政治教育的作用》，《学校党建与思想教育》2017年第10期。

② 盖晓芬、袁国、王东升：《高职院校校友工作研究与实践》，中国社会出版社2017年版。

二、校友文化育人功能及作用发挥

校友文化作为群体文化、情感文化、感恩文化、传承文化，其对学校办学和事业发展的贡献体现在人才培养、科学研究、社会服务和文化传承与创新的各个方面。就其从文化育人角度讨论其在人才培养方面发挥的作用，就具有服务思想政治教育、提供教育教学资源、助推教育教学改革等育人功能。

（一）校友文化服务学校思想政治教育

校友在校学习期间是人生观、世界观、价值观形成的关键时期，他们接受大学的教育与校园文化的熏陶，走向社会后继承和发扬了大学精神，一批优秀的校友获得全国劳动模范、全国金融五一劳动奖章、全国金融服务明星、全国金融岗位能手、市首席工人等荣誉称号，成为行业楷模和学校的“金名片”。他们感恩母校的教育与培养，并愿意用自己的亲身经历和思想感悟引领学弟学妹们的成长成才，愿意受聘为学校的兼职导师，成为学校思想政治教育的重要力量。优秀校友的榜样作用、无私奉献的高尚品格、进取拼搏的职业精神、成长成才的感人故事、感恩母校的道德品质都是校友文化的重要内容，也是学校思想政治教育的宝贵财富。学校通过事迹宣传、集体讲座、面对面交流、体会分享等形式，发挥优秀校友的思想引领、文化熏陶作用，将有效提升在校学生的品德素养。

（二）校友文化丰富学校教育教学资源

校友群体广泛分布在社会的各个行业、企业，以校友文化为纽带、校友组织为桥梁，可为学校提供丰富的育人资源。一是可以为在校学生提供勤工俭学和社会实践的机会，让他们在实践中受到教育、增长才干；二是可以为在校学生筹集各种各样的奖学金和助学金，鼓励他们在学业上取得优良成绩、技能上精益求精，或帮助家境困难学生顺利完成学业；三是可以为高校育人提供多样化的载体，共同组织活动，让学生志愿者参与到与校友的联络沟通工作之中，拓宽在校生的视野，丰富他们的社会经验；四是可以为学校教育教学提供丰富的资源，如参与课程开发、合作开展实验实训基地建设、提供工作案例等；五是提供实习和就业岗位，开展订单培养，联系所在单位与学校合作开展人才培养。

（三）校友文化助推学校教育教学改革

广大校友经过多年的社会实践和工作磨炼，很大一部分成为业务骨干和专家能手，对于行业企业需要毕业生具备的专业知识、业务能力和综合素质都有深刻的了解。以校友文化建设为平台，校友对学校的学科布局、专业设置、课程安排、教学内容选择、教学方式方法改革等都有适合时代发展要求的理解，可以从社会需要和行业企业需求的不同角度，为学校教育教学改革提供宝贵的信息和有建设性的意见，帮助学校调整学科专业布局、改进教学内容以适应社会发展的需要，为学校的人才培养提供新理念、新思路、新方法。

三、银领学院校友文化育人的实践案例

校友文化育人是银领学院工作的重要内容，银领学院订单人才培养工作中活跃着众多校友的身影，他们或是企业领导直接参与决策与母校开展订单人才培养合作，或是人力资源部领导负责具体的订单培养管理，或是业务骨干、专家能手参与课程建设、授课培训、讲座交流、实习指导等工作，在各个订单合作单位历届毕业的校友义不容辞地主动承担新一届毕业生的实习指导，成为帮带师傅已经形成一种传统，校友文化育人贯穿于订单人才培养的全过程。银领学院开展校友文化育人工作，分为以下几个方面。

（一）高端引领，拨开学生成长道路上的重重迷雾

银领学院订单人才培养模式，不仅帮助学生提前实现优质就业，也帮助用人单位稳定、有计划地得到自身所需要的人才，学生毕业后就具备了直接上岗的能力，省去了岗前培训所花费的时间及经济方面的投入，而且订单班毕业的学生技能水平更高、职业形象更好、实践动手能力更强、职业素质更优，实现了学校、学生和用人单位的三方共赢。部分在金融系统担任领导职务的校友，在充分了解学校订单人才培养模式优势后，积极主动地推动本单位与学校合作组建订单班，并亲自以开班仪式、专题讲座、座谈交流、专业培训等形式参与到订单培养学生的教育中来。下面采撷几次典型的活动进行介绍。

1. 三年决定一生，规划职业发展

浙商银行是总行设在杭州的全国性股份制商业银行，自2004年成立开始就与

学校合作开展订单人才培养,至今从未间断。银行高层领导也多次到学校为银领学院学生举办讲座,支持学院订单人才培养工作。2008年9月24日下午,时任浙商银行副行长陈春祥校友应邀来到学校,专程为2009届全体银领学院学生做了一场题为"三年决定一生"的主题报告。他告诉学生们,到了一个新的单位,参加工作后的第一个三年非常重要,这将决定整个职业生涯是否成功。

在报告会上,陈行长从影响人的职业生涯因素分析着手,要求学生在踏入工作岗位之前,必须清醒地认识到我们的身份是什么,并给大家提了四点建议:必须先学会怎样做人,再学会怎样做事;要富有梦想,充满激情;要踏实做事,甘于平凡;要有一技之长,而且要持之以恒。陈行长指出,当前社会正处于一个转型期,整个社会的心态都比较浮躁,高校毕业生的就业压力大;作为银领学院订单班的学生,在就业上虽有保障,但是并不代表可以放下心来。在这样一个环境下,保持一个正常的心态和良好的心情,对于学生进入一个新的单位很重要。他希望同学们不仅要具备能力还需要理念,不仅拥有理论还需要行动。正如北京大学法学院院长所言,要揪住大学生活的尾巴,发现机会,把握机会,努力适应社会标准,从容面对平凡生活,安分守己。陈行长指出,影响个体发展的因素关键在于两个方面:第一是信仰、价值观和精神追求;第二是职业生涯的规划。重要的人生理想是现实的、丰富的、有人情味的。要有职业意识,就是做事要投入,银行从业人员诚信意识很重要,还要具有团队意识、危机意识、客户服务意识等。新员工在细节上容易出现问题,希望大家学会从对方的角度考虑,主动学习行为规范。同时,要培养良好的个人性格,不要心存妒忌,要调整心理素质;不要耍小聪明,贪小便宜;要把每一阶段重点的事情做好,要重视实务操作的能力;等等。最后,陈行长就第一次工作的选择、如何看待专业不对口、看待下基层锻炼、看待两三年之后的跳槽和看待别人的进步等问题与学生们进行了交流。陈行长谆谆教导,为即将走上商业银行业务一线岗位的银领学院学生上了一堂实实在在的人生哲理课。

2. 推进学风建设,打好扎实基础

为深入贯彻与国家示范性高职院校相媲美的学风建设会议精神,以优良的学风进一步引领学院的发展,银领学院于2009年11月18日晚在金葵花艺术中心召开学风建设推进大会,时任中国邮政储蓄银行浙江省分行副行长杨苗昌校友受邀专程出席并做专题发言。

杨苗昌校友是银领学院聘请的行业兼职副院长,在大会上,他以银领学院副院长、学长和行长三重身份向学生们提出两点要求、总结三点体会、给出四条建议。以银领学院副院长的身份,他要求银领学院学生:一要学本事,努力学习知识和技能;二要学规矩,要把制度变成习惯,不要把习惯变成制度。他以学长的身份总结三点体会:一要自信;二要虚心;三要用心,多学习、多思考、多总结,不断提升自己的素养、涵养。以行长身份，他给出四点建议：一要有责任心；二要有进取心；三要有宽厚心；四要有慎独心。行业校友深度参与银领学院的育人工作，对学生而言更贴近工作实际、更拉近沟通的距离，取得了更好的教育效果。

3. 独立自主，立志成长

在2013年6月7日举行的毕业典礼上，在2013届毕业生即将离校踏上工作岗位之际，时任中国人民银行武汉分行行长殷兴山校友应邀为1200余名2013届银领学子和在校生代表做了一场题为“寄语同学们的‘独立日’——致浙江金融职业学院2013届毕业生”的成长励志报告。

怀着对母校的深厚感情和对学弟学妹们的殷切期望，殷兴山和大家无私分享了自己学习、工作、生活的丰富经历和切身体会，以胡雪岩从一名小伙计到“红顶商人”的成功转变为启示，建议大家毕业后：首先要善待自己的第一份工作、第一个单位及第一位上司；其次要注重情商的培养，要学会微笑、要有积极的心态，用高情商吸引客户、留住客户；再次要做好每件简单的事情，要把简单的事情做得不简单；最后要终身学习，等待机会，把握机遇，以坚持不懈的毅力达到理想的境界。面对新校友，殷兴山希望学生们离开母校后，要铭记同窗之缘、师生之情，记住学校是难以忘怀的起点，祝愿学生们未来的人生更精彩、更美好，成为母校未来的骄傲。

殷兴山的报告饱含深情，用通俗的语言、生动的案例、精彩的表述寄语2013届毕业生，代表校友送上母校临别的祝愿和期望，为即将走向职场的学生们灌注了充沛的正能量！

4. 先做人，再做事

初冬的阳光像金子，洒遍校园的每个角落。为让广大银领学子明晰职业发展方向，2016年11月5日，银领学院邀请到1986届校友浙江横店集团控股有限公司副总裁徐天福在8301教室为学生们做了一场“先做人，再做事”的精彩讲座。横店影视订单班、邮政订单班、融投订单班、农合订单班等学生们参加了此次讲座。徐天福校友也是银领学院横店影视订单班组建的倡导者，正是他的积极推动和亲自关注，横店集团在银领学院设立的横店影视订单班已经连续招生5届，为横店影视各影城输送了上百名财会人员，其中部分毕业生已经走上管理岗位。

讲座一开始，徐天福就分享了他30年来从学校的留校老师到银行再到今天横店集团副总裁的曲折历程。青春、梦想、未来也曾在这双历经风雨的眼里闪过光芒，人生充满了风险也有着漫天的机遇。徐天福告诉学生们对待梦想需要一步一步坚持，不忘初心，方得始终。他高度凝练了过去摸爬滚打30年的经验，以“人生三句话”与“四个建议”作为馈赠母校和在座学生的见面礼。

第一句话：看人的长处。30年风风雨雨，30年坎坷曲折，才换来闪闪发光的今天。经过历练的人生才看得到纯粹的真理，看人长处，学人长处，才能不断进步，看到更加美好的世界,走向更加精彩的人生。第二句话:帮人的难处。职场的多年打拼,在人的江湖中摸爬滚打,徐副总裁告诉学生们帮助他人只是举手之劳,却可以为以后的成长奠定良好的人际关系基础。在人生的两岸多种花,少种刺,花香给人愉悦,刺痛却伴随记忆。自己先付出,先帮助了别人,在自己有需要之时,才能得到别人的帮助。第三句话:记人的好处。看过了几十年的人间烟火,娓娓道出人生真谛。在学校、银行及企业的这几十年,校友让我们相信繁杂人事不及爱在心中。他提出要用宽广的胸怀去包容一切,要用感恩的心去对待学校老师及身边的人。第一个建议:工作扎扎实实,每一个学生将来都应该做一个沉稳、忠实的员工,拥有实打实的能力,才能博得领导的赏识。第二个建议:别把平台当本事,平台只是天时地利人和的巧合,并不能完全代表一个人的能力,只有不断学习才能不断上升。第三个建议:行动上雷厉风行,市场的不确定性与机会的偶然性要求我们必须学好本事等待机会的来临,而不是等机会到来才开始准备。第四个建议:业绩上稳步增长,在工作上要追求一个结果,为公司创造价值才是最重要的。

整场讲座,学生们聚精会神聆听校友的点滴分享,时不时响起阵阵掌声,将讲座推向了一次又一次的高潮。这掌声既代表着学生们对校友的感谢,也代表学生们对学校的感恩,更代表学生们对未来的期待!

(二) 经验交流,传授职业发展中的“葵花宝典”

当前高校毕业生已经从“90后”进入“95后”的时代,无论在价值取向、行为方式还是人格特质上,他们都呈现出了新的时代特征和群体特征,学校教育采用正确的方式方法、有效的途径与载体引导学生走向积极、进取、完满的人生道路显得格外重要。银领学院通过邀请近几年毕业的优秀校友,利用他们与学生年龄相近而体现出的平等性、思维相仿而呈现出的亲近感、经历相似而表现出的可参照性等优势,把他们参加工作后的亲身经历和切身体会与在校生进行交流,分享他们走向社会后的酸甜苦辣,传授自己的宝贵经验和心得感悟,引发即将毕业的学生的共鸣,达到事半功倍的教育效果。银领学院成立以来,每学期都会设定教育主题定期举行“银领学子成长交流会”,邀请往届毕业的优秀校友来校举办讲座并与学弟学妹们进行交流,充分发挥年轻校友的正能量传递作用,用自身的真实案例激励在校学生不断成长。下面是几次典型的交流案例。

1. 精彩分享、倾心交流、榜样激励

用人单位喜欢什么样的员工?工作后如何快速适应岗位?现在开始如何为今后的职业发展做准备?2014年11月18日晚7点,银领学院在金葵花艺术中心举办了“精彩分享、倾心交流、榜样激励——银领学子成长交流会”,邀请到1998届校友、浙江新农化工股份有限公司营销部副总经理罗永军，2009届校友、招商银行杭州钱塘支行贵宾理财经理金荣，2012届校友、浙江泰隆商业银行余杭支行客户经理满浩洋，2013届校友、省信用联社客服中心座席专员邵玲玲等4位校友，与800多名银领学子分享工作经验、交流成长感悟。

做好“三件事”你就能成为领导喜欢的员工。罗永军校友在交流会上开宗明义：单位喜欢具备怎样品质的员工？——德才兼备。刚走上工作岗位要学会做三件事，一要学会吃亏，二要学会信任，三要永不言败。在“如何学会吃亏”中提到，面对老员工的指挥，有些新员工就不能调整好心态，能做就做、不得不做、最好少做，而另一类员工是乐意去做，积极去问去想去做。事实上人生最宝贵的机会和经验都是从吃亏中学来的。“信任是交流沟通合作的基础，信任的心态对做事具有极其重要的作用。”罗永军强调，走上工作岗位，要努力成为一名值得他人信任的人。在谈到永不言败时，他说：“人的一生，要正确面对人生，机会实在太少，看到机会要积极抓住。面对人生的困难要保持好的心态，永不言败。”“两个时代”的转换总要充满正能量，金荣校友结合自己三年的大学时代和五年的工作时代，向银领学子做了以正能量为主题的分享。他回顾了学生时代的经历，刚进入订单班时技能很差，可是通过刻苦训练最终以优异成绩毕业。他说：“只要肯上心，就一定没问题。”他提到在大学里空余时间很多，要充分利用好大把的时间学好专业、培养能力，为以后的职业生涯打好基础。关于工作时代他谈道：“领导的工作指导应该积极去应对，抱着良好的心态，要不断相信自己，不管你工作岗位如何，一点一滴去积累，相信我可以、我行，我们就是未来！”一个信念：希望在自己手中，满浩洋校友用幽默风趣的语言，在交流会上谈了自己的工作心得，他调侃自己的经历是“负能量”的，刚走上工作岗位就要面对现实的压力：对于500万元的业务如何去发展？作为客户经理没有想法是干不下去的，他明确给自己设立了目标。他说：“靠自己双手吃饭，靠双肩扛责任。”正因为他有了目标，有了责任，琢磨多了，路就有了。他说：“要么把自己逼上梁山，要么就不干！”最后他总结：“人总要有一个信念：希望就在自己手中！”“小事情”里有大胸怀，邵玲玲校友出道才一年半时间，就得到了单位领导的一致好评。她分享自己工作经历中的两件小事。在公司培训时，她有意识培养自己的约束力和责任感。一件小事是坚持每天上班早到20分钟，主动为同事打好开水，并加强班级的纪律管理，最大限度减少订单班培训给其他同事带来影响；另一件小事情是每次在别人都离开后，她主动留下来打扫卫生，整理工作环境。她坦言道：“注意工作中的小事情，多做一些力所能及的事，多服务一些，在潜移默化中你能学到很多东西！”她结合自己的体会，送给在场银领学子三句话：要有自我约束能力；要学会吃亏，积极向周围同事学习；要有自我清晰的认识和自我判断能力。校友们分享结束后进入互动环节，学生们踊跃提问，与学长们就如何与客户相处、如何拓展业务、如何规划职业发展等问题进行交流。现场气氛热烈，校友们的倾情回答赢得了阵阵掌声。

2. 披荆斩棘，挑战自我

无负今日，勿忘初心，挑战自我，突破局限。2017年10月23日晚，浙江金融职业学院银领学院在明理报告厅举办了“披荆斩棘，挑战自我”银领学子成长交流会。银领学院邀请到“全国金融五一劳动奖章”获得者、中国银行浙江省分行首批一级核心专业人才，银领学院2011届校友、中国银行绍兴分行沈晓琴校友与在校生进行交流，她多次在全国金融系统中国银行总行、省分行的业务技能比赛中夺冠。

交流会上，沈晓琴校友回顾了自己职业生涯发展的历程，对母校和银行的栽培表示诚挚的感谢，并重点阐释了技能练习的重要性。她指出，技能对于以后的职业发展至关重要，也是我们脱颖而出的制胜法宝，并鼓励在座的学弟学妹在练好技能的同时，要多多参与学校活动，勤勉踏实地培养自己的综合实力。沈晓琴的分享交流如同一盏明灯，照亮了技能练习的道路，也帮助学生驱除了恐惧与迷茫。大家纷纷踊跃提问，“您当时是如何苦练技能的，遇到技能瓶颈又是如何调适的”“学姐您好，请问我考出证券从业基金等证书对于我以后的工作有帮助吗”“相对于本科生，专科生的发展空间会不会更狭窄”“如何更好地完成银行指标”等等。面对学生们的提问，沈晓琴仿佛回到了自己读大学的时代，她极其负责地解答说：“首先，证书对于以后的工作是很有帮助的，也是未来职业晋升的敲门砖；其次，机会都是平等的，但专升本是一个自我提升非常不错的途径；最后，学会把握机会，利用自己的优势征服客户，放松心态，尽力而为。”

思想的涟漪开始在学生们心中一层一层地荡漾，大家纷纷表示此次交流会深受启发，一定牢记学院领导和优秀校友的谆谆教诲，回顾过去、立足现在、展望未来，与优秀校友为伍，秉持勤奋上进的精神，为职业发展奠定坚实基础。

3. 感恩奋进，成就自我

日月如梭，岁月如歌。2016，再见！2017，你好！在即将过去的一个学期，共同经历了立志成长、重塑自我的欣喜，披荆斩棘、挑战自我的艰难，携手共行、超越自我的努力，银领学子迎来了感恩奋进、成就自我的骄傲。2017年1月5日晚，银领学院在金葵花艺术中心举行本学期第四场银领学子成长交流会——“感恩奋进，成就自我”。大会邀请到2011届校友浙江泰隆商业银行杭州平海支行业务部总经理助理张永雷，2012届校友浙江省农村信用社联合社客服中心质检专员叶红丽到会交流。

交流会上，张永雷回顾了自己的职业发展之路，从三个方面与大家分享了职业道路上的点滴感悟。第一，千里之堤，溃于蚁穴，细节决定成败。他坦言刚入职时由于没有好好注意形象细节，如上班没有穿黑色皮鞋、没有打好领带等使得自己微薄的工资雪上加霜。第二，树立时间观念，守时是职场的最低要求，也是第一要求。他认为参加任何会议，提早15分钟到场既是对别人的尊重，也是彰显自己优良品质的时机。第三，扎实的技能是一项优势，将会决定你工资的高低和日后晋升的可能性。因而，他强调银领学子应该充分利用学校所赐予的良好平台，珍惜学校为我们争取的就业机会，不断提升自我职业能力和综合素质。叶红丽也以亲身经历带给学生们信心和感恩的情怀。她敞开心扉地说道："我的第一份工作来之不易，所以我分外珍惜学校给予的机会，并告诉自己一定要带着感恩的心脚踏实地地坚守在岗位上。"当然，这期间一定会遇到各种的心酸与无奈，但这一切并没有成为叶红丽成长的拦路虎，反而成为她成长的巨大垫脚石。她也毫无保留地和大家分享了有效沟通的技巧以及心态调适的方法。

再过几天，在座800多名银领学子即将离开母校的怀抱，投入社会的大家庭。两位学长学姐的倾囊传授是对即将走上工作岗位的银领学子最大的临别赠礼，帮助他们在未来感恩奋进、成就自我的日子里坚定信心、勇往直前。

（三）面对面辅导，指点职业道路上的实战技巧

来自同一订单单位的校友，由于工作岗位相似、业务类型相仿、服务对象相近，他们的工作经验与体会对于在校学生具有更加现实的指导意义，也更加容易被同学们认同与接受。订单单位也充分认识到这一点，与银领学院一起通过开班仪式、座谈会等形式安排往届的订单班学生回到学校，与学生们进行面对面的辅导交流。这种交流形式下参与的对象更具针对性、交流的内容也更加具体、交流氛围也更加热烈、教育效果也更加明显。杭州联合银行订单班、泰隆银行订单班、金华银行订单班等几乎每一年都采用这种形式，通过邀请前几届毕业的优秀校友与在校学生进行面对面辅导，指导他们走上工作岗位后的实战技巧。以下仅举几次交流的案例进行分享。

1. 面对面，零距离

2013年4月15日，杭州联合银行订单班在诚信讲学堂举办了新老员工交流会，旨在通过与前几届毕业的学长学姐们的沟通，让学生们对未来在柜面业务操作和规范化服务有更多的认识和了解，也让大家针对在支行工作坊演练中所碰到的一些疑问向学长学姐们取经。杭州联合银行总行人力资源部周丽君老师及杭州联合银行订单班往届优秀毕业生代表聂剑斌、章志琼、赵炜炜、陈雯和严舒颖等学生参加了交流会。

交流会在活跃热烈的气氛中进行，学长学姐们围绕积极主动的学习意识、开拓务实的工作方法、真诚温馨的服务态度、精湛卓越的职业技能、敬业爱岗的奉献精

神等内容将自己的工作经验、成长体会无私地与大家分享，讲到精彩处赢得台下学生们的一阵阵热烈掌声。接着大家就柜台实习中所碰到的一些问题与学长学姐们进行了互动交流。学长们的无私分享，帮助即将走上工作岗位的学生进一步树立自我完善的意识、培养主动学习的态度、发挥刻苦磨炼的精神，起到积极的推进作用。

2. 学习总理寄语，落实成长责任

2014年11月21日上午，在浙江考察的国务院总理李克强来到浙江泰隆商业银行杭州分行，对泰隆银行长期致力于小微企业金融服务给予肯定。“你们对接千家万户的小微企业，风险大，工作也更辛苦。”李克强说，“但社会需要千家万户的小微企业，需要发挥千千万万人的创造力。这样才能让更多人有就业、有收入。你们的工作体现了社会良心，客观上，也在促进社会公平。”

李克强总理来到泰隆银行的消息通过微信朋友圈、QQ群在银领学院泰隆银行订单班学生中快速扩散，大家群情激奋，作为浙江泰隆商业银行的准员工，自豪感和责任感油然而生。第二天，泰隆银行订单班就组织学习了李克强总理在泰隆银行的寄语、《李克强总理在“小微”银行的42分钟，聊了什么？》《李克强寄望民营银行：扶助小微企业促进社会公平》等材料。24日晚7点，泰隆银行订单班召开专题交流会，邀请了当时就在李克强总理视察现场的2009届泰隆银行订单班毕业生赵慧、2011届泰隆银行订单班毕业生张永雷，和大家分享现场激动人心的场景，贯彻李克强总理指示精神，学习泰隆银行价值理念。

交流会上，赵慧讲述了11月21日李克强总理考察浙江泰隆商业银行杭州分行的全过程，向学生们详细介绍了泰隆银行服务小微企业的价值理念、经营模式和工作方式；并表示，正是泰隆银行21年来一如既往的努力与坚持，才得到总理的肯定和社会的认可，希望同学们在校期间以正确的价值理念武装自己，勤学苦练，为今后服务社会做好准备。张永雷在交流中重点提到，付出与奉献是信任与协作的前提，吃苦与反省是获得前进动力的方法，希望学弟学妹们注重团队协作、学会吃苦、学会谦卑，明确发展方向，不断提升综合素质，为社会做更多贡献。

学长们的现场交流，帮助在校订单班的学生们更加深入领会李克强总理的指示精神，从订单单位优秀的企业文化中获取成长的动力。他们纷纷表示要以继承、发扬泰隆银行优良的企业精神为己任，作为泰隆银行准员工和当代大学生，努力提升自己承担责任、服务社会的能力，为银行创造价值，为社会贡献力量。

3. 编织梦想，展翅飞翔

盛夏七月，德清，2016年7月5日招商银行杭州分行金融服务支持中心迎来了2017届招商银行杭州分行订单班54名学员。会议室里，刚刚毕业参加工作的2016届招商银行订单班朱毓涵、麻梦琦校友向学弟学妹们详细介绍了中心的基本情况、工作模式，并分别介绍了自己入职以来的工作内容、业务开展情况以及自己的收获体会。在交流中，学生们知道了“存量客户”“深入经营”“管户”等新词语，对自己今后将面临的工作环境和工作内容都有了更清晰的认识和了解。学生们踊跃提问，从最平实的住宿问题到高层次的晋升问题，招商银行杭州分行人力资源部的老师和校友们都为大家做了细心的讲解，让学生们对未来的学习、工作充满了期待。

通过这次交流活动，学生们更加清楚自己今后要努力的方向，明晰了提升自己的必要性和重要性，受益匪浅。

（四）奖学金激励，为学生职业发展插上奋进的翅膀

为了奖励银领学院品学兼优和技能特长学生，激励在校学生更好、更快成长，校友们先后在银领学院设立“安信”奖学金、“长运安信”奖学金和“技能之星”1986届校友奖学金，每逢颁奖典礼，校友们还亲自到场为同学们现场加油鼓劲。其中“安信”奖学金由何邦会校友担任总裁的浙江安信资产管理有限公司于2008年设立，为期5年，“长运安信”奖学金是在“安信”奖学金之后由浙江长运安信仓储服务股份有限公司于2013年设立的，都是奖励银领学院学习成绩好、职业综合能力强、职业素质优的毕业生，在银领学院毕业典礼上进行颁发；“技能之星”奖学金由全体1986届校友个人捐资设立，每年奖励20名技能尖子学生，每人奖金1000元。

2017年5月17日下午3:30，为强化技能尖子培养工作，提升学生职业核心竞争力，激发专业技能训练热情，首届“技能之星”1986届校友奖学金颁奖仪式在诚信讲学堂隆重举行。1986届校友代表杭州市政协委员、杭州银行总行工会主席张静，光大证券杭州营业部董事、总经理吴依民，长安责任保险股份有限公司浙江省分公司非车险部总经理姚国强，杭州银行总行党群监察部沈东明专程到学校参加颁奖仪式。吴依民代表全体1986届校友发表了感人肺腑的讲话。他回忆道：“30年前我们为求学背井离乡，也正是在学校的学习奠定了我们扎实的专业知识、娴熟的技术技能，从而改变了我们的人生轨迹。”他高度肯定了学校应用型金融人才的培养理念，认为学校的教学理念与当前国家倡导的工匠精神一脉相承，并强调娴熟的技能始终是个人成长成才的立身之本。此外，他希望奖学金这颗希望之树能够在1986届校友和学院共同浇灌和呵护下茁壮成长，也期待更多的学生在奖学金的激励下勤学苦练，实现自己的人生追求和社会价值。学校党委副书记姜进对1986届全体校友表示真挚的感谢。他指出奖学金的设立，不仅是一种物质奖励，更是一种精神激励，它传递的是1986届校友对学弟学妹们深厚的关切之情，表达的是对母校培养的浓厚感恩之情。借此机会，他对同学们提出了三点希望：一是珍惜荣誉，刻苦磨炼。他表示虽然时代变迁、社会发展，技能不断更新，但是技能背后所蕴

藏的刻苦精神是永恒的，也正是对“三铁精神”和“工匠精神”的秉承，才铸就了浙江省金融界“黄埔军校”“行长摇篮”的美誉。二是励志勤学，志存高远。希望学生们珍惜在浙金院学习和生活的一千个日日夜夜，坚定成才信念，志存高远，超越自我，以优异的成绩回馈社会，报效祖国，报答母校，不辜负校友的深切厚爱。三是胸怀感恩，传承文化。希望在校学生、未来的校友心中常怀感恩之心，感恩母校无私培养、感恩老师辛勤教育、感恩校友关心提携，不断地传承和发扬浙金院优秀精神文化，努力实现“共建共享幸福金院、永创永续金融黄埔”的美好愿景。学生代表华梦婕在获奖感言中说道：“‘技能之星’奖学金的设立，传递着校友努力拼搏，坚持不懈的精神和信念，是激励每一名学生积极进取、勤练技能的动力。”“落其实者思其树，饮其流者怀其源”，此次奖学金颁奖仪式的顺利举行，极大激励鞭策了在校学子技能训练的积极性。

第八章
订单人才培养质量评价体系

高等职业教育人才培养目标是高职院校课程体系建设、教学内容选择、实践实习安排等教育教学活动开展的基本依据，是人才培养质量评价的基本标准，也是学生所要达到的知识、技能、能力和素质等方面规格要求的基本决定因素。高等职业教育人才培养目标，政治思想上要强化思想品德、职业道德教育和工匠精神培育，业务水平上要突出技术技能的传承与创新，重视职业能力和职业素质的有机结合，培养的是服务一线的高素质、高技能、应用型人才。构建以人才培养目标为导向的质量评价体系，是高等职业教育人才培养工作的基础保障。

第一节 评价体系是引导人才培养质量提升的基础保证

提高质量是高等教育改革发展最紧迫的任务,已经成为高等教育界的共识。2006年教育部颁布《关于全面提高高等教育质量的若干意见》及全面提高高等教育质量工作会议的召开,将高等教育以质量为核心的内涵式发展推进到一个新的阶段。对于不同层次、不同类型的高等教育,质量的内涵、标准也应有所不同,高等职业教育作为专科层次的职业教育类型,需要构建具有自身特色的质量评价体系。

一、人才培养质量是衡量高等职业教育质量的核心

"质量"是个多义词,在不同的领域被赋予不同的含义。在教育领域讨论"教育质量"的语境中,"质量"可以理解成某一客体是否能够满足特定主体需要及其满足程度所做出的价值判断,即需要从三个方面进行把握:首先,是客体本身所具备的性状;其次,是特定的主体需要;最后,是客体所满足主体需要的程度。对"高等教育质量"的判断,就是"高等教育"作为客体,其当前所处的状态和所具备的水平,相对于国家、社会、人民群众作为主体对高等教育的期望和要求的满足程度如何。高等学校是承担高等教育的主体,对高等教育质量的评价,不妨从高校人才培养、科学研究、社会服务和文化传承与创新这四大职能实现程度的视角去衡量。对不同层次、不同类型的高校,承载四大职能的重点不同、责任不同,国家、社会对其要求与期望也不同。在其他三项能力相对薄弱的情况下,作为高等教育的本质要求和根本使命的人才培养职能,更是高等职业院校最突出、最根本、最核心的职能。人才培养质量就是高等职业教育质量最核心的指标。

就人才培养质量而言,客体的性状关注的是经过培养后人才所具备的知识、能力和素质水平及与培养前相比的提高幅度,特定的主体需要指的是国家、社会、人民群众对高等教育的期望和要求,学校一般通过事先明确的人才培养目标进行表

述。衡量人才培养质量的标准就是人才培养目标。因此，不同的教育层次、教育类型，其人才培养目标是有差别的，衡量人才培养质量的标准也不尽相同，这也符合人才多样性原则。

二、构建具有高职特点的质量评价体系是提升人才培养质量的保证

建立高职人才培养质量的评价体系，首先要确立正确的人才观，解决高等职业教育"培养什么人"的问题，然后以素质教育思想为指导，统筹考虑社会需要和学生个性发展需要，结合专业岗位群对知识、技能、能力、素质的整体要求，构建完整的高职人才能力素质结构评价体系，面向全体学生开展人才培养成效的评价。

（一）科学的培养目标是高职人才培养质量评价体系构建的前提

主流的高等教育哲学有三种：认识论、政治论、人本论。认识论的哲学观点主张大学是追求高深学问的地方，大学的基本价值是知识的继承和创新；政治论的哲学观点则追求大学对社会需要的适应，主张大学的主要价值在于社会服务，促进国家经济和社会发展，强调知识在社会中的应用；人本论的哲学观重视人的自由发展，强调人的存在与发展是大学教育的出发点与归宿点。三种哲学观在我国高等教育改革发展的进程中并不是非此即彼而是交相呼应的，反映在大学具体的职能上，就是人才培养、科学研究、社会服务、文化传承与创新四者孰轻孰重的关系处理问题。对于不同层次、不同类型的高校，甚至同一所高校在不同的发展阶段、面向不同的培养对象，都是需要有所侧重的。

根据大学职能要求，结合高等职业教育的类型、层次特点及社会需求、学生的实际状况，高职的人才培养目标是什么呢？我国职业教育的奠基人黄炎培先生阐述得非常清楚："一为谋个性之发展；二为谋生之准备；三为个人服务社会之准备；四为国家及世界增加生产力之准备"。具体到一所学校、一个专业和学生个体，准确协调、平衡四个目标之间的关系，需要在专业人才培养方案制订时，从社会及区域经济发展需要出发，结合专业岗位群的要求，综合考虑学生生源的实际状态及个性发展需求，进行深入调研和科学分析，从而全面、科学、合理地确立人才培养目标。

（二）高职人才培养质量指标内容的界定原则

对一所院校开展人才培养质量的评价，不同于教育质量评价和教学水平评估。高校教育质量评价或办学水平评估，内容涵盖人才培养、科学研究、社会服务和文化传承与创新各个方面所具备的条件和取得的成就。教学水平评估则侧重于师资、课程、实验实训条件等“教育服务”过程和教育教学能力的评估，而不是“教育结果”的评估。人才培养质量的评价，应该是直接针对全体学生，根据人才培养目标要求，判断其目标的实现程度和学生满足国家、社会及学生个人发展期望与要求的程度。因此，开展人才培养质量评价，人才培养目标的全面、科学、合理制订是基础。

那究竟用哪些指标来衡量所培养的人才个体质量呢？传统的做法是学生的学业成绩或学生素质综合测评成绩。可学校给出的学生学业成绩往往只能代表学生的专业知识、专业能力，甚至只能代表学生的专业课程考试能力（连专业知识的实际应用能力都不能体现），评价结论显然是不全面的。学生素质综合测评成绩本来试图比较全面反映学生的综合水平，但由于学校综合素质测评指标本身的局限性，导致评价结论也不够准确。于是，学校认定的优秀毕业生走向社会后反响平平，而被认为在校表现一般的学生毕业数年后却取得巨大成绩的案例屡见不鲜。因此，需要在科学、合理的专业人才培养目标的基础上，从知识、技能、能力、素质四个方面，以多元化、开放性、发展性的思路重构综合素质测评指标体系，作为对学生个人培养质量的评价依据。就一所学校而言，要衡量学生整体的人才培养质量，就要以专业为单位在学生个体综合素质测评的基础上，既考虑“绝对质量”又考虑“相对增值”，得出综合评价结论。

（三）人才培养质量评价构建的方式方法

学校开展人才培养质量评价，既是为了给出每个学生、每个专业的“质量检测报告”，也是以评价为手段，发现问题、诊断病因、寻找改进方法，从而实现提高人才培养质量的目的。构建完善的人才培养质量评价体系，需要注意以下几个方面：第一，理念上要以素质教育思想为指导，防止重专业知识轻道德品质、重职业能力轻素质素养的倾向；第二，目标上要兼顾个性发展与社会需要，学生是鲜活的生命个体，不是工厂生产的标准件，对学生的评价要多元化，要从不同的角度进行阐述，不能简单得出优秀或不合格的结论；第三，方法上要强调过程，要重视质量的“过程控制”，及时发现人才成长过程中出现的问题并进行修正，每学期结束时要开展阶段性“质量自检”，而不是直到毕业时才给出总结性结论；第四，方式上要实现开放性，吸收实习单位、用人单位、毕业校友等社会主体参与；第五，手段上要实现信息化，要建设质量评价的网络化系统，从源头采集相关数据，实时发布测评信息，提高质量控制效率。

三、以质量评价体系引导学生特色与优势的培养

《教育部关于全面提高高等教育质量的若干意见》指出，全面提高高等教育质量要坚持内涵发展，“强化特色，促进高校合理定位、各展所长，在不同层次不同领域办出特色、争创一流”。与本科生、研究生同台竞争，高职毕业生的特色和优势是什么？在学历、专业理论水平等方面明显劣势的情况下，高职毕业生靠什么赢得用人单位的青睐？高职学生人才培养质量的特色和优势又从哪里体现？

社会普遍认为高等职业教育的生源质量较差，表象是高考的分数较低，而根源却在学生的学习态度、逻辑思维能力、学习习惯以及意志、毅力的差距上。但换个角度思考，那些不是通过传统考试形式来测评的学生品德品质、心理素质、情感情商等水平，与本科生相比，并没有明显差距。如果按照多元智能理论分析，高职学生在数理逻辑智能、自我认知智能等方面相对薄弱，但在身体运动智能、音乐智能、空间智能、人际智能等方面完全有可能比本科院校学生还略胜一筹。因此，正确认识高职学生的长处与不足，准确定位、因材施教、扬长避短，完全可以培育自身的特色和优势，成为社会有用之才，成就幸福美满的人生。

高职院校最大、最根本的特色和优势，来源于所培养的毕业生所具有的特色和优势，其他诸如师资队伍、实验实训条件、人才培养模式、校园文化等特色和优势归根结底都是为人才培养的特色和优势服务的。高职人才培养，需要坚持的最基本的特色和优势有哪些？一是过硬的职业技能水平，职业技能是高职学生区别于普通本科毕业生最大的特色和就业竞争资本。二是更强的实践动手能力，不仅体现在业务操作方面，学生要能够快速适应工作岗位，在较短的时间里成长为业务骨干，还包括组织协调能力、沟通交流能力等方面，不如本科生、研究生会写、会研究，但要比他们更会说、更会做。三是更高的职业素质。真正能帮助学生走得更远、实现可持续发展的是学生的素质。一个人的素质像冰山一样，浮在水面的是学历、文凭、专业、知识，真正决定成功的是价值理念、态度素养、责任感、敬业精神、协作精神等非智力因素，而这也恰恰是很多高校所忽视的，培养出的学生被认为有知识没文化、有文凭没修养、有欲望没理想、有目标没信仰，我们正是要强调学生素质的培养，打造学生的竞争与发展优势。素质和素养来源于环境的浸染和自身的

不懈修炼。环境需要营造,自身的修炼需要指导。现在的“90后”“95后”及已经到来的“00后”学生,普遍在家庭的过度呵护下长大,再加上基础教育阶段又重学习轻公民素质教育,学生以自我为中心的情况较为普遍,缺乏同理心、缺少合作精神。从学生一进校开始,思政课及学生工作的开展就要有意识地强调学生的格调与品位的培养,通过各种课堂和活动载体,帮助学生学会反省,使我们的学生更讲道德、更懂礼貌、更会感恩、更具诚信,在日常的学习和工作中更积极主动,更敬业爱岗。

四、高职人才培养质量提升所面临的问题与挑战

提高人才培养质量,培养高素质、有特色、有竞争力的学生,既有外部条件的限制,也有内部环境的制约;既有观念的束缚,也有体制的障碍。其主要问题与挑战包括如下几方面:

(一)思想观念更新不易

什么样的人才才算是高质量的人才?高等职业教育要培养什么样的人才?教育行政部门、学校、教师、学生,社会、家长、用人单位,从各自的角度都会给出不同的理解,各方的关注点不同,从自身的需要与诉求出发,所提出一些要求甚至是相互矛盾的。各教育相关主体虽然理论上对人才观、教育质量观以及素质教育思想有了新的认识,但受传统教育教学观念根深蒂固的影响,在实际操作层面,教育目标要求的制订、授课模式和考核方式的选择、评价体系的构建等等,仍然无处不体现传统单一思维的痕迹。从观念更新到行动落实,还有很长的路要走。

(二)体制机制改革困难

制约高职人才培养质量提升的第二个主要因素来源于体制机制,具体表现在:教育教学改革重方法轻机制,教育主管部门投入大量经费开展专业、课程、教材、资源库建设,而高校管理体制、教师评聘机制等改革的推进举步维艰、成效不尽如人意;政策引导、措施激励大多表现出重科研能力、教学能力建设,轻师德师风、育人能力建设,从“育人为本、德育为先”到“立德树人”提出已经很久了,但真正有效的配套政策、措施和机制制度却乏善可陈。

(三)评价导向存在偏差

教育行政部门对学校、学校对教师的评价与考核，是学校资源投向、教师时间精力投入导向的最有力推手。当前这一评价导向至少存在以下偏差，直接影响人才培养质量的提升。首先是教育行政部门对学校的评估，重教育服务条件轻教育结果。不管是教学水平评估，还是人才培养工作评估，内容都侧重于教学条件建设和教学能力建设，而对体现教育教学成效的人才培养绩效却关注不够。其次是教育行政部门和学校对教师的评价导向，是重科研轻教学忽视育人，不管是职称职务晋升还是教学业绩考核、教师定岗定级，评价指标体系中科研业绩是影响最终结果的实质性指标，教学能力和教学业绩部分体现是可以被灵活浮动处理，而真正对学生成长成才起到关键作用的教师育人能力和育人成效则几乎没有体现。最后，学校对学生的评价导向，是重外在的专业技能、职业能力，轻内在的素质素养。学校开展的学生综合素质测评，表面上涵盖了思想道德素质、身心素质、科学文化素质、专业素质等各个方面，可实际操作方式简单化，往往模糊处理思想道德素质等一些很难量化的指标，缺乏信仰、不讲诚信、公德意识薄弱等似乎都不是问题，在评价指标中仅占象征性的比重，测评结果最终还是取决于学生的学业成绩，造成重做事能力轻做人品德的实际后果，严重影响了人才品质的培养。

第二节
以素质教育理念重构学生评价体系

“坚持以人为本、全面实施素质教育”是《国家中长期教育改革和发展规划纲要(2010—2020年)》明确提出的教育改革发展的战略主题。在当前高校素质教育还需要大力推进的背景下,围绕学生这一人才培养主体,以素质教育理念和人才质量观为指导,重构学生评价体系,从评价理念、评价内容、评价方法、评价要素等方面入手,使其具备收集信息、发现问题、诊断病因、指导成长、激励进步、评价成绩等功能的综合性系统,来推进教育教学改革创新、提高人才培养质量,具有重要的现实意义。

一、高校学生评价体系重构是推进素质教育的迫切需要

素质教育在高校的全面实施,是涉及教育理念和人才培养观念更新、人才培养模式创新、课程体系改革、教师素质提升等方方面面工作的系统工程,其核心是提高人才培养质量。因此,突出学生的主体地位,从素质教育目标、要求出发,构建学生评价体系,并以此推进教学、管理、服务各领域的改革创新,是深入开展素质教育的最基本要求。

(一)学生评价体系是素质教育实施的有效抓手

学生评价体系是对人才培养个体质量的具体评价系统,真实反映了一所学校的人才培养理念、目标、要求和管理手段。学生评价体系构建和完善的过程,也是明确素质教育在学校实施的目标、内容和制订具体实施方案的过程;学生评价体系是帮助学校领导、职能部门和广大教师、管理人员共同学习、贯彻素质教育思想,推进素质教育全面实施的重要抓手。

对于大部分学生来说，和他们空谈素质教育思想、观念、理论没有太多现实意义，学生需要得到的是具体的指导和引领。通过学生评价体系的构建，将素质教育思想、目标、要求、实施途径、奖惩措施融入其中，把人才培养目标、学习要求和行动准则具体化、数量化，把学生的行为结果与奖惩相结合，能够有效促使学生按照人才培养目标的方向行进。

（二）学生评价体系是素质教育质量保障的重要环节

素质教育关注的是作为人才培养工作主体的学生，通过开展学生评价了解学生的现实状态。首先知道我们的培养对象是“怎样的人”，然后通过过程性评价，把握人才培养工作的成效和不足，并形成反馈回路，以此改进“怎样培养人”的工作。学生评价体系是人才培养质量保障体系的关键环节，是检验素质教育成效的重要措施。

（三）以素质教育全面实施为目标重构学生评价体系是高校人才培养工作的迫切要求

学生评价体系能够直接反映教育教学观念，体现人才培养目标，是人才培养工作的指挥棒，关系到人才培养过程质量控制和人才培养各相关要素积极性的调动。当前高校开展的学生评价工作，没有以素质教育理念为统领进行总体设计，部分评价指标甚至和素质教育要求相违背。各高校分别由学生工作部门负责学生综合素质评价，教学管理部门负责学业评价，两者重心不同、目标各异、各成体系，没有形成育人的合力，大大影响了评价效用的发挥。重构学生评价体系，已经成为各高校的当务之急。

二、学生评价体系重构的基本原则和思路

素质教育视阈下重构学生评价体系，不是在现有学生综合素质测评系统基础上的修修补补，而是以育人为目标、以学生全面发展为导向，在全员育人、全方位育人、全过程育人思想指导下，运用现代管理理念、信息技术、网络技术来完善评价内容、改进评价方法与手段而开展的一次全新建设。体系构建要在学校独立设置机构的统筹规划下，调动全体与人才培养相关人员的力量，形成完整的具有原始数据采集、资料统计汇总、问题诊断、信息反馈、教育激励、成绩评价等内容的功能系统

和运行机制,能够涵盖学生思想、学习、生活各个领域,关联学生工作、教学工作、实习单位各教育教学要素。

(一)要站在人才培养的高度

高校人才培养工作既要通过学生评价来检验,也要通过学生评价来促进。只有将学生测评提高到是人才培养工作有机组成部分的高度,将学生学业测评和素质、能力测评结合起来,将课堂教学评价和课外实践评价结合起来,将学生工作要素与教学工作要素结合起来,根据高校类型属性、专业人才培养目标和学生发展需求构建评价体系,才能真正发挥引导、激励、诊断、评价等功能,使学生测评工作做到全方位覆盖、全过程监测、全要素参与,实现和人才培养工作的全面结合。

(二)要站在社会需求的角度

学生评价体系的构建,要能够站在社会和用人单位需求的角度,重视社会功能,满足和适应经济社会发展需要。不同的产业、行业、企业、岗位,对人才素质结构的要求不尽相同;不同类型的高校,人才培养的目标、定位也不尽相同。学生测评体系构建时,要在充分了解社会和用人单位要求的基础上,结合专业人才培养目标,用正确的人才观来指导测评内容和指标的选择。

(三)要站在学生发展的维度

学生评价体系的构建,也要在满足社会需要的基础上,充分尊重学生的主体价值,促进学生的个体发展,实现社会价值和主体价值的协调平衡。评价体系要充分考虑学生个性发展和共性发展的和谐统一,不能用一把尺子、一个标准来指导所有学生、衡量全部学生。对于一些共性的要求,如高尚的道德操守、良好的文明礼仪和行为习惯等,采用统一的指标,对于一些个性、特长的发展,可以采用模块化的指标体系,指导学生结合自己的兴趣、爱好、特长来挖掘自己的潜力,实现自我发展。

三、素质教育视阈下的学生评价目标和功能设计

（一）通过评价指标和内容，指导学生的发展

评价指标体系要明确告诉学生，人才培养的目标是什么。在大学期间，学校希望什么、要求什么、鼓励什么、反对什么、支持什么、禁止什么，并通过开展评价指标体系的学习、宣讲和贯彻，指导学生的日常学习、生活和发展。

（二）通过评价工作的组织实施，获取信息，发现问题，诊断问题

新框架下的评价数据，要求来源于一线的原始数据和相关描述，并能够通过评价信息系统查询、汇总、统计收集到的各类数据，从中发现学校、系部、专业在人才培养目标确定、人才培养方案制订、教学运行、学生管理等各方面存在的问题，及时掌握学生思想动态和学习、生活状态，发现学生个体出现的异常和存在的问题，为问题的解决提供第一手资料。

（三）通过评价数据的及时反馈，解决已经出现的问题，并防止情况恶化

通过评价系统实时性的特点，相关人员要及时发现问题，并即时反馈、快速处理。如学生迟到、旷课，不要等到累积到够纪律处分了再去找学生谈话，或是几门考试不及格了才发现这名学生这学期根本就没上过几次课。如果学生刚出现问题时，就进行反馈与教育，效果会好得多。

（四）通过评价成绩，激励学生成长、进步

评价的成绩是实时的、动态的、公开的，每个学生都可以通过系统查询发现自己的优势与不足，并通过与同学、老师的沟通交流和成果分享，感受成长的喜悦，激发进步的动力。相关教师也要根据评价过程中反映出的情况，及时批评教育或表扬鼓励，促进学生发展。

（五）开展个性化的人才评价，为评优评奖和用人单位选择提供依据

传统的学生评价是用一把尺子去衡量所有学生，用单一的综合评价分数来给出评价结果，不能全面反映人才的个性发展水平。重构后的学生评价体系，通过翔实的原始数据和资料，全方位展示学生的成长轨迹和发展水平，既有定性描述又有定量分析，用人单位可以充分了解他所关心的指标。如招聘营销岗位时可能更加看重学生语言表达、沟通协调方面的能力，关注学生大学期间参加、组织了哪些社会活动等，而对专业学习成绩要求可能会适当弱化。

（六）成为学生自我促进、师生双向交流的平台

学生可以通过登录评价系统，进行评价情况的实时查询、对评价意见的及时反馈、向评价参与人员表达诉求、和老师同学进行交流等。以评价系统为平台，教师可以通过和学生的互动交流，进一步掌握学生的想法，正确引导学生的成长；学生可以在交流中获得老师进一步的指导，端正态度，促进自我发展。

总之，学生评价体系要建设成引导学生成长的指挥棒，促进激励学生个体及班级团队发展的助推器，向学生工作职能部门、班主任、辅导员提供学生动态信息的风向标，帮助教学工作职能部门、教师发现教学问题、诊断教学问题的指示图，让用人单位有条件多角度了解学生、帮助挑选合适人才的寻宝图。

四、学生评价体系构建和实施的具体要求

（一）评价目标的明确性

明确的目标是开展评价的基础。从宏观上看，学生评价的目标和人才培养目标是一致的；从微观上看，评价的目标涵盖学生成长的方方面面，更加具体、详细。评价体系本身，就是学生在大学期间成长的指挥棒，明确指导学生在思想政治、专业知识、职业能力、素质等各方面的发展，帮助学生构建清晰的大学规划。

（二）评价内容的科学性

评价内容的科学性，是发挥评价效能的基础，也是构建评价体系的难点。在素

质教育理念的指导下，采用模块化的形式，实现共性指标和个性指标相结合，定量分析和定性描述相结合，摒弃一刀切的做法，充分考虑人才的多样性，多元化、多角度开展评价，是评价体系重构的基本要求。

（三）评价数据来源的开放性

学生评价基础数据来源是否全面具体、真实可靠，直接影响到评价的准确性。评价体系对于数据的收集，要落实到所有与学生相关的部门和人员，构建开放性的数据采集平台。这一开放性、多渠道的数据来源，包括班主任、辅导员、任课教师、学生社区管理人员、学生干部、学生社团、实训基地和实习单位等，而且要保证原始数据的真实、详细、可追溯。

（四）评价实施的过程性

评价工作要强调过程性，各基础数据要在事件发生后的第一时间录入系统，评价系统要能够即时显示数据的更新情况，有专人进行数据的统计、汇总、分析，这样才有可能及时发现问题、及时反馈给相关人员进行处置。心理学的“反馈效应”原理告诉我们，及时总结反馈，可以取得更好的引导、激励效果。通过过程性评价，将学生存在的问题或取得的成绩反馈给学生，能够更好地发挥评价的引导、激励功能，也避免问题直到积累到一发不可收拾的境地才被发现的情况。

（五）评价效用发挥的有效性和针对性

通过对评价数据的统计、汇总，除了能及时发现学生个体的情况外，也可以发现学生群体的学习状态和思想动态，如迟到、旷课学生数量的同比变化，参与社团活动人数的变化等，帮助教学管理和学生管理职能部门及时掌握动态，有针对性开展教育、引导工作。

（六）评价管理的系统性和手段的信息化、网络化

建设基于网络平台的学生评价管理系统，是评价工作顺利开展的保障。评价管理系统根据评价内容和评价体系的设计，通过计算机信息网络，实现原始数据的收集、汇总和统计分析，在权限范围内实行信息共享，并向教师和学生本人提供查询、反馈、交流等功能，实现手段的信息化、网络化。

第三节
银领学院学生评价体系建设

订单人才培养的高质量，既是高等职业教育自身的根本要求，也是高等职业院校订单人才培养模式可持续发展的关键。经过订单人才培养，学生得到了更好的专业成长和身心发展，拥有了更多的价值提升和获得感，才会吸引更多的学生积极参与到订单培养的选拔中来，为订单培养提供更好的生源数量和质量；一届届高质量的订单培养毕业生，在订单企业中的表现远优于常规高职毕业生，甚至超过普通本科毕业生，创造出超出订单单位预期的业绩，才能在行业中形成订单培养的品牌，吸引更多的企业与学校合作开展订单人才培养，形成良性循环、可持续发展。银领学院建设符合高职人才培养标准、订单企业需求和学生职业发展要求的学生评价体系，既是引导学生成长、提升培养质量的要求，也是过程质量控制、鞭策学生进步的需要。

一、银领学院学生评价体系建设的基本规则

（一）培养目标导向

学生评价体系建设以素质教育思想为指导，坚持以立德树人为根本，按照高等职业教育培养高素质、技能型应用人才的要求，结合金融行业对诚实守信、依法合规、优质服务等方面的高标准严要求，统筹考虑订单企业和就业岗位对知识、技能、能力和素质的具体要求，以及学生职业长远发展和身心健康成长的需要，形成立体的评价系统。

（二）面向岗位要求

在银领学院订单人才培养评价体系中，除了包含政治思想品德等基本培养要求外，针对金融行业和实际工作岗位，对银行业从业证书、学校与企业课程成绩等专业知识学习，业务操作、沟通交流等专业能力培养，敬业爱岗、诚实守信、遵纪守法等职业素质的养成，点钞、翻打传票、中文录入、货币真假识别等职业技能训练，都有明确的评价标准。

（三）兼顾学生发展

高职学生培养面向过于单一导致转岗能力差、可持续发展能力弱等，是需要引起重视的问题。特别是当前社会、经济、科技发展日新月异，不断有新的岗位涌现和旧的岗位消失，学生存在变换岗位的客观要求和职业发展的现实需要。对学生思想素质、心理品质、通用能力和综合素质的培养，是学校教育的职责所在。银领学院不仅把学生的进取心、意志力、刻苦精神、拼搏意识、人际沟通、感恩心、团队合作能力等影响学生长远发展的能力素质融入日常的教育教学过程中，而且在评价体系中进行方向引导和现实体现。

（四）实行过程激励

方向引导和过程激励是评价体系建设的重要目标。银领学院以《银领手册》的形式从知识学习、技能训练、能力培养和素质养成四个方面对学生的成长进行整体指导，并对每个项目提出明确要求。在学生日常通过制定《学生职业素质量化管理实施细则》，从道德品行、职业能力、职业形象、职业技能、职业态度和团队合作六大方面，对各个评价标准进行细化和量化，明确各项目的加分、扣分标准，引导学生正确的努力方向。同时开发学生职业素质量化考核管理信息系统，由班主任、辅导员等相关教师对学生的日常表现以加分和扣分的形式实时录入系统，学生可以随时上网查看自己的分数。银领学院党总支、辅导员、班主任定期查询、统计、分析学生的量化考核分数，并有针对性地与学生进行面对面的谈话教育与激励，帮助学生及时发现问题、不断改进完善。

（五）鼓励个性发展

人才培养不是工厂流水线生产工业产品，鼓励生动活泼发展是素质教育的重要原则。培养学生的兴趣特长，不仅可以提高学生学习、成长的乐趣和生活品质，而且对职业发展也有积极的意义。银领学院通过开设演讲、主持、舞蹈、演唱、新媒体制作等特长班，帮助一部分学生将兴趣爱好发展成为特长，同时积极鼓励学生参加各级各类有益的活动和比赛，并在评价体系里设置专门的加分项目进行引导、鼓励。

二、评价指标体系的组成

为了全面、客观地对学生的成长过程和成长结果进行评价，并引导学生向订单人才培养目标发展，银领学院学生评价由以下三大部分构成。

（一）知识学习、能力培养、素质提升

知识学习包括学校开设的课程和订单企业开设的课程，主要是学校所要求的专业知识和行业、岗位所要求掌握的业务知识，通过课堂考核、期末考试的形式对学生进行评价。能力培养包括实践操作、语言表达、沟通交流、团队合作等学生上岗所需的职业能力和个人发展所需的通用能力的锻炼与提升，主要通过课堂打分、活动参与、比赛获奖等方式进行评价。素质提升包括文明礼仪、纪律遵守、诚实守信等基本素质和工作态度、主动性、敬业爱岗等职业素质的意识培养和行为实践，主要通过日常具体的行为表现进行评价。

（二）核心优势水平

为了提升订单培养学生的核心竞争力，彰显订单人才培养模式的优势，以保证学生能从今后的就业竞争中脱颖而出，银领学院分析了高职人才培养的特点和金融行业的职业要求，确定重点培养学生的职业礼仪、职业技能、实践动手能力和职业素质四大核心优势，并在学生评价体系中进行重点强调，配合日常的教育教学工作，对各相关指标进行细化，切实发挥评价的引导、激励功能。

（三）特长特色

为了引导、鼓励学生培养特长，根据自己的兴趣爱好积极参加有意义的活动，在评价体系设计时对学生的特长培养进行单独考虑，对参加比赛获奖的学生进行加分鼓励。

三、评价的实施与应用

（一）制度与组织

为了做好学生的评价和日常管理工作，银领学院制定了《银领学院学生管理规定》《银领学院订单班学生退班管理办法》《银领学院学生职业素质量化管理实施细则》《学生礼仪规范》《各银行订单班技能行业标准及月度考核标准》和《学生职业化素质提升自查》等规章制度，作为对学生开展日常管理和评价的依据。在校学习期间，学生管理和评价由党总支牵头，办公室、学工办、班主任等在各自的职责范围内具体实施对学生的评价。行业培训和顶岗实习期间，以订单企业为主，银领学院配合开展对学生的评价工作。

（二）系统与反馈

在校期间的学生管理与评价大体上分为课内和课外两部分。课内部分主要由各课程的任课教师负责，主要是学业考核与课堂表现，并与银领学院办公室定期沟通，及时发现问题并予以处理。课外部分由银领学院党总支负责，通过对学生日常行为表现、活动参与、技能训练等情况，根据《银领学院学生职业素质量化管理实施细则》对学生进行评价，加分或减分数据实时录入学生素质量化考核系统。量化考核每个学生初始分为100分，当量化考核分数低于60分时，班主任要与学生进行面对面谈话教育，帮助学生分析问题，讨论下一步努力目标，学生要填写谈话记录表并签字；当分数低于40分时，由辅导员与学生进行面对面谈话教育，进行激励、指导；当分数低于20分时，由主管学生工作的党总支书记进行谈话教育，并进行批评、警示；当分数0分时，银领学院将启动退班流程，学生会被要求退出订单培养，解除培养协议回原班级学习。为了更好地培养学生的职业技能优势，银领学院制定《各银行订单班技能行业标准及月度考核标准》，实行职业技能月度考核制度，每次月度考核成绩发给银领学院党总支和班主任，对达到技能尖子标准的学生给予加分奖励，对未达到月度考核标准的学生进行扣分处理，对技能月度考核低于警戒线的学生进行面对面谈话教育。通过这种过程性的评价与激励，有效帮助学生认识到自己存在的问题与不足，确立自己的努力目标，实现更好更健康的成长。

（三）评价的应用

银领学院对学生的评价，一方面是过程性评价，用于培养过程的管控，引导、激励、督促学生成长进步，帮助学生确立发展目标、激发成长动机、规范日常行为、纠正不良行动，从而形成良好的班风、学风，整体提升人才培养质量。另一方面也是总结性评价，为学生评优评奖、入党推优提供依据，并提供给订单单位作为岗位安排、职位聘任的参考，体现评价结果的奖励性质。对于评价成绩较差、屡次批评教育成效不明显的学生，做退出订单人才培养处理，以此发挥评价的惩罚、威慑作用。

第九章
“互联网＋”时代的订单人才管理系统

银领学院各订单班级，是在每年五六月份由各订单单位面向全校大二学生统一选拔后组建而成的。订单班的组建打破了原有的学院、专业、班级限定，以订单单位为名称组成新的实体班级。订单招聘选拔、学生班级重组和个性化管理、顶岗实习管理等各项工作，不再局限于银领学院一家单位，与学生原所在分院与班级、订单企业乃至学生家长都密切相关，需要通过信息化手段实现信息共享、对策共商、资源共建。从2008年成立时起，银领学院就开始研发订单招聘管理系统、学生职业素质量化考核系统、顶岗实习管理系统等应用系统，采用信息化手段构建基于互联网的管理信息平台，来保证招聘、管理、协调、评价等各项工作的科学、及时、高效。2018年，银领学院对三大系统进行升级改造，成为具有订单人才选拔、学生教育教学过程管理、顶岗实习过程管理、校企交流、家校沟通等五项功能的订单人才培养综合系统，并能够同时在PC端和手机端使用。

第一节
订单招聘管理系统

银领学院每年的订单学生选拔，都有六七十家订单单位和近2000名学生参加，历经宣讲会、报名、初筛、笔试、面试直至最终确认、组成订单班级整个流程，无疑是举办了一场历时近三个月的大型招聘会。通过订单招聘管理系统，可以有效实现信息及时、准确发布，流程透明、有序推进，过程公开、公正开展，结果准时、高效公布，大大提高了工作效率，保证了工作质量。

一、信息发布及时准确

订单报名开始前，通过订单招聘管理系统，学校可以发布相关通知、公告，每个学生可以方便获得订单招聘工作进程、规则、要求等信息，各家订单单位到学校开展宣讲的时间、地点安排一目了然。订单单位可以发布单位介绍、本次订单招聘的需求人数、岗位、工作地点、用工形式等信息，为学生报名订单选拔提供基础数据。

在订单报名的过程中，就业处、银领学院、各分院、各班主任都可以实时看到学生的报名情况和订单招聘进程，可以根据报名的集中度和学生个人实际情况，对学生进行有针对性的指导。订单单位可以实时看到报名本单位的学生的统计数据和具体信息，通过系统向学生发送点对点的面试、笔试、录用等通知。学生可以实时看到各家单位的报名情况，及时调整自己的报名志愿，实时查看订单招聘进程及录用结果。

系统的使用，使得信息能够及时发布，各项流程数据透明、过程公开，保证了订单选拔的公开、公平、公正、有序进行。

二、学生报名方便简洁

在订单招聘期间，每个学生可以通过PC端网页或手机微信公众号登录系统，进行信息查询和报名操作。学生进行订单招聘报名前，通过学号、密码登录后，首先根据本次订单招聘要求，对系统自动读取的基本信息进行完善，并提交班主任进行审核，确保数据的真实、可信。报名时，只要按照学校制定的订单选拔规则，在订单单位发布的招聘岗位、分支机构等项目中进行选择、提交即可，并能即时收到系统自动发送的“提交成功”信息。在之后的流程中，订单单位的笔试、面试、录用或淘汰等通知信息，学生都可以在系统里接收、查看。学生被订单单位拟录用后，还需要在系统里进行确认，完成最后的订单招聘流程。

三、班主任审核、指导方便有效

订单招聘期间，每个班主任登录系统可以清楚地看到自己班级学生的订单报名情况，从而可以结合学生的个体实际进行针对性的指导，并按系统要求撰写推荐意见供订单单位参考。班主任还需要对学生填报的班级排名、担任学生干部等信息进行审核，确保学生填报资料的真实、可靠。订单招聘结束后，班主任可以查看班级学生被订单单位录用的具体清单，准确掌握学生下一步的学习和工作去向。

四、单位招聘快捷高效

每年参加订单招聘的单位有六七十家之多，如何发布信息、提供招聘服务、确定录用名单等都是一项项繁重的工作。通过订单招聘管理系统，各订单单位可以在系统上发布单位介绍、招聘需求等信息，为学生订单报名提供指导。在报名期间，订单单位通过PC端或手机微信就能实时掌握学生报名情况，查看每一个报名学生的身高、体重、学习成绩、综合测评排名等基本信息，并定向发布笔试、面试、录用等信息。在招聘完成后，能及时得到学生的确认反馈，确定订单班级的最终名单。

通过招聘系统，订单单位实现了在线的信息发布、情况查询、交流互动、信息统计等工作，方便地进行初筛、录用操作，再结合现场面试情况，可以大大提高工作效率。

五、银领学院组班快速简便

订单单位招聘完成后,银领学院需要根据单位、岗位对录用的近千名学生进行组班。由于有些单位录用人数较少,还需要进行合班管理。通过系统的单位、岗位筛选功能,组班就比较容易操作了。组班完成后,被订单单位录用的学生就从原专业班级中出来,进入银领学院成为订单班学生。

第二节 职业素质量化考核系统

进入银领学院学习的这一年时间里，第一学期的学习活动安排在学校，第二学期安排在订单单位开展顶岗实习及行业培训。不管是学校的班主任、学院领导老师，还是订单单位安排的行业班主任、领导，都需要及时掌握学生的学习、实习情况，基于互联网构建的《学生职业素质量化考核系统》和《顶岗实习管理系统》就成了老师们最好的信息获取、过程管理的帮手，只要用自己的账号登录系统，不管在学校、家里还是订单单位的办公室，都能看到自己所关注的学生信息。

一、系统目标与初衷：明确发展要求，助推素质提升

学生的成长需要思想引导与行为规范相结合。行为形成习惯、习惯形成性格，培养学生的职业素质要从关注、规范他们的日常行为开始。学生的职业素质也体现在日常的、具体的行为习惯之中。在学校学习的这一个学期，银领学院坚持引导、教育为主，为了帮助学生认识自己的职业素质水平与行业要求之间的距离，明确努力目标与发展方向，激发学生提高自己的职业化水平和职业素质的积极性和主动性，制定了《学生职业素质量化管理实施细则》，从职业道德、职业形象、职业技能、职业能力、团队合作等五个方面对学生提出明确要求，并详细规定了加分和减分的项目与分值，帮助学生清楚地认识到哪些具体行为是学院支持的、提倡的、有利于自身职业素质提升的，哪些具体行为是学院反对的、禁止的、阻碍自身成长发展的。银领学院期望通过学生日常行为举止的落细、落小、落实，帮助学生养成良好的行为习惯、提升职业素养。

为了确保《学生职业素质量化管理实施细则》(以下简称《实施细则》)的有效执行并发挥效用，银领学院专门组织开发了基于互联网的《学生职业素质量化考核系统》，其入口放在银领学院官方网站主页中，学生、班主任、辅导员、用人单位都

可以用自己的账号、密码登录进行查询、数据录入和管理维护。

二、系统功能与操作流程:考核催生动机,反馈激发动力

为了更好地发挥系统的数据查询、考核管理、信息反馈等功能,通过系统考核催生学生成长发展动机,激励学生职业素质提升,《学生职业素质量化考核系统》设置了三类用户:学生、教师和订单单位。学生用户可以登录系统实时查询自己的量化考核分数和各项目加分、减分的明细,查看系统首页的通知等信息。订单单位用户可以登录系统查询自己单位订单班级所有学生的基本信息、量化考核分数和各项目加分、减分的明细,了解学生的日常行为表现、优势项目和存在的不足,从中得到对学生评价的重要信息。教师用户包括班主任、辅导员和学院领导等,可以根据自己的管理权限,输入学生的加分、减分数据及其详细的时间、原因等信息,查询学生的基本信息、统计班级的各项数据,有针对性地筛选出需要考核分数较低的学生名单,为开展进一步的教育引导提供数据支持。

在日常的管理过程中,对于《实施细则》中所涵盖的迟到、早退、上课玩手机等违规违纪行为,技能月度考核不合格、资格认证考试顺利通过等学业表现,在演讲比赛、礼仪比赛、运动会等活动中获奖,等等,班主任、辅导员都会及时把学生的情况录入职业化素质量化系统,按照规定对学生进行扣分警告或加分奖励。银领学院领导、学工办老师通过系统进行汇总统计、定向查询,及时发现学生的异常表现,进行面对面谈心谈话教育;订单单位的行业班主任也可以远程登录系统,查询自己所管理的班级的学生表现情况,有针对性地对学生进行警示或激励。

《实施细则》规定,当学生的分数总量低于60分时,由银领学院发出教育谈话通知,班主任要对学生进行个别谈话,指出问题,提出改进意见,帮助学生制订改进措施;当学生的分数总量低于40分时,由银领学院发出第二次教育谈话通知,由辅导员负责对学生进行个别谈话教育;当学生的分数总量达到或低于20分时,由银领学院发出第三次教育谈话通知,由主管学生工作的党总支书记负责对学生进行个别谈话教育,暂时允许该学生继续留在订单班跟班试读一个月,并将情况通报学生家长;学生在跟班试读期间,如果不能对自己严格要求,在量化考核中继续出现扣分现象,当分数总量达到0分时,启动退班程序。正是通过一次次的及时发现问题、反馈情况、批评教育,有效地帮助了学生认识问题、改正缺点、提高认识、提升素质。

三、实施成效:积极进取、充满活力的优良风气的形成

由于学生职业素质量化考核是银领学院日常的思想教育引导和行为规范管理工作的重要组成内容,考核覆盖到每一个学生的职业道德、职业形象、职业能力等各个方面,考核成绩与学生的评奖评优、就业上岗相关联,而且反馈及时、教育落实,成为推动学分、校风建设的有力抓手,对银领学院积极进取、充满活力的优良风气的形成发挥了重要作用。实施的成效主要体现在以下几个方面。

(一)不良行为明显减少,遵章守纪成为习惯行为

开展职业素质量化考核后,学生对考核分数高度关注,深刻认识到日常学习生活中迟到、早退、不规范着装、课堂玩手机等不良行为的危害。学生中原来无人过问的一些小毛病、小问题,在银领学院“职业化教育、员工化管理”的严格要求下,通过量化考核扣分的形式直观地显示出来,并会有班主任、辅导员进行谈话教育引导。这些做法彻底纠正了学生在大一、大二期间养成的不符合职业素质要求的不良习惯,形成了风清气正的良好班级氛围。

(二)优势培养得到重视,刻苦训练成为自发行为

在职业素质量化考核中,银领学院根据高职学生的特点和金融行业对应用型金融人才的特殊要求,对学生的职业技能、职业形象等方面提出专项考核要求,如制订职业技能月度考核标准,对月度技能测试不达标的学生进行扣分处理,对达到技能尖子标准的学生进行加分鼓励;早自习组织开展职业礼仪训练,期末组织职业礼仪比赛,对不认真参加礼仪训练的学生进行扣分处理,对参加礼仪展示、礼仪比赛的学生进行加分鼓励等。银领学院通过职业素质量化考核的工具,帮助学生更加重视优势的培养和素质的提升,让学生刻苦训练职业技能和职业礼仪成为自发行为。

(三)活动参与更加积极,实践锻炼成为主动行为

为了帮助学生全方位提升职业素质,银领学院每学期开学初就制定并公布《学生职业素质提升行动计划》,安排了十余项全院性的活动,为学生的成长成才搭建

锻炼平台。同时,通过职业素质量化考核单项奖励加分的形式,鼓励学生充分利用各项活动平台实现职业素质提升。如:对于参加毅行活动并走完全程25公里的学生,加20分;对积极参加运动会并获奖的学生进行5—20分的加分;对参加文艺比赛、演讲比赛等获奖的学生,每人加10分;等等。在活动本身的吸引和考核加分的双重激励下,学生参与面更广、积极性更高,实践锻炼成为学生的主动行为。

(四) 思想认识进一步提升,职业素质提升成为自觉行为

思想引导促进学生自觉行为,积极行为反过来也提升思想认识。银领学院的学生在职业素质量化考核的推动下,产生了思想认识提升与实践行为自觉良性互动、共同促进、相得益彰的良好效果。思想引导帮助学生认识到职业素质提升的重要性和必要性,参加具体的实践活动又不断得到考核加分的外在激励和自身存在感、获得感提升的内在激励,学生在切身的体验中感悟与进步,学生的职业素质就是在这样一次次思考、实践、感悟、再思考、再实践、再感悟中螺旋上升、不断升华。

第三节
学生顶岗实习管理系统

在银领学院第二学期开展的顶岗实习，是高职教育的重要实践教学活动，是学生步入社会、亲身参与、切身体验的过程，是世界观方法论的理论在具体工作实践中的初次运用。在学生自身与集体、个体与社会、学习与工作的互动当中，引导他们在思考中体会、在行动中感受、在经历中锻炼、在反省中感悟，是形成积极向上的政治思想素质，培养自我约束、自我调节和自我控制能力的绝佳机会，也是掌握工作方法、培养职业能力、提升业务水平的有效途径。

一、顶岗实习系统应用背景

顶岗实习期间，学生实习地点分散、沟通交流不便，要及时掌握学生的思想动态和实习状态，就需要在学校、学生、企业、指导老师之间搭建一个基于互联网的，集沟通、管理、教育、服务、监控于一体的信息管理平台，并用相应的规章制度保证管理措施的落实。通过信息管理平台，学生定期报告实习岗位、工作内容、实习收获与体会等情况；指导老师、班主任、辅导员及时批阅学生实习报告，了解学生实习动态，有针对性地进行反馈、指导，并转发、分享典型经验；职能部门、系部管理员可以汇总、统计实习信息，督查学生的实习和教师的指导情况。

二、银领学院顶岗实习系统功能及应用

顶岗实习管理信息系统主要由三部分构成，包括实习支持系统、实习管理系统、统计查询系统。实习支持系统主要是介绍顶岗实习制度，发布顶岗实习公告。实习管理系统包括院校管理、企业管理、学生自主管理三部分。统计查询系统主要包括信息查询模块、综合统计模块。

银领学院规定学生在实习期间每周至少登录系统一次并撰写实习周记，班主任、辅导员进行批阅、点评并分享优秀的实习周记。顶岗实习管理信息系统最大的优势：首先是全面了解信息，完善教师、家长、学生的沟通渠道；其次是联络便捷，系统通过多种通信手段采集信息，将数据进行汇总和整理，在无法上网的情况下，可以选择手机登录，填写实习周记、查看信息；再次是安全监控，安全问题是实习中的关键因素，通过系统，指导教师和企业管理员做好安全防范工作。

通过批阅学生实习周记，班主任、辅导员可以及时发现学生的思想状态和实习动态。对于较长时间未登录系统的学生，就通过电话、微信等形式进行询问，了解学生是否在岗位正常实习。对于学生在周记中反映出来的问题，主动以电话、微信等形式进行沟通、交流，为学生排疑解惑。银领学院还以微信公众号形式定期发布学生在实习周记中表现出的共性问题、先进经验和正能量感悟，配以教师的点评，引导更多的学生在实习过程中转变观念、端正态度、激发潜能、改进工作。

三、顶岗实习系统使用成效

（一）实现三方联动，加强了学生职业素质教育

学生顶岗实习期间，以顶岗实习管理系统为平台，接受了学校、企业和家庭的三重管理与监督，很好地协调和保证了学校、学生和企业三方的权利和义务。通过平台信息的发布、实习体会的分享、教师的点评等方式，帮助学生掌握实习过程中常见问题的应对方法，得到了教师具体和个性化的指导，学习其他学生成长的经验与感悟，鞭策与激励自身的成长与进步，学生的职业素质普遍得到提高。

（二）提升了学生职业素质，推动了学生优质就业

银领学院在第一学期职业素质教育的基础上，在顶岗实习期间，充分利用顶岗实习管理系统，针对学生实习中遇到的实际困难和问题，继续跟踪学生实习情况，开展个性化指导，帮助学生更快地适应工作岗位、得到用人单位更好的评价。学生职业素质的提升，对优质就业起到了积极的推动作用。银领学院订单班的学生在毕业以后都能顺利进入工作环境好、待遇优、发展有平台的金融行业一线就业。他们动手能力强、综合素质高，得到了行业的一致好评，学生签约率年年超过98%，全部学生顺利实现对口就业，学生的薪资水平、工作环境名列同类院校前茅。这为银领学院的优质品牌奠定了基础，为今后更多届银领订单班学子树立了榜样。

第十章
挑战与跨越

2017年12月，国务院办公厅发布了《关于深化产教融合的若干意见》（以下简称《意见》），将深化产教融合，促进教育链、人才链与产业链、创新链有机衔接，推进人力资源供给侧结构性改革的迫切要求，全面提升人力资源质量，提升到战略高度。《意见》明确提出，深化产教融合的主要目标是，逐步提高行业企业参与办学程度，健全多元化办学体制，全面推行校企协同育人，用10年左右时间，教育和产业统筹融合、良性互动的发展格局总体形成，需求导向的人才培养模式健全完善，人才教育供给与产业需求重大结构性矛盾基本解决，职业教育、高等教育对经济发展和产业升级的贡献显著增强。《意见》的发布，在行业发展、大学生全面步入“00后”时代的新形势下，对校企合作、产教融合提出了新目标、新要求。

第一节 银行业发展新要求与应用型金融人才培养新策略

高等职业教育以服务为宗旨、以就业为导向，人才培养需要紧密契合社会需求、市场需求、企业需求，才能为社会、企业输送适合产业发展的高素质人力资源。2018年上半年，我们走访了20多家银行，共访谈了40多位银行人力资源部领导、基层网点负责人和银行一线员工等不同岗位、不同层次人员，了解银行发展现状和人才供给与需求情况，调查银行员工薪酬待遇、工作压力、职业发展等现实问题，把握银行在职员工特别是新员工的思想动态、银行员工离职情况及原因，在此基础上针对面临的问题提出应用型金融人才培养对策。

一、银行业发展及对应用型金融人才培养的新要求

2018年宏观经济政策在防风险、保增长、调结构多重目标之间艰难平衡，金融监管风暴的来袭与监管体系的变革，中美贸易摩擦所带来的国际环境的恶化，都对银行业的稳定与发展提出了严峻挑战。金融科技的创新应用对银行业务内涵、服务模式、产品形态等都产生了很大的影响，系统性金融风险的防范、普惠金融与绿色金融任务的落实，不断推动着银行的转型创新发展。新形势、新环境、新目标对应用型金融人才培养提出了新要求、新期待。

（一）银行业整体吸引力下降，参与校园招聘的应聘大学生人数减少

近几年由于宏观经济和金融行业自身的原因，银行间的竞争更加激烈，银行一线员工的工作压力不断加大，工作综合性持续增强，但银行员工整体薪酬待遇与前几年相比有所下降，与其他行业相比优势也在减弱，从而影响了职业发展预期，导致银行业对大学毕业生的吸引力明显下降，特别是对重点大学毕业生，银行校园招

聘热度不再像以往那样火爆。北京大学教育学院岳昌君等的《2017年全国高校毕业生就业状况实证研究》显示，在19个行业分类中到金融业就业的毕业生占比为12.9%，排名第一，从事金融业的毕业生起薪排在信息传输、计算机服务、软件业以及科学研究、技术服务和地质勘探这两大类之后，名列第3位，但是毕业生就业满意度却排在第11位，处于中间偏后的位置。[①]对毕业生的需求量大、起薪相对较高，但毕业生就业后满意度偏低，正是当前金融行业就业市场的特点。我们在调研中遇到的一家国有商业银行人力资源部反映的情况也比较有代表性，他们往年到一所重点大学校园招聘管培生，报名学生都有300多人，而这两年都只有100余人，虽然应聘人数还是很多但已经不再像以往那样火爆；一家城市商业银行反映，今年到一所本科院校招聘待遇相对较低、发展空间相对较小的电话客服岗位员工，投简历的有100余人，参加面试的只有40余人，他们录用了其中的20人，但实际到岗的不足10人，工作两个月之后只留下了2人。

（二）银行在职员工辞职率上升，一线应用型员工紧缺加剧

从各家银行人力资源部了解到的情况来看，近几年银行一线员工非常紧缺。一是因为国家“二孩”政策放开，银行柜员、电话客服等岗位基层员工以年轻女性为主体，集中怀孕、生孩子而请长假的现象比较普遍，直接导致人手紧张；二是因为员工离职率较高，一方面是近几年各种金融公司、财务公司的涌现，吸引了一批具有一定工作经验、客户资源的员工跳槽，另一方面是现在招聘上岗的一般都是“95后”新员工，他们的价值观、就业观、心态都与以往的员工整体上有较大不同，很多新员工吃不了眼前的苦、受不了当下的压力，没有为生存而就业的经济负担，上岗几个月就辞职的情况明显增多。

（三）银行需求岗位的构成发生变化，对人才能力素质结构要求改变

随着金融科技的大力推进，银行的数字化转型改变了行员结构，银行网点和员工逐渐从“交易型”向“服务型”转变。一是银行柜员岗位需求逐年减少，新增柜员主要用于补充现有员工的流失；二是对柜员的要求发生改变，需要更多较强沟通能力、营销能力的“服务型”柜员，而不是传统只受理业务的“交易型”柜员，比如民生银行杭州分行就已经将柜员改称为“个人业务助理”岗位，突出服务职能；三是普惠

① 岳昌君、白一平：《2017年全国高校毕业生就业状况实证研究》，《华东师范大学学报》（教育科学版）2018年第5期。

金融工作的推进落实，商业银行面向小微企业服务工作重心下移，对客户经理岗位需求增加明显。

（四）银行校园招聘的学历要求开始降低，对高职毕业生而言机遇大于挑战

银行一线员工紧缺的情况，给人力资源部及相关业务部门的工作造成很大的压力。同时，银行薪资待遇和发展空间下降、新经济发展拓展了更多的就业空间，以及“95后”学生就业观念、心理状态变化等多方面的原因，导致大学毕业生去银行就业热度下降，特别是重点院校毕业生去银行就业热度的降低，上岗后离职率又偏高，使得银行招聘难度增加、期望调低，人才高消费情况有所缓解，招聘变得更加理性，学历门槛也出现了松动，高职院校毕业生去银行就业的机会增多。以浙江金融职业学院为例，往年各家银行与学校组建订单班的总需求计划数一般在1200人左右，2018年、2019年均激增到2000人以上，远远超过了学校应届毕业生的供给数量。

二、“95后”大学毕业生的就业价值取向出现明显的变化

金融行业就业市场的变化，是用人单位的需方要求和就业学生的供方选择共同作用的结果。当前“95后”大学毕业生出现的新状态，特别是就业价值取向和择业心态的变化，对就业市场具有非常大的影响。

（一）学生的就业价值取向发生变化，更加重视追求工作品质而非单一的薪酬待遇

价值取向是价值观的重要组成部分之一，是指人们看待事物的价值方向及对应的行为表现。就业价值取向是在一定的历史环境中，就业主体在择业就业过程中对职业价值的认知、评价和选择的倾向性态度，即一个人在进行职业选择过程中所秉承的价值要素的集合。工作的谋生性质被个体的成长需求所取代，传统“好工作”的定义对越来越多的“95后”已经不再适用：铁饭碗、大公司已经不再是他们的首要选择；工作内容的新鲜感和创造性比工作表现得到领导赏识更为重要；工作的自主性及有活力的工作团队比成为领导者更让人梦寐以求。[①]在调研中我们也发

① 罗茹晏：《当代大学生就业价值取向变化对高等职业生涯教育的启示》，《时代金融》2018年第5期。

现，与以往的毕业生不同，现在的学生个性都比较强。由于大多数家境条件比较好，就业已经不是为了解决生存问题，薪酬待遇与工作的稳定性不再是他们重点考虑的内容，而是更多地为了兴趣享受生活，其价值追求不是为了能够做更多贡献达到自我实现，而是个人舒适自由的生活品质。就工作岗位而言，在银行就业虽然薪酬待遇还可以、稳定性强、发展空间相对较好，但是工作强度大、压力大、规矩多、不自由，而后者是现在很多“95后”学生所重点考虑的就业标准，因而出现很多学生进银行就业意愿不强，一部分进银行工作的学生也是出于传统就业观念的父母之命不得已而为之，上岗后不久就主动辞职的情况多就不难理解了。

（二）学生就业心态改变明显，慢就业不就业情况大量增加

腾讯公司2016年7月发布的名为《QQ浏览器大数据：“95后”迷之就业观》关于2016年高校毕业生毕业去向的大数据报告显示，2016年高校毕业生不再仅仅局限于传统的就业观念与渠道，而在毕业去向选择上呈现多元化、网络化、娱乐化的三大新趋势。以前更多的年轻人选择进入正规就业部门，采取被人雇用的方式就业，现在年轻人更多地倾向于自我就业、灵活就业、非正规就业。我们调研时，无论是在与银行人力资源部的交流还是与学生的沟通中，都明显感觉到“95后”学生就业心态发生了更显著的变化，好几家银行都谈起现在的新员工离职率高的现象，他们辞职不是因为找到了更有发展前景的工作，而是觉得银行工作太累规矩太多，大多数在辞职时并没有找到新的工作，部分就待在家里不着急就业，部分是去找了待遇低职业发展空间不大但比较清闲、比较自由的如小企业会计等工作，有的是自己开了网店或蛋糕店等做自己喜欢的事情。

（三）求职追求多元化，更多考虑当下乐趣而不顾长远发展

越来越多的“新兴人”不再局限于传统的就业观念和渠道，他们敢于创新，也乐于尝鲜，商场陪购师、户外遛娃师、线上声优、直播网红、网游陪练等一大批新兴职业成为“95后”择业的新选择。城市画报和腾讯QQ联合推出了“95后”兴趣报告，在4000余份问卷中，关于职业选择，有62%的“95后”把“符合个人兴趣”列在第一位；有接近6成的“95后”在兴趣发展中遇到各种困难、不解、嘲讽时，都选择了“不放弃”。①“95后”大学生更热爱自由，他们更喜欢自由轻松的职业，他们不将就，崇尚“我就是我”的自我认知，“网红、主播、声优”等互联网经济衍生的系列职

①王晶晶：《城市画报&腾讯QQ发布“95后兴趣报告”》，https://www.Digitaling.com/articles/37060.html。

业符合他们的性格,成为他们就业创业的首要选择。“特立独行”的“95后”将自身的兴趣和生活紧紧地融为一体,同时将兴趣作为自己生活、职业选择的第一影响因素,他们是“兴趣至上”的一代。[①]然而,满足于当下的兴趣、轻松、自由,缺少了奋斗、拼搏、历练与积累,对于很多学生来说也许已经埋下了长远职业发展的隐忧。

三、新形势下应用型金融人才培养的策略

从银行就业市场出现的问题来看,目前主要存在四对矛盾:一是银行高标准快节奏高强度的工作与“98后”大学毕业生追求舒适自由的生活品质之间的矛盾;二是“二孩”政策放开、辞职人员增加与银行人员紧缺、工作量进一步加大之间的矛盾;三是银行待遇相对下降、期望降低与新经济形势下学生择业机会增加之间的矛盾;四是柜员需求下降、职能转变、要求提升与学生能力相对欠缺出现本领恐慌、压力变大之间的矛盾。出现这些矛盾的原因既有金融行业大环境改变的因素,有“98后”学生价值观和就业心态改变的因素,也有学校思想教育与专业教学没有及时做针对性改变的因素。根据调研情况,我们针对高校面向金融系统、特别是银行系统应用型人才培养提出以下策略建议。

(一)加强思想政治教育,提升学生的思想素质

高校人才培养,要以立德树人为根本,帮助学生树立正确的人生观、世界观、价值观,激发学生拼搏的精神、奋斗的激情,“幸福都是奋斗出来的”。通过有计划、针对性地开展思想政治教育,提高学生的职业道德水平,培养学生爱岗敬业、诚实守信、勤勉踏实的思想品德。高校要开展幸福教育,帮助学生认识幸福的内涵与真谛,通过职业理想的确立,提高学生认知幸福的能力,通过职业道德的提升,提高学生感悟幸福的能力,通过职业精神的培育,提高学生品味幸福的能力,通过技术技能的学习,提高学生创造幸福的能力,让学生生活在真正的、有意义的幸福之中。银行岗位相对而言虽然工作压力大、规矩规则多、比较劳累辛苦,但银行都是正规的大企业,培训机会多、工作稳定、管理规范等传统优势依然存在,是培养人、锻炼人、成长人的地方,尤其是对于金融高职院校毕业生而言,如果希望通过自己的刻苦努力做出一番成绩、谋求良好的职业发展,还是最好的选择之一。

---

① 王亭:《“95后”大学生就业价值取向变化特点及其引导》,《重庆电力高等专科学校学报》2018年第6期。

（二）加强心理品质教育，提升学生的心理素质

学生中出现的问题，还有一部分是心理品质的问题。意志力不强、自控力不够、刻苦精神不足、纪律观念淡薄等都可以归结到学生的心理素质问题。因此，在校期间要重视学生的心理品质教育，通过思想引导、心理疏导、活动锻炼、朋辈激励等各种途径，培养学生自知、自信、自强、自律、乐观、开朗、坚强等良好个性品质，锻炼学生心理应变、竞争协作、承受挫折、调适情绪、控制行为等心理适应能力，培养学生合理的需要、适度的动机、广泛的兴趣、适当的理想、科学的信念等积极而强烈的内在动力，培养学生积极、健康的心态，从而帮助学生更好地适应工作、适应岗位、适应社会。

（三）加强职业能力培养，提高学生的工作本领

现在银行一线岗位，不再是单纯的操作型工作，而是服务型工作，对学生的职业综合能力提出更高要求。部分学生应聘柜员岗位，就是因为自己内向、不善沟通等弱点，现在柜员工作内容开始转变，部分学生就容易出现职业能力不足而不能胜任岗位的情况，甚至出现恐慌而离职。因而，在新形势下，学校除了专业能力以外，还要通过实践的载体、运用学做结合的手段进一步加强学生职业能力培养，尤其是人际交往能力、团队协作能力、沟通交流能力、营销能力等。此外，环境适应能力、遇到挫折时良好的心理承受能力等都是在职业活动中不可缺少的能力，都需要在学校期间进行有意识的培养。

（四）加强学生特长培养，提升学生的竞争优势

在调研中我们发现，有特长的学生更具竞争力，走向社会后更容易脱颖而出。这里的特长既包括专业特长，如技能尖子、高含金量证书等，也包括素质特长，如主持、演讲、茶艺、舞蹈、体育等。因而，在校期间要根据学生的个性化需求，加强学生个性化指导，挖掘其优势特长，培养特长学生、品牌学生。特长培养工作既能够提升学生的竞争优势，也有利于提高学生今后的生活品质。

（五）加强学生职业规划指导，培养学生正确的职业观就业观

学生对进入银行就业意愿不强烈，很大部分因素是学校对学生的职业规划指

导不充分,或是指导针对性不够,没有贴近学生的个性化需求。因此,高校需要进一步加强学生职业生涯规划指导,培养学生正确的职业观、就业观,学会用长远的、发展的眼光来进行职业选择,要帮助学生认识到,大学毕业生刚到银行就业,需要从最基层的柜员、客户经理等一线岗位做起,确实很辛苦,但是在银行有比较清晰的职业发展通道,只要努力还是有很多机会的;再者,在银行工作几年积累了业务能力、客户资源等之后,再向资管公司、财务公司、互联网金融公司等发展,都是可以预见的成长通道。

(六)改进专业教学内容,根据就业方向组织更加有针对性的分类教学

从理论上来说,专业学习与就业方向选择应该是比较吻合的,特别是对于以就业为导向的高等职业教育而言,学生一方面学习通用知识、培养关键能力、提升素质素养,还有很大一部分是面向特定行业、职业岗位的有针对性的专业学习和技能训练。但在实际教学过程中,如果学生已经明确了今后就业方向与既定专业并不一致,他们就会认为专业学习、技能训练是在浪费时间,学习的积极性、主动性就会大大降低;或者说,对于就业方向已经明确与所学专业不相一致的学生来说,如何更有针对性地组织教学,是学校需要重点考虑的问题。因而,高校需要在大一下学期或至少大二开始,就要帮助学生思考、选择就业方向,按就业的行业、职业及岗位大类进行班级重组,实施分类教学。

就金融类专业群而言,现在高校大多按照学生去银行就业的前提假设安排教学内容,但从实际情况来看,这几年学生毕业后真正愿意去银行就业的不到一半学生。明确不去银行就业的学生在大二、大三专业学习与技能训练时就容易出现明显的放松、懈怠甚至抵触情况,既浪费学生的时间、降低了教学效果,也影响了学风班风。学校有必要提前开展职业指导与就业引导,帮助学生正确定位、提前分类。就教学的具体内容和要求而言,高职院校的金融专业群原先主要是按照银行柜员岗位方向进行设计的,但现在银行需求上柜员岗位逐年下降、客户经理岗位快速增加,对学生沟通、营销、风险管理、金融法律法规等知识与能力的要求不断提高,但如果学校的教育内容安排没有及时更新,在学生今后职业发展中将留下缺憾。

(七)优化能力素质培养体系,为学生的可持续发展奠定基础

思想素质、心理品质、职业素养都是影响学生成长成才和可持续发展的重要因

素，而思想观念改变、心理素质磨砺、职业规划制订、爱好特长培养、良好习惯养成等素质素养的培养是一个长期的、渐进发展的过程，需要从大一开始就进行，各年级分步推进、分层实施。浙江金融职业学院的“学生千日成长工程”遵循的就是这一理念，从学校层面进行顶层设计，由各分院具体实施，并取得了积极的成效。同时，根据社会环境、行业需求和学生状态的发展变化，具体的内容需要不断完善、实施方案需要持续优化、实施效果需要进一步凸显、实施的覆盖面受益面需要进一步扩大。

（八）深化产教融合，实现人才培养与就业的无缝对接

在调研访谈中我们发现，浙江金融职业学院和金融行业以订单形式合作培养出来的毕业生，在职业技能、职业礼仪、实践动手能力和职业素质四个方面整体上优势比较明显，相对于校园招聘的学生，订单班学生的心态更好、稳定性更强，在较短的时间里就能快速适应岗位进而成为业务骨干，总体表现得到基层网点负责人的高度评价，这也是浙江金融职业学院订单需求能够保持稳定并出现上升、部分单位为订单班学生出台专门的优惠政策的原因。产教深度融合，实现人才培养与用人需求的无缝对接，是高等职业教育提升人才培养质量的重要举措和有效实践。

第二节
产教融合新要求与订单人才培养新跨越

通过深化产教融合，促进教育链、人才链与产业链、创新链的有机衔接，促进人才培养供给侧和产业需求侧结构要素全方位融合，已经成为高等教育界和职业教育界的基本共识，也得到了产业界的广泛响应。在实施的过程中，如何克服教育系统和产业系统跨界融合的现实困难，创新产教融合的实施路径，不断丰富产教融合的内涵与类型，构建教育和产业统筹融合的发展格局，进一步强化企业的重要主体作用等，还有很多问题值得深入研究。

一、产教融合战略及高等职业教育产教融合的定位

产教融合，是国家为了全面提高教育质量、扩大就业创业、推进经济转型升级、培育经济发展新动能、落实教育综合改革的决策部署，在新形势下提出的战略举措。

（一）产教融合，是大学服务社会的基本要求

从18世纪至19世纪约翰·纽曼的“大学是探索普遍学问的场所”，威廉·冯·洪堡的以“科学研究”和“个性与道德的修养”为主要目标的理性主义大学理念，发展到20世纪以威斯康星大学为代表的实用主义大学理念，把大学的教学、科研与社会联系起来，逐渐成为现代大学的主要办学指导思想。大学的职能，从古典大学阶段单一的“教学”功能，到近代大学的“教学”和“科研”两大功能，发展到现代大学的“教学”“科研”“社会服务”三大功能。2011年4月24日，胡锦涛总书记在《在庆祝清华大学建校100周年大会上的讲话》中，首次提出“高等学校人才培养、科学研究、社会服务、文化传承创新”四大职能。大学在发展的进程中，逐步走出“象牙

塔”,与社会发展的关系日趋紧密,从游离在社会之外逐渐走进社会的中心,大学服务乃至引领社会政治、经济、文化发展的作用日益凸显。

产业作为社会经济发展的重要组成部分,是高校人才培养的主要就业去向,是科学研究成果的重要应用与推广单位,是大学促进社会经济发展的主要实施载体,实现高等教育与产业的深度融合,是大学实现社会功能、促进社会发展的题中应有之义。党的十九大报告就深化产学研结合、产教融合的论述中,提出“加快建设创新型国家”要“深化科技体制改革,建立以企业为主体、市场为导向、产学研深度融合的技术创新体系”,“优先发展教育事业”要“完善职业教育和培训体系,深化产教融合、校企合作”。

（二）产教融合,是国家面向高等教育和职业教育的战略部署

中华人民共和国成立以后,产业与高等教育的关系大致经历了产教边界清晰、产品导向的产教同构、政治导向的产教捆绑、知识本位导向的产教关系弱化、创新驱动导向的产教关系恢复等阶段,现在正进入产教融合的进行时新阶段。[①]职业教育领域,2005年《国务院关于大力发展职业教育的决定》、2015年《教育部关于深化职业教育教学改革 全面提高人才培养质量的若干意见》等文件,都强调了职业教育要与企业、产业深入合作开展人才培养。有关产业与高等教育、职业教育的关系表述上,曾经采用了“工学结合”“校企合作”“产学结合”“产学研结合”“产教融合”等词汇,体现出从形式上的“结合”、双方的“合作”直至深度的“融合”一步步深化的过程。2017年12月由国务院办公厅发布的《关于深化产教融合的若干意见》,更是将产业与高等教育、职业教育的融合提升到战略部署层面。

深化产教融合的主要目标是解决人才教育供给与产业需求重大结构性矛盾,提高教育为经济发展和产业升级的服务能力。从《关于深化产教融合的若干意见》的表述中可以看出,高等院校与职业院校由于办学使命、功能定位、特点优势等的不同,在产教融合中承担的任务、发挥的作用、实施的策略是有所侧重的。高等院校尤其是研究型大学,主要是“发挥对国家和区域创新中心发展的支撑引领作用”,健全与行业骨干企业、中小微创业型企业紧密协同的创新生态系统,“增强创新中心集聚人才资源、牵引产业升级能力,适应以城市群为主体的新型城镇化发展,合理布局高等教育资源,增强中小城市产业承载和创新能力”,“围绕产业关键技术、核心工艺和共性问题开展协同创新,加快基础研究成果向产业技术转化”。职业院校则主要通过“推行面向企业真实生产环境的任务式培养模式”,“鼓励以引企驻

① 袁靖宇:《高等教育:产教融合的历史观照与战略抉择》,《中国高教研究》2018年第4期。

校、引校进企、校企一体等方式,吸引优势企业与学校共建共享生产性实训基地”,“坚持职业教育校企合作、工学结合的办学制度,推进职业学校和企业联盟、与行业联合、同园区联结”等形式,提升职业院校的人才培养质量,使培养的学生更加符合产业发展的要求。

(三) 人才培养和技术创新与服务,是高等职业教育产教融合的基本定位

高等职业教育具有高教和职教的双重属性,在产业融合方面具有独到的优势和特定的使命。高等职业院校具有一定的应用技术研发和协同创新能力,可以通过产教融合帮助企业改进工艺、革新流程,提供产品开发、技术培训等服务,可以与企业联合开展技术创新,帮助企业特别是中小微企业转型升级发展。高等职业院校是企业高素质技术技能型人才的主要来源渠道,也是进行在职员工技术技能培训和一线管理与服务能力培养的重要基地。高等职业院校,要通过深化产教融合,促进办学制度的完善和人才培养模式的改革,实现教育理念的更新、教学条件的改善、教学环境的优化、教学方法手段的改进、教学资源的丰富,从而提高人才培养质量和社会服务能力。

二、高等职业教育产教融合的内涵深化与类型演变

高等职业教育与产业、企业合作的历史由来已久,在产教融合演变发展的过程中,内涵不断深化,合作类型不断丰富。

(一) 高等职业教育产教融合的内涵

讨论产教融合问题,对于研究型大学、应用型本科院校和高等职业院校,其目标、内容、形式、机制等应有所区别对待,不能一概而论。高等职业院校与产业的关系,从校企合作、工学结合到产教深度融合,从企业帮助学校办学、学校与企业合作培养人才,发展到知识创新与技术创新融合机制的形成、思想素质教育与专业技术教育育人模式的构建、学校学习与企业实践深层互动教学组织形式的优化,不仅是形式的改变、内容的深化,而是新的教育形态的形成。

1. 产教融合,形成知识创新与技术创新相融合的新机制

何谓知识创新,马海泉等在总结前人的基础上提出:所谓知识创新,是指“知识汇聚、知识传承、知识创造、知识应用和知识传播”活动。知识是认识世界的,技

术是改造世界的。从国家发展来看，唯有将知识创新与技术创新双轮驱动的国家创新体系纳入强国战略，构建全社会共同参与的“大众创业、万众创新”社会，明确企业在技术创新中的主体地位，明确大学在知识创新体系中的主体地位，才能真正使国家发展从大到强。[①]高等职业教育是高等教育的重要组成部分，通过产教融合促进以高校为主体的知识创新与企业为主体的技术创新融合机制的形成，对高职教育自身的变革和价值的实现、企业技术革新和应用创新都具有重要意义。

2. 产教融合，深化思想素质教育与专业技术教育相结合的育人新模式

“立德树人”是高等职业教育的根本任务，加强职业道德教育、培养学生“工匠精神”是新时代高等职业教育人才培养的重要内容。马克思主义认识论认为，人们思想观念的形成、发展，以及判断思想的正误都离不开实践，实践是人们思想认识的出发点和归宿，思想政治教育要引导人们形成正确的思想认识，必须以社会实践教育为教育的基本途径。[②]教育部2017年12月印发的《高校思想政治工作质量提升工程实施纲要》提出，“坚持理论教育与实践养成相结合，整合各类实践资源，强化项目管理，丰富实践内容，创新实践形式，拓展实践平台，完善支持机制，教育引导师生在亲身参与中增强实践能力、树立家国情怀”。实践育人是提升学生思想素质和专业能力的有效途径，产教融合育人模式将学生置于具体的工作场景之中，以先进企业文化熏陶、优秀员工榜样引领、企业帮带师傅言传身教、实际工作过程锻炼、真实情景现场体悟，通过学思结合、学做融合、知行合一，学生在具体的实践情境中培养诚信品质、敬业精神、责任意识等思想品质，实现品德建构和专业技术水平的提升。

3. 产教融合，优化学校学习与企业实践深层互动教学组织新形式

将职业教育与产业需求紧密联系，学校与企业共同培养应用型人才，是职业教育产教融合的重要内容。在人才培养的过程中，以政府为主导，学校负责教学的总体组织、规划、协调，企业发挥主体作用，提供实践岗位、安排帮带师傅、落实实习场所，与学校共同开展学生的职业思想教育、职业技能训练、职业能力培养与职业素质养成教育，教学场所横跨学校的教室、实训室与企业的员工培训基地、生产车间，教学地点校内、校外相结合，教学时间课内、课外相联系，教学方式线上、线下相补充，有效推进了教学模式的改革。通过产教融合，学校与企业共同构建了理论学习与实践锻炼有机结合的教学组织新形式。

4. 产教融合，构建“岗位适应、行业标准”的应用型人才质量评价新体制

传统的人才培养质量评价，是以学校为主制订的标准来评判“产品或服务的优

---

① 马海泉、樊秀娣：《知识创新能力：大学的核心价值》，《中国高校科技》2018年第5期。

② 黄志斌：《当代思想政治教育方法论》，合肥工业大学出版社2012年版。

劣程度”，是总结性的、静态的、学校内部评价的过程。而今，“质量”的定义已经更新为“产品或服务对使用者或服务对象需求的满足程度”，质量评价是形成性的、动态的、外部评价的过程。产教融合实现了企业参与并主导对人才培养质量的评价，以行业的标准和岗位的要求来衡量学生是否“满足需要”“适应发展”，而且在共同培养的过程中，做到职业道德、职业能力、职业技能和职业素质的多维度考查，与学校一起实现学生培养质量的持续提高，形成行业标准、全面评价、持续改进的人才培养质量评价新体制。

5. 产教融合，形成高等教育与产业协同创新发展的新生态

产教融合，是指教育系统与产业系统的融合，不是仅仅局限于一所学校与一家企业在某一个方面的合作，而是基于某一产业的多家学校、企业实现知识创新与技术创新共融、人才培养目标与教学内容共商、研究开发与实践指导师资共用、理论教学与实习实践过程共抓、模拟实训与顶岗实习基地共建、技术应用与人才培养成果共享的全方位、多层次合作，形成优势互补、协同创新、共同发展的生态系统。

（二）高职院校校企合作、产教融合的类型演变

职业教育与产业发展具有先天的密切联合，职业院校和企业拥有良好的合作基础。在校企合作、产教融合的发展过程中，总结了很多成功的经验，形成了多种典型的合作模式，具体可以概括为以下几种类型：

1. 以“项目”为代表的“点”状合作类型

高职院校以项目形式和企业开展合作的起步最早、操作难度最小、见效最快。典型的代表形式有：企业资助设备、应用软件等形式与学校共建校内实训中心，学校在企业设立校外实践基地安排学生实习、实践，学校引入企业的认证证书、设立认证培训中心、组织学生参加企业认证等。这种合作类型是单个的、孤立的项目，很多项目仅局限于课程层面，学校大多对企业是单向依赖，校企合作的深度有限。

2. 以“平台”为载体的“线”型合作类型

在项目的基础上，高职院校与企业开始构建合作平台，进一步深化合作内容、扩大合作范围，逐步形成人才培养全方面合作，主要代表形式有：采用2+1模式与企业以订单班的形式在学生毕业前一年进行订单培养，采用1+1+1模式组建现代学徒制班级等。这一类型以订单班级为平台，校企双方共同就人才培养开展培养目标、培养方案、师资、教学、实训实习等多方位的合作，为订单企业定向培养应用型人才。这一类型的合作解决了企业员工招聘的现实问题，调动了企业参与的积极性，在实践中取得了较大的成功。但这一合作类型是“线”型的，仅仅停留在应用型人才培养方面，对企业其他方面的贡献度较小、参与度不深，大多局限于专业

层面,面向的也是单个企业,合作的偶然性很大,稳定性、持续性都存在一定的风险。

3. 以“机制”为特征的“平面”型合作类型

在合作的过程中,校企双方越来越认识到机制建设对深化合作内涵、提升合作层次、稳固合作关系的重要性,开始共同建设冠名二级学院,甚至出现了混合所有制形式的产业学院,构建了相对完善的运行机制,设立专门部门进行具体的运行管理,校企双方进行人才培养、技术开发、应用推广等多方面的合作,政府、行业协会也开始真正参与并承担一定的指导职能。但是这一合作类型是“平面”的,大多停留在专业群、二级学院层面,合作的对象是单一的学校面对单一行业的多家企业,这只能算是产教融合的初级阶段,服务面向和融合深度还可以进一步拓展。

(三) 高职院校产教融合类型的创新突破

经过近20年的发展,高职院校校企合作、产教融合类型不断丰富、层次不断深化,但是距离产教深度融合的目标要求还有突破的空间。形态上需要从点、线、面向立体化方向发展,层次上需要从课程、专业、专业群向学校、集团方向演化,性质上需要从项目、平台、机制向生态方向演变。高职院校深化产教融合的下一个目标,应该是构建以“生态”为理念的“立体化”的合作类型。这一合作类型当前正处于酝酿之中,是什么、怎么建也正是本文讨论的重点。这一产教融合类型至少应该包含上文所提出的五项内容,其主要的特征要领是建立在学校乃至职教集团层面,面向产业实现跨学科、跨专业、跨行业合作,开展知识创新与技术创新、技术应用推广、人才培养、在职员工培训等深层次、全方位融合,形成有多企业多学校参与、多项目合作、多层次融合的,共商、共建、共享的生态系统。

要形成生态系统任重而道远,关键是要建设能够聚集各方力量、整合各方资源、协调各方利益、维护系统运作的核心载体。这一理想中的核心载体是什么?笔者借鉴德国“双元制”的成功经验,结合我国现代职教体系的构建和职业教育发展的实际情况,提出的方案是建设中国版的“跨企业培训中心”。

三、产教融合的载体创新:“跨企业培训中心”的建设思路

如何将属于不同单位性质的政府、学校、企业、行业协会组织起来,成功实施教育系统与产业系统的跨界融合?很多学者研究认为,形成“职业教育共同体”是实现职业教育多元、异质主体融合的重要途径。傅伟提出,职业教育的内在性、系

统性和时代性决定了职教共同体作为实现产教融合的必由之路和社会主体参与职教的重要方式，以校企合作为基础的职业教育共同体创新是当前技能人才培养模式优化的关键。[①]马庆发认为，“以职业教育共同体为导向的办学模式改革，将是今后我国职业教育发展的路径选择”[②]。那么，职业教育共同体以什么形式存在？其运作平台或现实载体是什么？职业教育集团一度被寄予厚望，但是多年实践的效果并不理想，绝大多数只能以非法人组织形式存在的职教集团，组织机构松散、约束机制缺乏、协调手段单一，难以承担深化产教融合的任务。因而，需要通过“跨企业培训中心”建设，保障职业教育共同体的运作和推进产教融合生态系统的形成。

（一）为什么要建设“跨企业培训中心”

产业系统与教育系统在运行机制、发展策略、行动准则、改革方式以及主体构成等五个方面有着较大的差别。这种差别可以被视为过去产教融合过程中各种内在矛盾的源头。[③]石伟平等提出，“在推进职业教育办学模式改革过程中，职业教育的跨界属性要求必须树立产教融合的空间思维”。所谓空间思维，是指产业与教育原本处于两个相互独立的空间之内，有着各自的运行规则，产教融合的实现需要打造公共空间，并根据其运转需要制订相应的新规则。如果仅仅考虑教育发展的需要，那么职业教育办学将很难满足产业的发展需要；而如果仅仅考虑产业发展的需要，那么职业教育办学也将很难满足教育的发展需要。因此，当务之急在于研究促进职业教育产教深度融合的规则体系。[④]而比较适合承担打造公共空间、连接产业系统和教育系统、负责具体产教融合规则体系的制订与实施、解决产教融合过程中出现的各种矛盾这一重任的组织机构，就是“跨企业培训中心”。

（二）跨企业培训中心的定义和功能定位

在德国“双元制”职业教育模式中，企业必须承担学生在企业“一元”的培训任务，安排培训师资、课程，为学生提供培训与实习岗位。大型的企业建有自己的培训基地承担这一任务，而大量的中、小型企业则没有足够的实力与条件自己组织开展学生培训工作。为了解决这一问题，于是出现了多家企业联合举办，或由行业协

---

① 傅伟：《高职教育校企合作的内涵与特征》，《中国成人教育》2010年第11期。

② 马庆发：《“十二五”职业教育发展方略八大关键词》，《职教通讯》2011年第3期。

③ 庄西真：《产教融合的内在矛盾与解决策略》，《中国高教研究》2018年第9期。

④ 石伟平、郝天聪：《从校企合作到产教融合——我国职业教育办学模式改革的思维转向》，《教育发展研究》2019年第1期。

会、政府组织举办的“跨企业培训中心”，承担“双元制”学生在企业方的培训和实训等任务，为学生参加行业协会组织的证书考试和进入企业实习做准备。跨企业培训中心，也承担企业在职员工的职业晋升培训，是连接学校教育和企业的重要载体，被认为是德国“双元制”职业教育模式中的“第三元”。

本文所讨论的中国版“跨企业培训中心”，是参照德国“跨企业培训中心”的提法，而其功能与作用，不仅仅局限在为学生开展企业培训，而要远远超过德国的“跨企业培训中心”。理想的中国版“跨企业培训中心”，是按照市场规则运行、具有独立法人资格和较大自主权的培训组织机构，是由政府、行业协会，各相关联学校、企业等单位参与，承担产教融合顶层设计、统筹协调、资源整合、项目落实等具体工作，负责制订具体的规则体系，推动形成众多相关的学校、企业组成融合发展的生态系统。跨企业培训中心的具体功能定位详述如下。

1. 产教融合方案的设计者

产教融合是教育系统与产业系统的多家机构、多个层面的融合，各方都有自己的发展战略、运行机制、利益诉求，需要有相关又不偏颇的专门机构来听取各方意见、综合各方需求、观照各方利益，来设计能够被大家所接受、可实施的产教融合方案，并在实施过程中不断优化、完善、深化，实现产教融合的可持续发展。跨企业培训中心，既由学校主导、深刻理解职业教育，又密切联系行业、了解企业需求，正是扮演这一角色的不二选择。

2. 多方运行规则的制订者

合作规则与运行机制是产教融合可持续发展的制度保障。跨企业培训中心站在学校和企业中间人的立场，又具备独立法人资格，可以更加便利地牵头制订具体项目的合作规则和协调建立运行机制，可以更加灵活地通过制度规定、协议签订、书面约定等形式，来协调学校、企业、员工、学生等各利益相关者的关系，处理运行过程中的纠纷，为企业、学校减轻处理矛盾的压力，减少解决冲突的后顾之忧。

3. 各类教育资源的整合者

深度产教融合覆盖人才培养、产品开发与应用、知识与技术创新等多个层面，跨企业培训中心有更好的合作机制、人脉条件和市场手段，调用与合作内容相关的政府与行业协会管理人员及专家、研究型高校科研人员、高等职业院校师资、企业技术人员、校内外实训场所与实践基地等各类资源，服务于各方利益需求，从而形成合作更加紧密、更加广泛、更加深入的职业教育共同体关系。

4. 职业人才培养的执行者

人才培养是产教融合的主要内容，也是跨企业培训中心的主要工作。跨企业培训中心首先要服务学校发展，利用职业培训的经验和师资，面向订单班级、现代学徒制班级等在校学生开展专项职业能力培训，提升校企合作班级学生的培养质量，彰显产教融合在人才培养方面的优势；其次是服务产业发展，发挥资源整合优势，为企业新员工上岗培训、在职员工综合能力提升服务，为企业转型升级和跨越发展提供人力资源保障。

5. 日常工作运行的协调者

为了深化产教融合，很多高等职业院校成立了校企合作处、产学合作办公室等机构，作为学校的一个行政职能部门，其在资源调用、人员配备、功能定位、规则机制等方面都有很大的局限性。跨企业培训中心作为独立法人单位，拥有自己的管理机构、师资力量和后勤保障条件，在开展企业培训的过程中，与行业具有天然的密切联系和利益相关性，从事产教融合日常的工作协调更具优势，也更容易突破教育体系框框的限制，更接近产业体系的运行规则，拥有更强的灵活处置能力。

6. 各方利益观照的连接者

只有互惠共赢的产教融合才能持久，站在学校的角度一味强调企业的投入、情感的维系和社会责任的担当，这样的合作是难以持续的。跨企业培训中心，作为产教融合各方的桥梁和纽带，要承担各方利益观照的连接者的责任，既要考虑学校的需要，也要关注产业发展的要求和企业现实利益的述求，不断开拓新的合作项目、拓展服务内容、深化融合程度，为各方创造更多的利益空间，解决更多的现实问题，维护职教共同体的可持续发展，形成多方合作共赢的生态系统。

（三）跨企业培训中心的建设思路

跨企业培训中心要在产教融合中充分发挥统筹兼顾、组织协调、桥梁纽带的作用，就需要在建设理念、框架设计、运行模式等方面，根据我国国情和工作实际进行系统规划。

1. 主动接受政府与行业协会指导，争取主管部门的支持

政府在政策引导、资源配置、规则制订等方面具有举足轻重的地位，行业协会介于政府与企业之间，在利益维护、关系协调、监督自律、统计研究等方面对企业具有较大的影响力，两者是产教融合深入推进的重要因素。跨企业培训中心在政府与行业协会的宏观指导下，可以更加准确、及时地获取方针政策和产业发展资讯，更好地利用政府与行业资源，更加有效地调动产教融合各方的积极性，为工作的开展创造更好的条件。

2. 坚持以学校为主导，企业为主体，协调各利益相关方积极参与

我国的国情决定了高职院校必须是产教融合中主动的一方，必须是跨企业培训中心建设的主导方，要积极承担起产教融合牵头的责任。产业是产教融合的必要元素，离开了企业的支持，产教融合就是纸上谈兵。因而，跨企业培训中心必须

是高职院校发起并控股，可以吸引产业中的多家骨干企业以参股或共同组成理事会等形式参与管理、建设、运行，以发挥企业的主体作用，形成合作共赢、共同发展的职教共同体。现在很多高等职业院校建有面向行业培训的“成人教育学院”，不少是已经具备独立法人资格的培训中心，在此基础上以新目标、新理念、新功能、新机制进行升级改造，是现实可行的方案。

3. 坚持独立法人设置以拥有较大自主权，按照市场规则运行

教育系统与产业系统不同的运行机制和规则要求之间的矛盾，某种程度上是影响产教融合的重要因素。高职院校作为教育机构和事业单位，难以按照市场规则运行，与企业的合作就会出现很多现实性的障碍，如师资的聘用、技术创新成果的应用推广与利益分配等，从而影响相关项目的实施和相关人员的工作积极性。具有独立企业法人资格的跨企业培训中心，一定程度上就可以在学校的主导下，按照市场规则与企业进行多方面的合作，化解了不同系统之间的天然矛盾，保证产教融合的顺利推进。

4. 通过建章立制，形成运行规范和契约关系，维护各方利益

在产教融合法律保障体系建设还不够完善的情况下，与其坐等外部环境改善，不如加强内部建章立制，签订各利益相关方的协议、契约，保障跨企业培训中心的规范运行，维护产教融合各参与方的利益，防范可能存在的法律风险与制度风险。